MUSTERBRIEFE

Die ultimative Sammlung
wichtiger Vorlagen für
alle privaten und
geschäftlichen Anlässe

BELLAVISTA

©Bellavista, ein Imprint der Verlag Karl Müller GmbH, 2. Auflage Köln 2004
www.karl-mueller-verlag.de

Autorin: Simone Harland für INTERPILL MEDIA GMBH, Hamburg
Koordination: Gerd Grohbrüg
Layout: Günter Hagedorn, freestyle computer, Hamburg
Cover-Foto: Uli Scheibe GmbH, Hamburg
CD-Herstellung: Care4Data GmbH, Dörpen

Druck und Bindung: Legoprint S.p.A.
Gedruckt in Italien

ISBN 3-89893-174-9

Inhalt

Inhalt

Einleitung

Die Kommunikation mittels elektronischer Medien wie Telefon, Fax oder E-Mail nimmt heutzutage immer breiteren Raum ein, so dass man meinen könnte, der gute alte Brief werde überhaupt nicht mehr benötigt. Tatsächlich jedoch gewinnt der Brief, ob handgeschrieben oder mit Computer bzw. Schreibmaschine verfasst, immer mehr an Bedeutung. Der Grund: Wer einen Brief schreibt, will damit jemand anderem in aller Regel etwas wirklich Wichtiges mitteilen. Etwas, das an Bedeutung verlöre, würde es mündlich oder per E-Mail übermittelt. Etwas, das schwarz auf weiß auf dem Papier stehen muss.

Wird einem Brief solche Bedeutung beigemessen, ist es natürlich umso wichtiger, dass er in Form und Stil dem jeweiligen Schreibanlass entspricht. Da viele Menschen es jedoch kaum noch gewohnt sind, Briefe zu verfassen, ist die Unsicherheit beim Briefeschreiben entsprechend groß. Hier will dieses Buch Abhilfe schaffen. Es gibt eine kurze Einführung, was beim Schreiben von Briefen zu beachten ist, wann z. B. welche Form und welcher Stil angemessen sind und wie man es schafft, dass der Empfänger den Brief auch wirklich gern liest. Natürlich werden auch die verschiedenen Formen von Briefen (Privatbrief, privater Geschäftsbrief, Geschäftsbrief) und ihre Besonderheiten erklärt.

Den zweiten und größten Teil des Buches bilden die Musterbriefe. Hier finden sich Briefe für alle Gelegenheiten; im ersten Abschnitt die privaten Briefe: Angefangen von Einladungen, Dankesbriefen und Glückwünschen über Genesungswünsche und Kondolenzschreiben bis hin zum Liebesbrief wird hier jeder fündig, der einen privaten Brief schreiben möchte, aber nicht weiß, wie er es anfangen soll. Es folgen die privaten Geschäftsbriefe, zu denen unter anderem Beschwerden, Bewerbungen, Kündigungen, Reklamationen, Widersprüche, aber auch offizielle Entschuldigungen gehören. Den letzten Abschnitt bilden die geschäftlichen Briefe, wobei hier vor allem auf die gängigsten Schreibanlässe wie Mahnungen und Bestellungen eingegangen wird.

Auch wenn die Musterbriefe sicher nur selten eins zu eins auf die jeweilige Schreibsituation übertragen werden können, Textbausteine und Formulierungen aus den Briefen lassen sich immer verwenden und in die eigenen Briefe einbauen. Das erleichtert insbesondere das Verfassen von unangenehmen Briefen wie Reklamationen und Kündigungen. Auf der linken Seite zu jedem Schreibanlass finden sich zudem allgemeine Informationen, wie man einen Brief zum jeweiligen Anlass aufbauen kann. Zum Teil (z. B. bei Kündigungen) werden hier auch rechtliche Fragen kurz angesprochen, damit der Briefeschreiber erfährt, was sein gutes Recht ist, und dies in seinem Brief dem Empfänger auch deutlich machen kann.

Dieses Buch hilft somit nicht nur all denen, für die das Schreiben von Briefen Neuland ist, auch Personen, die häufiger „zur Feder greifen", erhalten wertvolle Tipps und Anregungen. Und manches in diesem Buch wird vielleicht sogar Profis im Briefeschreiben neu sein. Damit Sie weniger Tipp-Arbeit haben, finden Sie alle Briefe auch auf der beiliegenden CD-Rom.

In jedem Fall regt das Buch dazu an, wieder einmal zu schreiben und sich in der privaten wie geschäftlichen Kommunikation nicht allein auf Telefon und E-Mail zu beschränken. Denn schließlich ist es vor allem im privaten Bereich immer wieder schön, einer anderen Person mit einem Brief eine Freude zu machen. Denn jeder weiß: Eine E-Mail oder ein Fax wird beim Empfänger nie so gut ankommen wie ein Brief!

Daher wünsche ich Ihnen viel Spaß und Freude beim Schreiben Ihrer persönlichen Briefe!

Simone Harland

Die Briefgestaltung

Hört man das Wort „Briefgestaltung", denkt man meistens vor allem an die äußere Form, das heißt die gesamten Formalia, die beim Schreiben eines Briefs zu beachten sind. Beispielsweise den Stand der Absender- und der Empfängeradresse, den richtigen Abstand zur Betreffzeile und so weiter. Doch das ist längst nicht alles. Auch der Inhalt des Briefs gehört zur Briefgestaltung hinzu – schließlich ist er das Wichtigste, denn er übermittelt die Aussage des Briefs. Genauso ist die Gliederung Teil der Briefgestaltung; ein Brief sollte so gegliedert werden, dass der Leser seinen Inhalt ohne Probleme nachvollziehen kann – und er sollte in Absätze unterteilt sein, die ihn übersichtlicher erscheinen lassen. Last but not least sollte ein Brief selbstverständlich keine formalen Fehler (z. B. Rechtschreib-, Grammatik- oder Zeichensetzungsfehler) aufweisen, denn das macht keinen guten Eindruck auf den Empfänger. Wobei hier die Regel gilt, dass es in einem privaten Brief nicht ganz so schlimm ist, aus Versehen einmal einen Fehler zu machen, in einem offiziellen Schreiben, vor allem in Bewerbungsbriefen und Ähnlichem, kann ein solcher Fehler jedoch fatal sein. Aber auch in privaten Briefen sollte man darauf achten, möglichst korrekt zu schreiben, sonst bekommt der Empfänger leicht den Eindruck, der Schreiber hätte sich für ihn keine Mühe beim Verfassen des Briefes gegeben. Und gerade das will man ja vermeiden, wenn man sich schon hinsetzt und einen Brief schreibt.

Auf all diese Punkte soll im Folgenden detaillierter eingegangen werden. Auch die heutzutage geltende DIN-Norm für Briefe wird genau dargestellt, denn die Aufteilung eines Briefs bereitet vielen Menschen Probleme.

Unterschiedliche Briefarten

Unterteilt werden Briefe im Allgemeinen nach Zweck und Empfänger. Im Weitesten unterscheidet man drei Arten von Briefen: den Privatbrief, den privaten Geschäftsbrief und den reinen Geschäftsbrief.

Der Privatbrief

Der Privatbrief richtet sich an Verwandte, Freunde und Bekannte. Er übermittelt alle Arten privater Nachrichten, z. B. Einladungen, Glückwünsche, Danksagungen an oben genannte Personen sowie Urlaubsgrüße. Genauso gehören Kondolenzschreiben im Trauerfall sowie die Bekanntgabe der Geburt eines Kindes und die Korrespondenz unter Brieffreunden zu den Privatbriefen. Der „privateste" unter den Privatbriefen ist wahrscheinlich der Liebesbrief, in dem jemand seine Gefühle preisgibt.

Privatbriefe unterscheiden sich von privaten Geschäftsbriefen und Geschäftsbriefen vor allem im Ton. Sie sind im Normalfall weniger verbindlich, sondern insbesondere herzlich und freundlich. Aber auch, was die Formalia betrifft, sind sie weniger streng aufgebaut. Beispielsweise ist es bei vielen Privatbriefen nicht nötig, die eigene Adresse und die des Empfängers im Briefkopf anzugeben; diese entfallen z. B. bei Urlaubsgrüßen, bei der privaten Korrespondenz zwischen Brieffreunden sowie bei Liebesbriefen. In all diesen Fällen würde die Angabe der Adressen eher befremdlich wirken. Bei anderen Privatbriefen, z. B. bei Einladungen (insbesondere zu größeren Anlässen wie einer Hochzeit oder einem runden Geburtstag) ist es hingegen sinnvoll, die eigene Adresse wie auch die des Empfängers zu nennen. Allein schon deshalb, damit der Empfänger nicht lange nach der Adresse suchen muss, wenn er dem Briefeschreiber antworten will. Auch eine Betreffzeile gibt es bei Privatbriefen im Allgemeinen nicht, denn sie wirkt zu offiziell

Der Stil eines Privatbriefs sollte dem Anlass entsprechend gewählt werden. So können z. B. Geburtstagseinladungen an gute Freunde ausgesprochen witzig oder flapsig formuliert werden, während man dies bei eher offiziellen Einladungen vermeiden sollte. Auch die Anrede ist normalerweise wesentlich persönlicher als bei privaten Geschäfts- und Geschäftsbriefen. Freunde spricht man nun einmal nicht mit „Sehr geehrter Bernd" an. Auch weiter entfernte Bekannte dürfen ruhig mit „Lieber Herr Sowieso" angesprochen werden, wenn dies zum Anlass passt.

Der private Geschäftsbrief

Als privaten Geschäftsbrief bezeichnet man all die Schreiben, die einen eher offiziellen Charakter haben. Dazu gehören unter anderem Briefe an Behörden (z. B. Finanzamt und andere Ämter), an Handwerker oder Firmen, mit denen man als Privatperson zu tun hat, an offizielle, behördenähnliche Institutionen wie die Anbieter von Telefondiensten und Banken, an Personen, mit denen man nur entfernt bekannt ist, wie der Vermieter der Wohnung, der Lehrer der Kinder oder der eigene Hausarzt, aber auch an Unternehmen, die eine Stelle ausgeschrieben haben, auf die sich der Schreiber eines Briefs bewirbt.

All die Schreiben, die zu den privaten Geschäftsbriefen zählen, besitzen selbstverständlich einen Briefkopf mit der Absender- und der Empfängeradresse, dem Datum und einer Betreffzeile. So bekommt der Brief einen offiziellen „Anstrich" und der Empfänger erkennt gleich, mit wem er es zu tun hat und um was es in dem jeweiligen Brief geht.

Der Ton eines privaten Geschäftsbriefs ist höflich, in Fällen, in denen es darum geht, eigene Ansprüche durchzusetzen, aber auch bestimmt. Unfreundlich oder unhöflich sollte man in einem privaten Geschäftsbrief jedoch nie werden. Schon allein deshalb nicht, weil der Empfänger dann weniger geneigt ist, auf die Wünsche des Absenders einzugehen.

Der Geschäftsbrief

Der Geschäftsbrief ist der strukturierteste unter den Briefen. Für ihn gelten allgemeine Regeln, die unter anderem die Aufgabe haben, ihn übersichtlicher zu gestalten und zu gliedern. Hinzu kommt, dass die Regeln dazu beitragen, Briefe rationeller und damit in kürzerer Zeit zu schreiben. Und Zeit ist für jedes Unternehmen Geld.

So werden die meisten Geschäftsbriefe auf vorgedruckten Briefbögen versandt, auf denen bereits die Adresse und in der Regel auch das Logo der Firma abgedruckt ist, die den Brief verschickt. Dann darf natürlich die Empfängeradresse nicht fehlen. Im Normalfall besitzen Geschäftsbriefe zudem eine so genannte Bezugszeile, in denen kurz darauf eingegangen werden kann, ob es sich um eine Antwort auf eine Nachricht handelt, wer den Brief verschickt (meist mit Telefonnummer des jeweiligen Mitarbeiters), und in der auch das Datum des Schreibens genannt wird.

Auf die Bezugszeile folgt schließlich noch die Betreffzeile, in der kurz gesagt wird, um was es in diesem Brief geht. Dann kommt die Anrede, der eigentliche Text, die Grußformel und eigenhändige Unterschrift des Mitarbeiters, der den Brief verfasst hat. Da diese nicht immer leserlich ist, sollte unter der Unterschrift der Name noch einmal in Druckbuchstaben genannt werden, wenn möglich auch die Funktion, die der Mitarbeiter in der Firma innehat. Als Letztes folgt dann – falls notwendig – ein Anlagenvermerk, in dem eventuelle Anlagen (z. B. Prospekte der jeweiligen Firma oder Ähnliches) genannt werden, die dem jeweiligen Schreiben beiliegen.

Die Form des Briefes

Während ein Privatbrief ganz individuell gestaltet werden kann, sollte die Form privater Geschäftsbriefe und vor allem von Geschäftsbriefen bestimmten Regeln folgen. Für solche Briefe wurde die DIN-Norm 5008 entwickelt, nach der sich der halb offizielle und offizielle Schriftverkehr im Allgemeinen richtet. Da Firmen ihre Briefe heute meist mit dem PC verfassen, werden die Regeln im Folgenden für Textverarbeitungsprogramme dargestellt.

Die wichtigsten Gestaltungsregeln für den Geschäftsbrief

Briefe werden normalerweise auf Papier im DIN-A4-Format geschrieben. Die Schriftart sollte so gewählt werden, dass sie gut lesbar ist – eine zu verspielte Schrift (z. B. eine nachgemachte Handschrift) eignet sich nicht sehr gut für den geschäftlichen Schriftverkehr. Gut lesbar sind beispielsweise die zu fast jeder Textverarbeitung gehörenden Schriften Times, Helvetica, Arial oder Garamond. Es versteht sich von selbst, dass die Schrift nicht zu klein sein sollte; eine Größe von 10, besser noch von 12 Punkt sollte sie schon haben. Der Zeilenabstand ist im Normalfall einzeilig. Absätze werden aufgrund der besseren Lesbarkeit sinnvollerweise durch eine Leerzeile voneinander abgetrennt.

Die Randeinstellungen betragen auf der linken Seite 24,1 mm, auf der rechten Seite 176,5 mm. Diese sind mit dem Lineal, das die meisten Textverarbeitungsprogramme oben auf der Seite einblenden, unproblematisch festzulegen.

Der Absender ist bei Geschäftsbriefen meist bereits auf das Papier gedruckt. Oft steht er zentriert in der Mitte, manchmal jedoch auch am linken oder rechten Rand. Er ist das Erste, was der Empfänger nach dem Öffnen von dem Brief sieht. Ist der Briefkopf nicht vorgedruckt, kommt die Adresse des Absenders linksbündig in die fünfte Zeile des Briefbogens, vom oberen Blattrand gerechnet.

Es folgt die Adresse des Empfängers, also die Anschrift. Sie beginnt in der 13. Zeile, wiederum vom oberen Blattrand gezählt (zumindest, wenn kein vorgedruckter Briefkopf existiert). In das Anschriftfeld gehört nicht nur die Adresse, sondern unter Umständen auch die Versendungsart (z. B. Einschreiben oder Ähnliches) sowie Vermerke für die Post wie „Falls unzustellbar, bitte mit neuer Adresse zurück". Die eigentliche Anschrift beginnt jedoch erst in Zeile 15. Das Anschriftfeld wird wie folgt gegliedert (die Nummern vor der Zeile geben die Zeilenzahl an, die Punkte in einer Zeile eine Leerzeile):

❶　　Versendungsart, falls notwendig

❷　　.

❸　　Empfängerbezeichnung, die unter Umständen mehrere Zeilen lang sein kann

❹　　Postfach mit Nummer oder Straße mit Hausnummer

❺　　.

❻　　Postleitzahl und Bestimmungsort

❼　　.

❽　　.

Im Anschluss an das Anschriftfeld (also direkt nach den zwei Leerzeilen) folgt in der Regel die Bezugszeichenzeile. Sie ist meistens auf dem Briefbogen vorgedruckt. Die verwendete Schriftgröße beträgt im Normalfall 6 oder 7 Punkt. Die Leitwörter werden von links nach rechts auf folgende Positionen gesetzt: erstes Leitwort (Ihr Zeichen, Ihre Nachricht vom) auf

Beispiel für einen Geschäftsbrief nach DIN 5008

Renate-Schiller-GmbH
Osthofstraße 4
44131 Dortmund

Julius Müller Computer
Karl Grossmann
Bodenstraße 3

44317 Dortmund

Ihr Zeichen, Ihre Nachricht vom	Unser Zeichen, unsere Nachricht vom	Telefon, Name	Datum
gr, XX-02-12	**schi**	**02 31/34 56 Frau Schiller**	**XX-02-20**

Bitte um ein Angebot

Sehr geehrter Herr Grossmann,

Ihre Antwort auf unsere Voranfrage hat uns überzeugt. Hiermit möchte ich Sie bitten, uns ein verbindliches Angebot zu unterbreiten.

Wir benötigen bis zum 31. März vier Computer der Marke XY mit folgender Ausstattung (es folgt eine detaillierte Beschreibung der Ausstattung). Die Computer sollen am 1. April betriebsbereit in unserer Firma stehen. Einer Ihrer Mitarbeiter soll in der Woche vom 1. bis zum 5. April unsere neuen Kollegen in die Benutzung der Computer einführen.

Bitte reichen Sie Ihr Angebot mit verbindlichen Festpreisen bis zum 10. März bei uns ein.

Mit freundlichen Grüßen

Renate Schiller

Anlage
Prospekt der Renate-Schiller-GmbH

Feld für Geschäftsangaben

24,1 mm, das zweite Leitwort (Unser Zeichen, unsere Nachricht vom) auf 74,9 mm, das dritte Leitwort (Telefon, Name) auf 125,7 mm und das vierte und letzte Leitwort (Datum) auf 176,5 mm. In der Zeile darunter folgen in normaler Schrift die jeweiligen Angaben.

Dabei ist noch einiges zum Datum zu sagen: Das Datum wird heute in anderer Reihenfolge geschrieben als früher. Damit folgt man in Deutschland den Gebräuchen des internationalen Schriftverkehrs. Wurde beispielsweise das Datum 15. Mai 2003 früher als 15.05.03 abgekürzt, schreibt man heute 03-05-15, also zuerst das Jahr, dann den Monat und anschließend den Tag, verbunden durch Bindestriche und alle Zahlen zweistellig. Es gibt auch die Möglichkeit, das Datum folgendermaßen zu schreiben: 2003–05–15. Im Text selbst wählt man in der Regel folgende Form: 15. Mai 2003. Bei Privatbriefen schreibt man das Datum im Allgemeinen auch im Briefkopf so.

Zwei Leerzeilen nach der Bezugszeichenzeile folgt dann der Betreff, die stichwortartige Angabe, um was es in diesem Brief geht. Damit sie gleich ins Auge fällt, wird sie meistens durch Fettdruck hervorgehoben.

Wiederum zwei Leerzeilen später folgt die Anrede, die durch ein Komma vom restlichen Text abgetrennt wird und nicht – wie früher – durch ein Ausrufungszeichen. Diese ist durch eine Leerzeile vom restlichen Text abgetrennt.

Der Brieftext wird linksbündig geschrieben, zwischen die einzelnen Absätze sollte man aufgrund der besseren Lesbarkeit Leerzeilen einfügen. Geht der Text über zwei Seiten, endet er wenigstens vier Leerzeilen vor dem Blattende, auf der nächsten Seite beginnt der Text nach wenigstens fünf Leerzeilen. In diese kommt dann (im Normalfall zentriert) die Seitenzahl, die durch zwei Bindestriche eingerahmt wird (- 2 -). Eine Leerzeile zwischen Seitenzahl und Fortführung des Textes ist Pflicht.

Die Grußformel wird ebenfalls durch eine Leerzeile vom Brieftext abgetrennt, die eigenhändige Unterschrift wird darunter gesetzt. Diese kann noch einmal in gedruckter Form wiederholt werden. Falls es sich um eine Unterschrift in Vertretung handelt, muss entweder das Kürzel i. V. (in Vertretung) oder i. A. vor der Unterschrift stehen. Gibt es zwei Unterzeichner des Briefs, ist die des Ranghöheren stets links zu finden.

Falls dem Brief eine Anlage beiliegt, wird diese durch eine Leerzeile von der gedruckten Unterschrift abgetrennt. Ein möglicher Verteilervermerk wird durch eine Leerzeile vom Anlagenvermerk abgetrennt. Fehlt der Anlagenvermerk, folgt der Verteilervermerk eine Leerzeile nach der gedruckten Unterschrift.

Zentriert können in der Fußzeile noch Geschäftsangaben stehen. Dabei handelt es sich häufig um die Angabe der Kontoverbindung oder um die Rechtsform des Unternehmens. Diese müssen übrigens nicht in der gleichen Schriftgröße wie der Brieftext gedruckt werden, sondern sind im Allgemeinen etwas kleiner.

Der private Geschäftsbrief sieht nicht wesentlich anders aus als der Geschäftsbrief. Die Unterschiede liegen vor allem darin, dass meistens ein vorgedruckter Briefkopf und die Bezugszeichenzeile fehlen. Das Datum steht rechtsbündig in der ersten Zeile der Absenderanschrift. Die Betreffzeile wird durch vier Leerzeilen vom Anschriftfeld abgetrennt und beginnt in Zeile 24. Die Anrede folgt dann jedoch genau wie beim Geschäftsbrief nach zwei weiteren Leerzeilen. Im Brieftext werden die Absätze ebenfalls durch Leerzeilen voneinander getrennt. Die Unterschrift folgt eine Leerzeile nach der Grußformel und wird normalerweise nicht in gedruckter Form wiederholt. Der Anlagenvermerk folgt drei Zeilen nach der Grußformel, Geschäftsangaben entfallen.

Beispiel für einen privaten Geschäftsbrief nach DIN 5008

Renate Schiller
Osthofstraße 4
44131 Dortmund

20XX-03-22

Bedachungen Julius Müller
Bodenstraße 3

44317 Dortmund

Kostenvoranschlag für die Neueindeckung eines Walmdaches

Sehr geehrter Herr Müller,

bei meinem Haus in der Osthofstraße möchte ich mein Dach neu decken lassen. Es handelt sich um ein Walmdach mit der ungefähren Dachfläche von ca. 250 Quadratmetern. Die Dachsteine sollen von der Firma XY stammen (Farbe XX, Typenbezeichnung XY). Die Arbeiten sollten möglichst in der Woche vom 15. bis zum 20. Juni beginnen und bis zum 27. Juni abgeschlossen sein.

Würden Sie mir bitte einen unentgeltlichen und unverbindlichen Kostenvoranschlag für die Neueindeckung meines Daches unterbreiten? Falls Sie dazu die Örtlichkeiten besichtigen müssen, melden Sie sich doch bitte kurz bei mir.

Nennen Sie in Ihrem Kostenvoranschlag bitte nur Festpreise für Materialien, Arbeitslohn und Nebenkosten, für die Sie mit Sicherheit bis Ende Juni für mich tätig werden können. Bitte vergessen Sie in Ihrer Rechnung auch die Nennung der Mehrwertsteuer nicht. Vielen Dank im Voraus für Ihre Mühe.

Mit freundlichen Grüßen

Renate Schiller

Regeln für Faxe und E-Mails

Faxe und E-Mails sind aus der heutigen Zeit nicht mehr wegzudenken. Sie ermöglichen die sofortige Übermittlung von Daten – der Empfänger hat sie sofort nach dem Abschicken in der Hand und kann mit den darin stehenden Informationen arbeiten. Faxe eignen sich z. B. besonders gut für die Aufgabe dringender Bestellungen. Im Gegensatz zu telefonischen Bestellungen sieht die Lieferfirma schwarz auf weiß, welche Waren sie dem Aufraggeber bis wann liefern soll. Aber auch für andere Zwecke sind Telefaxe gut geeignet, z. B. wenn eine Zeichnung rasch übermittelt werden soll und dies auf dem Postweg zu lange dauern würde oder für eine schriftliche Bestätigung dringender geschäftlicher Angelegenheiten.

Auch im Privatleben spielen Faxe mittlerweile keine geringe Rolle, zumal fast jeder PC, der an die Telefonleitung angeschlossen ist, auch Faxe versenden kann. Allerdings sollte man es vermeiden, zu offiziellen Feierlichkeiten (z. B. zur Hochzeit, zum Hochzeitsjubiläum oder zum runden Geburtstag) anstelle eines Briefs ein Fax zu versenden. Denn das wirkt ausgesprochen unhöflich.

E-Mails sind ebenfalls ausgesprochen praktisch. Man kann mit ihnen nicht nur Grüße versenden, sondern ganze Dateien, egal ob es sich um Text, Fotos, Zeichnungen oder Musik handelt, in Windeseile um die Welt schicken. Insbesondere für eilige geschäftliche Angelegenheiten ist die E-Mail daher hervorragend geeignet. Aber auch um lieben Menschen ein paar ganz persönliche Grüße zukommen zu lassen, z. B. das erste Foto des Babys, untermalt mit ein wenig Babygeschrei oder den Liebesbrief mit einem Foto an den Liebsten beziehungsweise die Liebste, die weit weg weilt. Für E-Mails gilt jedoch das Gleiche wie für Faxe: Bei besonderen Ereignissen sollte man einen Brief der Mail vorziehen.

Aufbau eines Faxes

Für geschäftliche Mitteilungen sollte das Fax ähnlich wie ein Geschäftsbrief nach DIN 5008 aufgebaut sein. Allerdings stehen unter der Überschrift „Fax", „Telefax" oder „Faxmitteilung" zunächst der Name des Empfängers und seine Faxnummer, erst dann folgen die Absenderadresse (in der Regel die vollständige Adresse mit Fax- und eventuell auch mit Telefonnummer) und das Datum. Durch (meist zwei) Leerzeilen abgetrennt stehen darunter der fettgedruckte Betreff und dann der Brieftext, der wie beim Geschäftsbrief aufgebaut ist. Eine eigenhändige Unterschrift sollte ebenfalls nicht fehlen. Viele Firmen verwenden Faxvordrucke mit einem Briefkopf des Unternehmens.

Aufbau einer E-Mail

Eine E-Mail sollte formal genauso aufgebaut werden wie ein Brief nach DIN 5008. Natürlich gibt es hier anstelle des Briefkopfs die Zeile, in die die E-Mail-Adresse des Empfängers eingetragen wird. Die E-Mail-Adresse des Absenders wird vom Programm automatisch übermittelt. Die Betreffzeile sollte der Absender stets ausfüllen, damit der Empfänger sofort weiß, worum es in der Nachricht geht. Der Text wird wie bei einem herkömmlichen Brief in Absätze gegliedert, die durch Leerzeilen voneinander getrennt sind.

Bei einer E-Mail ist die Maschinenunterschrift durch eine Leerzeile von der Grußformel getrennt. Durch zwei Leerzeilen von der Unterschrift abgetrennt sollte dann die so genannte Signatur folgen. Dabei handelt es sich um die vollständige Adresse des Absenders, im Allgemeinen einschließlich Telefon- und, falls vorhanden, Faxnummer sowie einer Wiederholung der E-Mail-Adresse. Dies ist sinnvoll, falls der Empfänger auf andere Weise als per Mail mit dem Absender Kontakt aufnehmen will.

Viele Verfasser von E-Mails sind der Ansicht, dass man sich bei diesem schnellen Medium ruhig Rechtschreib- und formale Fehler erlauben kann. Doch vor allem bei Geschäftsbriefen und privaten Geschäftsbriefen (z. B. Bewerbungen per E-Mail, die auch bei Unternehmen immer beliebter werden) sollte man auf die Form der elektronischen Post achten. Denn eine schlampige E-Mail erweckt beim Empfänger leicht den Eindruck, dass er es mit einer achtlosen Person zu tun hat, der es augenscheinlich egal zu sein scheint, wie sie auf andere wirkt. Und das macht sich im Geschäftsleben nicht besonders gut.

Anregungen für das Verfassen von Briefen

Welche Briefe werden gern gelesen? Natürlich die, in denen man höflich und freundlich behandelt wird, in denen der Absender die Belange des Empfängers beachtet und seine eigenen Wünsche zwar nicht außer Acht lässt, aber hintanstellt. Ungern gelesen werden Briefe, die bereits mit Vorwürfen beginnen (auch wenn sie berechtigt sein mögen) und durch die der Empfänger den Eindruck erhält, dass der Absender ausschließlich sein eigenes Wohl im Blick hat. Gerade bei Reklamationen, Beschwerden, Widersprüchen oder Ähnlichem haben die Empfänger es jedoch häufig mit Briefen der zweiten Gattung zu tun. Kein Wunder, wenn sie in diesem Fall nur ungern auf die Wünsche der Absender eingehen.

Auf den folgenden Seiten soll kurz und knapp dargestellt werden, wie man Briefe schreibt, die gern gelesen werden – sogar, wenn ihr Inhalt alles andere als angenehm für den Empfänger ist.

Schon beim Schreiben an den Empfänger denken!

Viele Briefe beginnen mit dem kleinen Wörtchen „Ich". Das muss nicht immer negativ oder falsch sein, in den meisten Fällen hinterlässt es beim Empfänger jedoch den Eindruck, dass der Briefeschreiber ein ichbezogener Mensch ist. Auch das Wörtchen „wir", wenn der Absender im Namen einer Firma oder mehrerer Personen spricht, ruft die gleiche Reaktion hervor. Beginnt man einen Brief jedoch mit „Sie" oder „du", fühlt sich der Empfänger gleich angesprochen – er fühlt sich in den Mittelpunkt gestellt und ist, ohne dass er es wahrscheinlich merken wird, geschmeichelt.

Zwei Beispiele, wie unterschiedlich man einen Brief mit der gleichen Aussage beginnen kann: Ein Unternehmen antwortet auf die Anfrage eines Kunden.

Sehr geehrter Herr Müller,
wir haben Ihre Anfrage vom 15. Mai erhalten, in der Sie um einen Prospekt für unsere orthopädischen Schuhe bitten ...

beziehungsweise

Sehr geehrter Herr Müller,
Sie planen, ein Paar unserer orthopädischen Schuhe zu kaufen. Wir freuen uns sehr über Ihr Interesse an unserer Firma. (…)

Im ersten Beispiel geht die Firma zwar auf das Anliegen des Kunden ein, allerdings aus ihrer Perspektive. Im zweiten Beispiel übernimmt das Unternehmen den Standpunkt des Kunden, wodurch der Briefanfang gleich viel freundlicher wirkt und zudem angenehmer zu lesen ist. Welchen Brief wird wohl der Kunde lieber zu Ende lesen? Natürlich den, in dem seine Interessen in den Mittelpunkt gestellt werden und nicht die des Unternehmens.

Unangenehmes freundlich ansprechen

Auch unangenehme Dinge kann man freundlich oder zumindest höflich ansprechen. Ein Beispiel: Ein Unternehmen, das einen säumigen Zahler mahnt, kann das mit harschen Worten tun oder aber in seinem Brief Verständnis für die möglicherweise missliche Lage des Kunden zeigen („Lassen Sie uns darüber sprechen, wenn Sie den Betrag nicht in einer Rate zahlen können."). Der Kunde wird sicherlich lieber die Schulden eines Unternehmens begleichen, das ihn freundlich mahnt.

Höflich und freundlich zu sein bedeutet nicht, seine Interessen nicht mit Bestimmtheit zu benennen. Einem Kunden, der von einem Unternehmen bereits die dritte Mahnung erhält, dürfen ruhig rechtliche Schritte angedroht werden. Allerdings lohnt es sich auch in einem solchen Fall oft noch, dem Kunden eine Brücke zu bauen, z. B. indem man ihn auf die bisherige gute Geschäftsbeziehung anspricht, die man gern auch weiterhin aufrechterhalten möchte. Dann kann der Kunde auf das Schreiben antworten, ohne sein Gesicht zu verlieren.

Anrede und Anfang des Briefs

Der Anfang eines Briefs sollte so gestaltet werden, dass er Lust aufs Weiterlesen macht. Eine richtige oder eventuell auch besonders nette oder originelle Anrede ist daher unabdingbar. Schreibt man Freunden einen Brief, fällt die Anrede meist leicht. Man schreibt „Lieber Klaus", „Mein lieber Klaus" oder einfach „Hallo Klaus" beziehungsweise „Hallöchen" oder Ähnliches. Bei Menschen, die einem nicht so vertraut sind, ist die Anrede häufig schwieriger.

Auf der sicheren Seite befindet man sich immer mit der Anrede „Sehr geehrter Herr Müller" beziehungsweise „Sehr geehrte Frau Müller". Die früher auch häufiger verwendete Anrede „Sehr verehrte Frau Müller" wird heute kaum noch verwendet. Sie klingt einfach zu altmodisch. Es gibt heute jedoch eine große Zahl von Menschen, die auch die Anrede „Sehr geehrte(r)" für zu altbacken hält. Diese können in vielen Fällen auf die Anrede „Guten Tag, Herr/Frau XY" ausweichen. In E-Mails, in denen man häufig einen etwas flapsigeren Ton anschlägt, ist es heute schon fast üblich, zu nahezu allen Menschen „Hallo, Herr/Frau XY" zu sagen. Andere vertrauliche Anreden haben sich zumindest bei förmlichen Briefen jedoch bislang noch nicht eingebürgert.

Wie sieht es denn nun aber mit Titeln in der Anrede aus? Muss man sie nennen oder darf man sie weglassen? Es gilt: Titel, auch akademische Titel, sind stets Bestandteil des Namens. Zwar legen viele Titelträger keinen Wert darauf, dass man sie auch tatsächlich vor dem Namen nennt, aber es gibt auch eine ganze Reihe von Menschen, die darauf beharren. Wer mit einem Titelträger also nicht so vertraut ist, dass er den Titel ohne weiteres weglassen darf, sollte ihn daher in der Anrede immer auch nennen.

Für die Anrede gilt: Die beiden zum Namen gehörenden akademischen Titel Doktor und Professor werden stets vor dem Namen genannt, also: „Sehr geehrter Herr Dr. Schmidt" oder „Sehr geehrter Herr Professor Schmidt". Auch Adelstitel werden dem Namen vorangestellt, z. B. „Sehr geehrter Graf von Schmidt", wobei korrekterweise sogar noch der Vorname genannt werden müsste, also „Sehr geehrter Graf Klaus von Schmidt".

Auch Amtsträger beharren häufig darauf, dass in der Anrede ihr Titel genannt wird. In vielen Fällen entfällt in der Anrede dann der Name der Person – sie wird sozusagen allein auf ihre Funktion reduziert. Na, wer's mag. Ein paar kurze Beispiele: „Sehr geehrter Herr Bundeskanzler", „Sehr geehrter Herr Richter", „Sehr geehrter Herr Oberstaatsanwalt" und so weiter. In den meisten Fällen reicht es jedoch aus, Amtsträger mit ihrem Namen anzureden. Das klingt persönlicher und einfach netter.

Der Briefeinstieg

Nach der Anrede folgt der Briefeinstieg. Dieser sollte den Empfänger in eine positive Grundstimmung gegenüber dem Brief versetzen und möglichst so interessant sein, dass der Adressat das Schreiben auch tatsächlich bis zum Ende liest. Enthält der Brief eine negative Aussage, z. B. die Ablehnung einer Kur durch die Krankenkasse, sollte der Briefanfang wenigstens neutral formuliert sein. Auf keinen Fall sollte man mit der Tür ins Haus fallen und gleich etwas Negatives an den Anfang stellen. Das deprimiert den Empfänger, er verliert die Lust am Weiterlesen und wird vielleicht noch so wütend, dass er den Brief gleich in den Papierkorb wirft.

Der Briefanfang könnte beispielsweise bei der Ablehnung eines Kurantrags folgendermaßen aussehen:

Sehr geehrte Frau Schmitz,

Sie haben am 20. März 20XX bei uns einen Antrag auf eine Kur eingereicht. Diese hätten wir Ihnen gerne auch gewährt, doch müssen wir Ihnen leider mitteilen, dass aufgrund eines Formfehlers dem Antrag nicht stattgegeben werden kann. (...)

In diesem Beispiel wird dem Empfänger zwar eine für ihn negative Nachricht mitgeteilt, aber wenigstens auf so freundliche Weise, dass es den Empfänger nicht mehr schmerzt als nötig. Zugleich gibt der Einstieg dem Adressaten unterschwellig Hoffnung, sein Ziel doch noch erreichen zu können, da der Grund für die Ablehnung der Kur in einem Formfehler bestand und die Krankenkasse schreibt, dass sie dem Antrag gern stattgegeben hätte. Möglicherweise hätte ein neuer Antrag mehr Erfolg.

Bei einer eher neutralen oder sogar positiven Gesamtaussage des Briefs ist es gar nicht schwer, einen positiven Briefeinstieg zu finden. Als Beispiel die mögliche Antwort eines Unternehmens auf die Anfrage eines Kunden:

Sehr geehrter Herr Melchior,

Sie möchten nähere Informationen über die Produkte unserer Firma. Gerne übersenden wir Ihnen mit diesem Brief die von Ihnen gewünschten Unterlagen. (...)

Ein solcher Briefanfang erweckt sofort den gewünschten positiven Eindruck beim Empfänger. Mit einem Unternehmen, das solche Briefe schreibt, wird der potenzielle Kunde sicher gern Geschäfte abschließen.

Die Gliederung

Der Inhalt eines Briefs bedarf einer gewissen Gliederung, schließlich will der Briefeschreiber dem Empfänger mit seinem Brief etwas verständlich machen. Das klappt jedoch nur dann, wenn der Brief in seiner Argumentation gut aufgebaut ist. Daher lohnt es sich, sich vor dem Schreiben kurz zu überlegen, welchen Zweck man mit dem Brief verfolgt und wie man sein Ziel am besten erreichen könnte.

Insbesondere bei schwierigen Sachverhalten kann es durchaus sinnvoll sein, die Gliederung seines Briefs zunächst stichwortartig zu Papier zu bringen und anhand dieser Stichworte später den Brief zu verfassen. Dazu muss man sich zunächst folgende Fragen stellen:

❶ Was soll mein Brief bewirken?

❷ Habe ich gute Argumente für meine Ziele?

❸ Welche Argumente sind dies?

❹ Wie baue ich meine Argumente am besten in den Brief ein, um mein Ziel zu erreichen?

❺ Für welche Argumente ist der Leser wahrscheinlich am empfänglichsten?

Anhand dieser Fragen kann der Absender seinen Brief gliedern, so dass für den Leser verständlich wird, worauf er hinauswill. Gleichzeitig kann er seine Argumente so einsetzen, dass auch der Leser sie nachvollziehen kann. In diesem Fall wird Letzterer eher bereit sein, sich für das Anliegen des Absenders einzusetzen.

Das Ende des Briefs

Auf den Schluss eines Briefs sollte der Absender genauso viel Mühe verwenden wie auf den Briefeinstieg. Der Grund: Das, was zuletzt gelesen wird, bleibt am besten im Gedächtnis haften. Deshalb ist es auch hier ausgesprochen wichtig, die richtigen Worte zu finden. Als Beispiel hier das nicht ganz so gelungene Ende einer Bewerbung:

„Ich würde mich freuen, wenn Sie mich zu einem Vorstellungsgespräch einladen würden."

Dieser Satz besagt zwar, dass der Bewerber gerne zu einem Vorstellungsgespräch erscheinen würde, er zeugt jedoch nicht gerade von Selbstvertrauen. Besser wäre es beispielsweise zu schreiben:

„Überzeugen Sie sich in einem persönlichen Gespräch selbst von meinen Fähigkeiten."
oder
„Ich freue mich, Ihnen meine Fähigkeiten in einem persönlichen Gespräch unter Beweis stellen zu können."

Der Bewerber gibt damit zum Ausdruck, dass er aufgrund seiner Qualifikationen davon ausgeht, zu einem Vorstellungsgespräch eingeladen zu werden. Er beweist damit Selbstbewusstsein, aber auch Vertrauen in seine eigenen Fähigkeiten. Und das macht mehr Eindruck auf die Personalverantwortlichen als ein zögerliches Briefende, wie es im ersten Beispiel dargestellt wurde.

Sinnvoll kann es auch sein, den Adressaten des Briefs am Ende zu einer Handlung aufzufordern. Dann ist der Empfänger gefragt, den nächsten Schritt zu unternehmen. Er wird den Brief deshalb sicher in Erinnerung behalten. Eine solche Aufforderung könnte folgendermaßen aussehen:

„Rufen Sie mich in den nächsten Tagen unter folgender Telefonnummer an: …"
„Ich freue mich auf das Treffen/das Gespräch mit Ihnen."
„Melden Sie sich wegen des Vertrags bis zum … bei mir."
„Lassen Sie unser bislang gutes Geschäftsverhältnis nicht so enden."
„Ich erwarte Ihre Zusage bis zum …"
„Schicken Sie mir bitte die angekündigten Unterlagen zu."

Falls keine direkte Handlungsaufforderung möglich ist, kann man den Brief auch mit einer Frage beenden. Ein paar Beispiele dafür:

„Haben Sie Interesse an …?"
„Was meinen Sie dazu?"
„Möchten Sie Näheres erfahren?"

Diese Fragen verlangen nach einer Antwort des Lesers, so dass er mehr oder weniger „gezwungen" ist, auf den Brief zu reagieren – und sei es nur mit einem kurzen Telefonat.

Nach dem Briefschluss folgt schließlich noch die Grußformel. Diese sollte, genau wie die Anrede, darauf abgestimmt sein, um was für einen Brief es sich handelt. Bei Privatbriefen hat man wesentlich mehr Möglichkeiten als bei privaten Geschäfts- und Geschäftsbriefen, denn Letztere verlangen nach einem eher förmlichem Stil. Im Folgenden ein paar Beispiele für eine Grußformel in Privatbriefen:

„Sei umarmt"
„Liebe Grüße"
„Alles Liebe"
„Ciao"
„Bis bald"
„Ich drücke dich"
„Herzlichst, dein …"
„Dicke Küsse von …"

Es gibt natürlich noch viel mehr Grußformeln und jeder Briefeschreiber kann sich eine eigene einfallen lassen. Bei in eher förmlichen Stil verfassten Briefen greift man hingegen in der Regel auf folgende Grußformeln zurück:

„Mit freundlichen Grüßen"
oder
„Mit freundlichem Gruß"

Unter Umständen kann auch ein „Viele Grüße aus Dortmund" oder ein „Beste Grüße" ausreichen – dann muss man mit dem Adressaten aber schon ein wenig besser bekannt sein oder häufiger Kontakt zu ihm haben.

Es versteht sich übrigens von selbst, dass man seinen Brief nach der Fertigstellung noch einmal, vielleicht auch zwei- oder dreimal liest, beispielsweise um Schwachstellen in der Argumentation aufzudecken oder um Rechtschreib-, Grammatik- oder Zeichensetzungsfehler aufzuspüren. Bei besonders wichtigen Briefen wie Bewerbungen sollte man den Brief noch einer zweiten Person zu lesen geben. Diese entdeckt vielleicht so einige Probleme, die dem Briefeschreiber selbst nicht aufgefallen sind, denn nach mehrfachem Lesen seines eigenen Briefs wird man doch ein wenig „betriebsblind".

Um Rechtschreibfehler auszumerzen, kann man problemlos die Rechtschreibprüfung des Textverarbeitungsprogramms noch einmal über den Text laufen lassen. Ist man sich jedoch nicht ganz sicher, wie ein bestimmtes Wort geschrieben wird, sollte man noch einmal im Duden oder einem ähnlichen Nachschlagewerk nachschauen. Das ist vor allem für all jene wichtig, die sich mit der neuen Rechtschreibung noch nicht so gut auskennen. Diese sollte jedoch unbedingt verwendet werden, denn schließlich hat sie seit Ende der 1990er-Jahre Gültigkeit. Wer jetzt noch die alte Rechtschreibung benutzt, könte vom Empfänger des Briefs als Ewig Gestriger eingeschätzt werden. Und wer will das schon?

Dank für ein Geschenk

Ein schriftlicher Dank für ein Geschenk ist vor allem dann angebracht, wenn das Geschenk zu einem besonderen Anlass (z. B. einer Hochzeit, einem runden Geburtstag oder der Geburt eines Kindes) überreicht oder per Post geschickt wurde. In diesen Fällen geht der Dank bei der eigentlichen Feier nämlich häufig ein wenig unter. Zudem ist es zu solchen Anlässen üblich, sich schriftlich zu bedanken.

Häufig lässt man zu diesem Zweck Dankeskarten drucken, doch eine individuelle Danksagung, der vielleicht sogar noch ein schönes Foto (z. B. ein Hochzeits- oder Babyfoto) beigefügt wird, wirkt in jedem Fall persönlicher. Das Foto kann beispielsweise auf das Deckblatt der Danksagungskarte oder auf der linken Innenseite aufgeklebt werden.

Im Übrigen muss der Dank heute gar nicht mehr unbedingt handgeschrieben sein, auch mit dem Computer lassen sich schöne persönliche Danksagungen vorbereiten. In jedem Fall sollte man den Brief aber eigenhändig unterschreiben.

Folgende Punkte können in einem persönlichen Dankesschreiben vorkommen:

❶ Absender und Datum sollten unbedingt genannt werden,

❷ die volle Adresse des Adressaten erübrigt sich bei nahe stehenden Menschen, z. B. Freunden, Verwandten oder guten Bekannten. Bei allen anderen Adressaten sollte sie jedoch genannt werden,

❸ die Anrede, die umso persönlicher sein kann, je besser man den Adressaten kennt,

❹ im Brief selbst sollte der Absender bereits ganz zu Anfang seine Freude und seinen Dank über das Geschenk ausdrücken,

❺ im Folgenden sollte das Geschenk nochmals besondere Erwähnung finden, damit der Schenkende die Bestätigung erhält, dass er den Geschmack des Beschenkten auch wirklich getroffen hat,

❻ ein paar Worte zur Feier und zum Beitrag des Adressaten zum gelungenen Fest dürfen ebenfalls nicht fehlen,

❼ als Abschluss des Briefes kann der Absender seiner Hoffnung Ausdruck verleihen, dass dem Gast das Fest ebenso gut gefallen hat wie ihm selbst,

❽ es folgen ein erneuter Dank und viele herzliche Grüße,

❾ zum Schluss muss der Absender den Brief persönlich unterschreiben.

Je näher jemandem der Adressat steht, umso persönlicher und herzlicher kann natürlich der Stil des Briefes sein. Ironie oder Ähnliches sind in einem Dankesbrief allerdings immer fehl am Platz, denn ohne das dazugehörige Augenzwinkern wirkt sie auf dem Papier oft leicht beleidigend – ein Eindruck, den sicherlich niemand in einem Dankesbrief erwecken will. Beim Schreiben des Briefes sollte man sich daher möglichst in die Lage des Adressaten versetzen und überlegen, was er wohl gerne lesen würde.

Übrigens: Je besser der Brief den Bedürfnissen des Adressaten angepasst ist, umso weniger bekommt dieser den Eindruck, dass es sich bei dem Brief um ein „Serienfabrikat" handelt, das an alle Gäste verschickt wird – ganz egal, welchen Beitrag sie zur Feier geleistet oder was sie verschenkt haben. Auf diese Weise bringt der Schreiber des Briefs nochmals seine besondere Wertschätzung für den Empfänger zum Ausdruck. Und das ist ganz sicher auch im Sinne des Dankenden nie verkehrt.

1 Renate Schiller
Osthofstraße 4
44131 Dortmund

1 12. September 20XX

2 Julius Müller
Bodenstraße 3

44317 Dortmund

3 Lieber Herr Müller,

4 Sie haben mir mit Ihrem Geschenk zu meinem 40. Geburtstag eine große Freude bereitet. Dafür wollte ich mich bei Ihnen noch einmal ganz herzlich bedanken.

5 Sie wussten anscheinend, dass ich ein großer Kakteen-Fan bin und schon lange auf der Suche nach einem schönen Exemplar der Königin der Nacht war. Die von Ihnen ausge-wählte Pflanze ist wirklich besonders prächtig – natürlich bekommt sie einen Ehrenplatz in meinem Wintergarten.

6 Diesen Brief möchte ich außerdem dazu nutzen, Ihnen für die lieben Worte zu meiner Feier zu danken. Ich hatte gar nicht damit gerechnet, dass irgendjemand an meinem Geburtstag eine Rede halten würde – und noch dazu eine so schöne. Ich hoffe, Ihnen hat
7 das Fest genauso gut gefallen wie mir. Es ist eigentlich schade, dass man nicht jedes Jahr 40 wird und dass es noch einige Zeit bis zur nächsten großen Geburtstagsfeier dauert.

8 Lieber Herr Müller, noch einmal vielen Dank dafür, dass Sie dazu beigetragen haben, meine Geburtstagsfeier für mich unvergesslich werden zu lassen.

Viele herzliche Grüße sendet Ihnen

9 *Renate Schiller*

PB_Dank_Geschenk.doc

Dank nach einer Einladung

Wie oft denkt man sich nach einem schönen Abend, den man im Kreis von Freunden oder anderen lieben Menschen verbracht hat, man müsse sich einmal auf eine andere Weise bedanken als nur mit einem kurzen Telefonat oder anderen „dürren" Worten. In diesem Fall drängt es sich geradezu auf, einen kurzen schriftlichen Dank zu formulieren. Denn ein Dankesbrief nach einer Einladung ist in der heutigen Zeit eher die Ausnahme als die Regel und damit nicht nur für den Verfasser, sondern auch für den Empfänger ganz sicher etwas Besonderes. Mit einem Dankesbrief hebt man das Außergewöhnliche des miteinander verbrachten Abends oder Tages hervor (und sich selbst angenehm von den anderen Gästen ab).

Ein Dankesbrief nach einer Einladung könnte so oder ähnlich aufgebaut sein:

❶ Die eigene Adresse sollte nicht fehlen,

❷ auch das Datum (nicht aber unbedingt der Ort, an dem der Verfasser den Brief schreibt) gehört in den Brief hinein,

❸ die Adresse des Empfängers kann man nennen, muss es aber nicht unbedingt bei nahe stehenden Personen,

❹ die Anrede sollte möglichst herzlich sein. Es gilt, dass sie umso herzlicher ist, je näher man dem Empfänger steht,

❺ der Dank für die Einladung bildet den „Auftakt" des Briefes,

❻ es folgt eine Würdigung des Festes, in der man die eigenen positiven Gefühle über die gelungene Einladung zum Ausdruck bringt und hervorhebt, was daran besonders gut gefallen hat,

❼ musste der Gast vor Ende des Festes gehen, kann er jetzt sein Bedauern darüber zeigen, dass er nicht noch länger mitfeiern konnte,

❽ am Schluss kann man den Gastgebern noch einmal herzlich für ihre Mühe danken und seine Hoffnung zum Ausdruck bringen, dass eine solche Feier demnächst wieder einmal stattfindet,

❾ es folgen schließlich die Grußformel

❿ und die eigenhändige Unterschrift.

Natürlich müssen nicht alle eben genannten Stichworte im Brief vorkommen – es gilt, ganz individuell auf die Einladung zu reagieren. Vielleicht spricht man ja im Dankesbrief bereits auch eine Gegeneinladung aus oder kündigt sie zumindest an? In der Regel wird bei einem geselligen Abend ohne besonderen Anlass in absehbarer Zeit eine Gegeneinladung erwartet. Allerdings gibt es natürlich auch keine Pflicht, dies zu tun.

Beachten sollte man allerdings, dass ein Dank stets von Herzen kommen und man dies dem Schreiben auch anmerken sollte. Auf gestelzte und überkommene Formulierungen wie „Erlauben Sie mir, mich noch einmal recht herzlich zu bedanken" sollte man in jedem Fall verzichten. Die Devise bei einem Dankesbrief lautet, so einfach wie möglich zu schreiben. Wenn man z. B. seinen Dank ausdrücken möchte, kann man dies folgendermaßen tun: „Danke, dass ich bei eurer schönen Feier dabei sein durfte."

Auch wenn man den Gastgebern nicht sehr nahe steht, eignen sich solche einfachen Formulierungen. Der einzige Unterschied zu einem Dankesbrief an Freunde: Ein Brief an weiter entfernte Bekannte darf nicht so flapsig sein wie der an enge oder alte Freunde. Die Gefühle des Schreibers dürfen jedoch ruhig zum Ausdruck kommen.

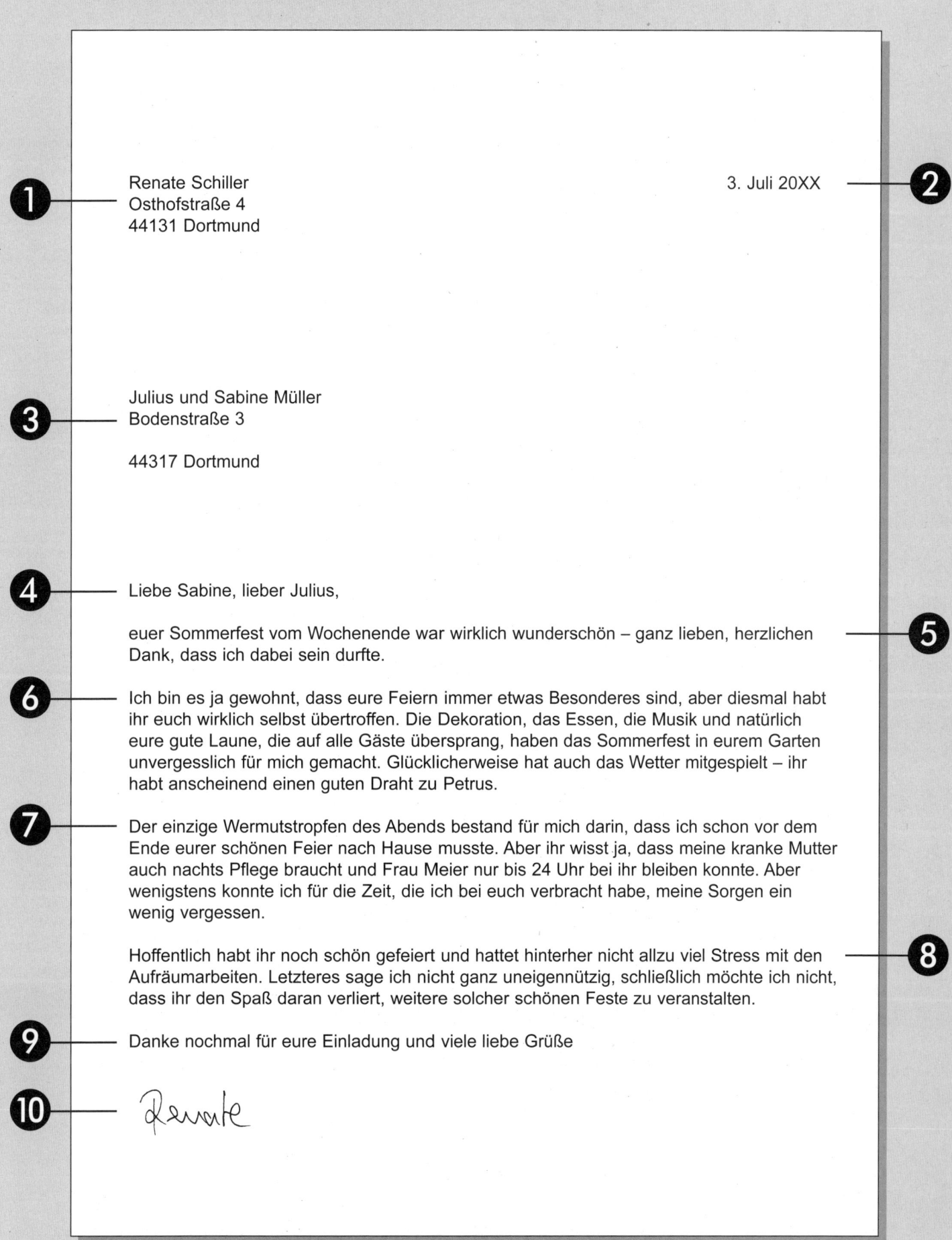

① Renate Schiller
Osthofstraße 4
44131 Dortmund

② 3. Juli 20XX

③ Julius und Sabine Müller
Bodenstraße 3

44317 Dortmund

④ Liebe Sabine, lieber Julius,

⑤ euer Sommerfest vom Wochenende war wirklich wunderschön – ganz lieben, herzlichen Dank, dass ich dabei sein durfte.

⑥ Ich bin es ja gewohnt, dass eure Feiern immer etwas Besonderes sind, aber diesmal habt ihr euch wirklich selbst übertroffen. Die Dekoration, das Essen, die Musik und natürlich eure gute Laune, die auf alle Gäste übersprang, haben das Sommerfest in eurem Garten unvergesslich für mich gemacht. Glücklicherweise hat auch das Wetter mitgespielt – ihr habt anscheinend einen guten Draht zu Petrus.

⑦ Der einzige Wermutstropfen des Abends bestand für mich darin, dass ich schon vor dem Ende eurer schönen Feier nach Hause musste. Aber ihr wisst ja, dass meine kranke Mutter auch nachts Pflege braucht und Frau Meier nur bis 24 Uhr bei ihr bleiben konnte. Aber wenigstens konnte ich für die Zeit, die ich bei euch verbracht habe, meine Sorgen ein wenig vergessen.

⑧ Hoffentlich habt ihr noch schön gefeiert und hattet hinterher nicht allzu viel Stress mit den Aufräumarbeiten. Letzteres sage ich nicht ganz uneigennützig, schließlich möchte ich nicht, dass ihr den Spaß daran verliert, weitere solcher schönen Feste zu veranstalten.

⑨ Danke nochmal für eure Einladung und viele liebe Grüße

⑩ *Renate*

PB_Dank_Einladung.doc

Dank für Glückwünsche zur Konfirmation

Die Konfirmation ist für alle jungen Protestanten etwas ganz Besonderes, werden sie mit ihr doch als vollwertiges Mitglied in die Gemeinschaft der Christen aufgenommen. Kein Wunder, dass auf den Konfirmanden oft ein wahrer „Glückwunschregen" niederprasselt.

Für all diese Glückwünsche, die häufig mit einem Geschenk kombiniert sind, heißt es im Anschluss natürlich sich zu bedanken. Viele Konfirmanden tun dies heutzutage anstelle von Karten mit einer Zeitungsanzeige, andere verteilen vorgedruckte Karten. Schöner, weil persönlicher ist jedoch immer der selbst verfasste und geschriebene Dankesbrief. Dieser muss nicht unbedingt von Hand geschrieben sein, man kann ihn auch in den Computer eingeben und ausdrucken lassen. Man muss nun nicht jeden Brief neu eintippen, sondern kann das „Grundgerüst" stehen lassen. Dennoch erweckt man ganz leicht – allein durch die Änderung weniger Formulierungen – beim Empfänger den Eindruck, ihm einen ganz persönlichen Dankesbrief zu schicken, z. B. indem man in ein paar Sätzen auf seine Glückwünsche oder das beigefügte Geschenk eingeht. Und so ein persönlicher Dank macht immer einen besseren Eindruck als eine vorgedruckte Karte oder Zeitungsannonce.

Ein Dankesbrief zur Konfirmation sollte beinhalten:

❶ die Adresse des Konfirmanden,

❷ das Datum des Schreibens,

❸ die Adresse des Empfängers,

❹ die Anrede, die bei nahe stehenden Personen natürlich herzlicher ist als bei weiter entfernten Bekannten,

❺ den Anfang des Briefs kann der Konfirmationsspruch bilden, gleich darauf sollte jedoch der Dank für den Glückwunsch oder das Geschenk folgen,

❻ ein paar Worte zur Feier, z. B. kann der Jugendliche darüber berichten, wie ihm seine Konfirmation gefallen hat oder was die Konfirmation für ihn persönlich bedeutet,

❼ zum Abschluss des Briefs sollte erneut Dank gesagt werden,

❽ es folgen die Grußformel und

❾ die eigenhändige Unterschrift.

Selbstverständlich kann der Inhalt des Dankesbriefs auch variiert werden, z. B. ist es nicht nötig, den Konfirmationsspruch an den Briefanfang zu stellen. Allerdings stimmt er den Leser darauf ein, dass es hier noch einmal um die Konfirmation geht. Auch die Feier muss nicht beschrieben bzw. die Bedeutung der Konfirmation muss nicht herausgestellt werden, wenn man einen kürzeren Dankesbrief vorzieht. In jedem Fall aber sollte der Verfasser des Briefs die Glückwünsche bzw. das Geschenk des Empfängers entsprechend würdigen, denn dazu ist ein Dankschreiben schließlich da.

Katholiken können einen Brief ähnlichen Inhalts übrigens auch als Dank für die Glückwünsche zur Kommunion verschicken. Da die Kommunionskinder in aller Regel aber noch sehr jung sind, sollten die Eltern dabei helfen, die Dankesbriefe zu verfassen. Unterschreiben sollte jedoch das Kind den Brief – schließlich ist es sein Fest. Und außerdem macht es kleineren Kindern meistens auch noch Spaß, „eigene" Briefe zu verschicken.

1 Renate Schiller
Osthofstraße 4
44131 Dortmund

2 2. Mai 20XX

3 Julius Müller
Bodenstraße 3

44317 Dortmund

4 Sehr geehrter Herr Müller,

„Denn wisse, dass jene, die Gott lieben, alle Dinge zum Besten dienen."

5 Mit meinem Konfirmationsspruch bedanke ich mich ganz herzlich bei Ihnen für Ihre lieben Glückwünsche zu meiner Konfirmation. Dass Sie an mich gedacht haben, hat mich wirklich sehr gefreut.

6 Die Konfirmation selbst war ein wunderbares Erlebnis. Die Kirche war festlich geschmückt und anstelle des Organisten hat die Kirchenband die zu singenden Lieder mit Gitarrenmusik begleitet, was uns Konfirmanden natürlich besonders begeistert hat. Feierlich genug wurde es dann noch, als uns der Pastor einzeln nach vorn rief und wir endlich als vollwertige Mitglieder in die Gemeinschaft der Gläubigen aufgenommen wurden. Auch die anschließende Feier mit der Familie und den Taufpaten war sehr schön – alle behandelten mich schon fast wie eine Erwachsene.

7 Auch Sie, Herr Müller, haben mit Ihren Glückwünschen dazu beigetragen, dass mir meine Konfirmation immer im Gedächtnis bleiben wird.

8 Mit den besten Grüßen

9 *Renate Schiller*

Dank für Beileidsschreiben

Nach dem Tod eines geliebten Menschen eigenhändig eine Danksagung zu schreiben fällt den meisten Betroffenen schwer. Nicht umsonst werden die meisten Dankschreiben in Form vorgedruckter Karten verschickt. Für sehr persönliche schriftliche oder mündliche Beileidsbezeugungen oder für aktive Hilfe sollten sich die Hinterbliebenen dennoch möglichst ebenfalls in einem persönlichen Schreiben bedanken.

Ein solcher Brief – so schwer es zunächst fallen mag, ihn zu schreiben – kann durchaus bei der Verarbeitung des Todesfalls helfen, selbst wenn beim Verfassen erneut die Tränen fließen sollten. Sein Herz in einem Brief auszuschütten bringt manchmal mehr als direkte Gespräche mit Freunden und Bekannten. Denn schließlich kann man während des Schreibens seinen Gefühlen freien Lauf lassen, ohne sich vor seinem Gegenüber schämen oder fragen zu müssen, was man ihm zumuten kann. Auf diese Weise kann ein Dankschreiben eine nahezu „reinigende" Wirkung besitzen, insbesondere für Menschen, denen es schwer fällt, ihre Trauer öffentlich zu zeigen. Und die Phase der Trauer ist wichtig, um den Tod eines geliebten Menschen verkraften zu können.

Hier die mögliche Struktur einer solchen Danksagung:

① Adresse des Absenders (nicht nötig bei vorgedruckten Karten),

② statt eines exakten Datums reicht in diesem Fall die Monatsangabe (bei vorgedruckten Karten steht sie am Schluss, etwa folgendermaßen: „Dortmund, im April 20XX"),

③ Adresse des Empfängers (nicht bei vorgedruckten Karten),

④ Anrede (entfällt bei Kartenvordrucken ebenfalls),

⑤ Dank für die Anteilnahme,

⑥ eventuell eine besondere Würdigung der Anteilnahme des Empfängers am Tod des geliebten Menschen,

⑦ eventuell noch ein paar persönliche Worte über den Verstorbenen,

⑧ in einem sehr persönlichen Schreiben kann auch das eigene Befinden des Hinterbliebenen noch einmal zum Ausdruck kommen,

⑨ ein weiterer kurzer Dank für den Beistand,

⑩ Grußformel (entfällt bei Kartenvordrucken),

⑪ eigenhändige Unterschrift (vorgedruckte Unterschrift bei Karten).

Danksagungen für Beileidsbekundungen sollten etwa drei bis vier Wochen nach der Beerdigung verschickt werden. Dann haben die Hinterbliebenen in aller Regel schon die anderen Formalitäten, die nach dem Tod eines Menschen anfallen, weitgehend geregelt und Zeit genug, sich damit zu befassen.

Wer befürchtet, nach Versenden der Danksagungen in ein „tiefes Loch" zu fallen, weil er sich nun um nichts mehr kümmern muss und die Trauer sich Bahn brechen kann, sollte diese Angst in seinen Danksagungen an enge Freunde oder Verwandte ruhig ansprechen und sie – für den Fall eines Falles – bereits um Hilfe bitten. Die wenigsten Menschen werden es ablehnen, für den Hinterbliebenen da zu sein, ihm einfach nur zuzuhören oder ihn zu trösten. Auf diese Weise erhält eine Danksagung eine zusätzliche Funktion – zumal wenn es dem Hinterbliebenen Probleme bereitet, mündlich um Hilfe zu bitten. Schriftlich fällt dies oftmals wesentlich leichter.

1 Renate Schiller
Osthofstraße 4
44131 Dortmund

2 April 20XX

3 Julius Müller
Bodenstraße 3

44317 Dortmund

4 Lieber Julius,

5 **6** danke für deinen lieben Brief zum Tod von Hermann und deine tröstenden Worte zu seiner Beerdigung. Deine große Anteilnahme und auch deine Bestürzung über seinen Tod haben mir deutlich gemacht, wie sehr Hermann nicht nur mir, sondern auch anderen Menschen fehlen wird.

7 Er war – wie du bereits gesagt hast – wirklich etwas ganz Besonderes. Durch seine Lebensfreude, seine Fröhlichkeit und seinen grenzenlosen Optimismus konnte er andere begeistern und mitreißen. Selbst als es ihm wegen seiner Krankheit so schlecht ging, hatte er noch die Kraft, mich und die Kinder zu trösten und uns Mut für die Zukunft zu machen.

8 Da Hermann und ich uns so nahe standen, kannst du sicher verstehen, dass ich mich jetzt so fühle, als sei mir der wichtigste Teil meines Lebens abhanden gekommen. Es wäre schön, wenn du mich bald einmal besuchen würdest, damit wir ihn in Gedanken noch einmal aufleben lassen können.

9 Danke für deine große Hilfe in dieser schweren Zeit!

10 Herzlichst deine

11 Renate

PB_Dank_Beileid.doc

Dank für Hilfe

Wenn man in schwierigen Situationen oder dann, wenn man es gar nicht erwartet, Hilfe von Freunden oder Bekannten erhält, sollte man sich dafür unbedingt angemessen bedanken. Auch ein guter Tipp, der einen selbst weiterbringt, ist eine besondere Danksagung wert. In einem solchen Fall kann man den Helfer selbstverständlich als Dank zum Essen einladen oder ihm ein Geschenk überreichen, doch in einer Zeit, in der das Schreiben von Briefen mehr und mehr zur Seltenheit wird, ist eine schriftliche Danksagung oft die größere Überraschung. Vor allem, wenn man in ihr am Schluss ebenfalls seine Hilfe bei Problemen in Aussicht stellt.

Natürlich sollte man das Mittel der schriftlichen Danksagung nicht zu häufig einsetzen, sondern nur dann, wenn es sich bei der geleisteten Hilfe um eine größere Gefälligkeit handelte oder man das Problem nicht allein hätte bewältigen können. Beispielsweise kann ein schriftlicher Dank bei der aktiven Mithilfe beim Umzug oder Hausbau, der Beratung in Steuerfragen oder der Hilfe bei der Suche nach einer neuen Arbeitsstelle sinnvoll sein.

Ein schriftlicher Dank ist insbesondere immer dann angebracht, wenn man seinem „guten Engel" nicht besonders nahe steht, sondern es sich um einen weiter entfernten Bekannten handelt. Er sollte folgende Punkte beinhalten:

1. die eigene Adresse,
2. das Datum,
3. die Adresse des Empfängers,
4. die Anrede,
5. den Dank für die Hilfeleistung,
6. vielleicht eine besondere Würdigung der Hilfeleistung,
7. eventuell eine Darstellung der positiven Folgen für den Absender,
8. das Angebot, dem Empfänger im Bedarfsfall ebenfalls eine Gefälligkeit zu erweisen,
9. ein erneuter Dank,
10. die Grußformel und
11. die eigenhändige Unterschrift.

Je besser Absender und Empfänger miteinander bekannt sind, umso weniger ernst muss der Stil des Briefes sein. Zum Beispiel könnte der Absender in seiner Danksagung auf amüsante Weise darstellen, welche möglichen „schlimmen" Folgen es gehabt hätte, hätte der Empfänger ihm nicht helfend zur Seite gestanden. Im Fall der fehlenden Hilfe bei einem Umzug könnte er z. B. schreiben, dass er vermutlich noch bis zum Sankt-Nimmerleins-Tag auf gepackten Koffern gesessen hätte, weil diese einfach zu schwer gewesen seien, um sie alleine zu tragen. Ein solcher Brief wird beim Empfänger sicherlich bleibenden Eindruck erwecken und ihn dazu animieren, seine Hilfe auch beim nächsten Mal gern wieder zur Verfügung zu stellen.

Wem das noch nicht genug ist, der kann dem Helfer in seinem Dankschreiben zusätzlich eine Einladung zum Essen oder Ähnliches als „Revanche" für die geleistete Hilfe anbieten oder dem Brief einen selbst gefertigten Gutschein für eine Gefälligkeit beilegen, den der Empfänger bei Bedarf einlösen kann. Es versteht sich von selbst, dass der Absender in diesem Fall sein Wort unbedingt halten muss – auf bloße Lippenbekenntnisse sollte man daher tunlichst verzichten.

1 Renate Schiller
Osthofstraße 4
44131 Dortmund

2 10. März 20XX

3 Julius Müller
Bodenstraße 3

44317 Dortmund

4 Lieber Julius,

5 **6** hab noch einmal herzlichen Dank für deine Hilfe bei meiner Steuererklärung. Ach, was heißt Hilfe? Du hast sie ja nahezu alleine gemacht, als du gemerkt hast, dass ich wie ein Ochs vorm Berg vor dem Wust an Formularen stand! Ohne dich hätte ich es nicht geschafft, die Steuererklärung pünktlich ans Finanzamt zu schicken.

7 Stell dir nur vor, was passiert wäre, hättest du mir nicht geholfen: Ich hätte vermutlich nach spätestens einer Stunde die Formulare zerrissen, mir die Haare gerauft und dem Finanzamt einen wütenden Brief geschrieben. Und was wäre dann passiert? Ich hätte meine Steuererklärung nicht abgegeben, das Finanzamt hätte meine Steuer geschätzt und wahrscheinlich wäre irgendwann der Gerichtsvollzieher bei mir aufgetaucht, um den fehlenden Obulus an den Staat einzutreiben. Gut, dass du mich vor dieser Schmach bewahrt hast! Und wie du sagtest, bekomme ich ja sogar noch Geld von Vater Staat zurück!

8 Für den Fall, dass auch ich dir demnächst bei irgendetwas helfen kann, sei gewiss: Ereilt mich dein Ruf, werde ich sofort bei dir erscheinen und dir helfend zur Seite stehen!

9 Herzlichen Dank noch einmal

10 deine

11 *Renate*

PB_Dank_Hilfe.doc

Einladung zum Geburtstag

Die meisten Einladungen werden heute mündlich oder telefonisch ausgesprochen, z. B. die Einladung zum zwanglosen Grill- oder Sommerfest, in der Regel aber auch die Einladung zur Geburtstagsfeier. Bei besonderen Geburtstagen (z. B. Volljährigkeit oder runden Geburtstagen) oder wenn man eine große Feier bzw. eine Mottoparty zum Geburtstag plant, sollte man jedoch eine schriftliche Einladung vorziehen. Dafür gibt es einen ganz einfachen Grund: Die Gäste wissen dann gleich, was sie erwartet. Außerdem kann das Geburtstagskind seine Feier besser planen, zumal wenn in der Einladung deutlich gemacht wird, dass eine Zu- oder Absage erwünscht ist.

Ein weiterer guter Grund für eine schriftliche Geburtstagseinladung ist, sich dadurch wohltuend von anderen Einladungen abzuheben und seinen Gästen von vornherein klarzumachen, dass es sich bei dieser Feier um etwas ganz Besonderes handelt. Deshalb werden sicher auch weniger Gäste die Einladung ablehnen als bei einer einfachen mündlichen Einladung. Und jedes Geburtstagskind möchte ja, dass möglichst viele Freunde und Bekannte seiner Einladung nachkommen.

Eine Geburtstagseinladung beinhaltet folgende Punkte:

❶ die Adresse des Absenders mit Telefonnummer,

❷ das Datum des Schreibens,

❸ die Empfängeradresse (nicht jedoch bei vorgedruckten Einladungskarten),

❹ die Anrede,

❺ die Einladung mit Termin, Uhrzeit, Anlass und Ort,

❻ die Angabe, wer genau eingeladen wird,

❼ nähere Angaben zur Feier, z. B. ob es sich um eine Mottoparty, ein im Freien stattfindendes Grillfest oder einen Empfang handelt,

❽ eventuell die Bitte um angemessene Kleidung,

❾ die Bitte um Zusage,

❿ Ausdruck der Hoffnung, dass der Gast kommen wird,

⓫ die Grußformel,

⓬ die eigenhändige Unterschrift.

Bei Geburtstagsfeiern mit eher offiziellem Charakter ist es angebracht, Einladungskarten drucken zu lassen, andere Geburtstagseinladungen lassen sich rasch mit dem Computer „zaubern". Handelt es sich um eine zwanglose Feier, darf die Einladung in witzigem Stil und originell verfasst werden, bei förmlichen Veranstaltungen sollte man auf zu lockere Formulierungen besser verzichten.

Wer möchte, dass seine Gäste aus Anlass der Feier besondere Kleidung tragen, sollte dies in jedem Fall in seiner Einladung vermerken. Es wäre für einen Gast zu peinlich, wenn er in Jeans und T-Shirt auf einem Fest auftaucht, auf dem Abendkleidung erwünscht ist. Auch sollte man vermerken, ob die Gäste z. B. wegen eines vorbereiteten Essens pünktlich erscheinen sollen.

Wer für seine Feier besondere Highlights vorgesehen hat (z. B. den Auftritt eines Zauberers, eine Versteigerung oder die Prämierung des schönsten Kostüms), kann dies in seiner Einladung bereits ankündigen. Wer er es lieber etwas geheimnisvoller mag, kündigt einfach eine oder mehrere Überraschungen für seine Feier an.

1

Renate Schiller
Osthofstraße 4
44131 Dortmund
Tel.: 02 31/4 56 00

20. Juni 20XX **2**

3

Julius und Elke Müller
Bodenstraße 3

44317 Dortmund

4 Liebe Elke, lieber Julius,

5 40 Jahre und kein bisschen weise – das werde ich am 10. Juli. Grund genug, eine große
Feier zu veranstalten, findet ihr nicht? Ich möchte deshalb am darauf folgenden Samstag,
dem 14. Juli, ab 20 Uhr, ein großes Sommerfest in unserem Garten feiern. Dazu möchte **6**
ich euch und die Kinder herzlich einladen.

Habt keine Angst: Auch wenn es regnen sollte, fällt die Party nicht ins Wasser. Wir stellen
bei uns hinterm Haus ein großes Zelt auf, in das wir uns zurückziehen können, falls Petrus **7**
an diesem Tag kein Einsehen mit uns haben sollte. Da es sich um eine Gartenparty
handelt, verzichtet ihr wohl besser auf Abendkleid und Smoking und kommt stattdessen in
8 Jeans und T-Shirt oder ähnlich legerer Kleidung. Ach ja: Lasst das Abendessen an diesem
Tag besser ausfallen – es gibt ein reichhaltiges Büfett.

9 Es wäre schön, wenn ihr mir bis zum 1. Juli Bescheid sagen würdet, ob und mit wie viel
Personen ihr kommt. Dann kann ich meine Planung darauf einstellen. Ich würde mich
jedenfalls riesig freuen, wenn ihr den Eintritt in meinen neuen Lebensabschnitt mit mir **10**
feiern würdet.

11 Bis dann also

eure

12 *Renate*

Einladung zur Hochzeit

Eine Hochzeit, so hoffen zumindest alle Brautpaare, feiert man nur einmal im Leben. Grund genug, um diesen Tag gebührend zu begehen. Selbstverständlich lädt man deshalb zu einer Hochzeitsfeier auch nicht telefonisch, sondern immer schriftlich ein, in der Regel mit vorgedruckten Einladungskarten, wenn es sich um eine große Feier handelt.

Allerdings kann man auch einen persönlichen Brief an seine Gäste verschicken, in dem man die Einladung ausspricht. Auf schönem Papier wirkt eine solche Hochzeitseinladung nicht minder edel als eine vorgedruckte Karte – und mit dem Computer kann man zudem noch tolle Grafiken auf die Einladung zaubern oder sogar ein Foto des Brautpaars auf die Einladung (dann natürlich in Fotopapierqualität) drucken. Das ist einfacher, als in jede Einladung ein Foto einzukleben.

Die Hochzeitseinladung unterscheidet sich von anderen Einladungen insofern, als sie meistens nicht in flapsigem, sondern in einem eher förmlichen Stil verfasst wird. Andererseits gibt es heute mittlerweile auch Brautpaare, die sich über solche Konventionen hinwegsetzen und eine eher witzige Einladung gestalten, indem sie z. B. schreiben: „Wir trauen uns."

Ob konventionell oder eher locker: Folgende Punkte sollten bei der Einladung in jedem Fall beachtet werden:

1. Adresse des Paares,
2. Datum des Schreibens,
3. Adresse des Empfängers (nicht bei Kartenvordrucken),
4. Anrede (kann bei Vordrucken entfallen, da heißt es oft nur „Renate Schiller und Martin Baum laden ein …"),
5. Bekanntgabe der Hochzeit mit Termin und Uhrzeit,
6. Einladung zur Trauung,
7. Einladung zur anschließenden Hochzeitsfeier mit Zeitpunkt und genauer Ortsangabe,
8. eventuell Nachfrage, ob die Reservierung eines Hotelzimmers für die Nacht erwünscht ist,
9. Bitte um Antwort,
10. Grußformel,
11. Unterschrift (entfällt bei Vordrucken).

Den Wunsch nach besonderer Kleidung braucht man in einer Hochzeitseinladung nicht äußern. Bei einer Hochzeit gilt das ungeschriebene Gesetz, dass die Gäste nicht in Alltags-, sondern in besonderer Kleidung erscheinen. Wer jedoch einen besonderen Kleidungswunsch hat (z. B. Smoking für die Herren, Abendkleid für die Damen beim abendlichen Empfang oder legere Kleidung bei einer Polterhochzeit), sollte dies ausdrücklich in seiner Einladung vermerken.

Es ist übrigens nicht unbedingt nötig, dass das Brautpaar selbst zu seiner Hochzeit einlädt (obwohl das heute in der Regel so gehandhabt wird), auch die Brauteltern können zur Hochzeit einladen. Es soll Brauteltern geben, die darauf bestehen… Das wirkt jedoch ein wenig antiquiert und ist deshalb für moderne junge Leute nicht zu empfehlen. Sie sollten ihre Einladung daher lieber selbst verfassen.

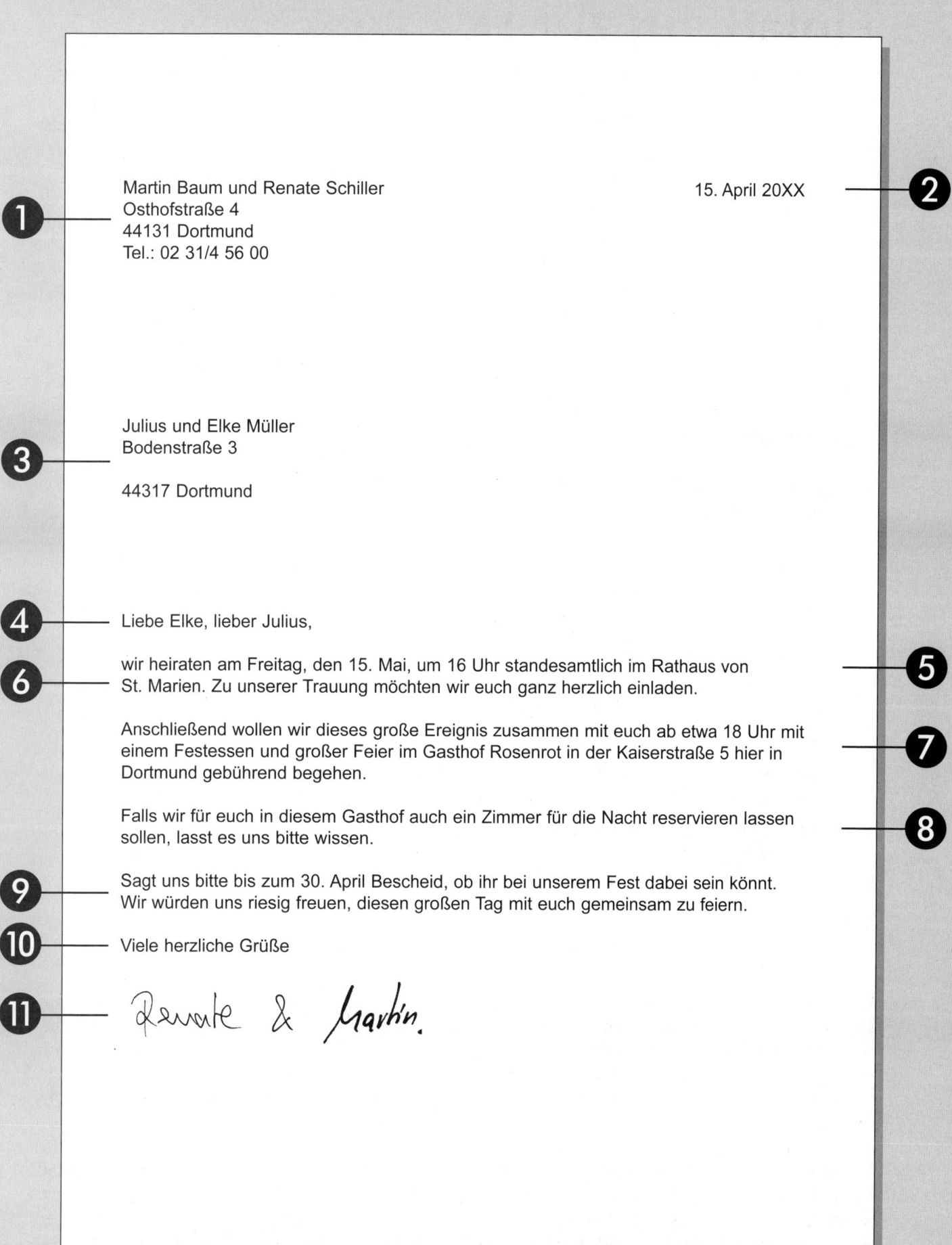

1 Martin Baum und Renate Schiller
Osthofstraße 4
44131 Dortmund
Tel.: 02 31/4 56 00

2 15. April 20XX

3 Julius und Elke Müller
Bodenstraße 3

44317 Dortmund

4 Liebe Elke, lieber Julius,

6 wir heiraten am Freitag, den 15. Mai, um 16 Uhr standesamtlich im Rathaus von **5**
St. Marien. Zu unserer Trauung möchten wir euch ganz herzlich einladen.

Anschließend wollen wir dieses große Ereignis zusammen mit euch ab etwa 18 Uhr mit **7**
einem Festessen und großer Feier im Gasthof Rosenrot in der Kaiserstraße 5 hier in
Dortmund gebührend begehen.

Falls wir für euch in diesem Gasthof auch ein Zimmer für die Nacht reservieren lassen **8**
sollen, lasst es uns bitte wissen.

9 Sagt uns bitte bis zum 30. April Bescheid, ob ihr bei unserem Fest dabei sein könnt.
Wir würden uns riesig freuen, diesen großen Tag mit euch gemeinsam zu feiern.

10 Viele herzliche Grüße

11 *Renate & Martin.*

Einladung zur Examensparty

Eine bestandene Prüfung ist immer auch ein Grund zum Feiern – ganz egal, ob es sich dabei um den Abschluss des Studiums oder vielleicht um eine Gesellen- oder Meisterprüfung handelt. Dass man ein solches Fest im Leben nicht allzu häufig feiert, sollte man auch mit der Einladung deutlich machen. Für die Einladung zur Examensparty bietet sich daher in jedem Fall die Schriftform an.

Da eine Examensparty in der Regel ein fröhliches, ausgelassenes Fest ist, sollte die Einladung nicht zu förmlich ausfallen. Stattdessen sollte sie genauso lustig und witzig daherkommen, wie das Fest zu werden verspricht – nicht zuletzt deshalb, weil meistens nur gute Freunde und Bekannte dazu eingeladen werden.

Hier ein paar Stichpunkte für die Einladung:

1. Adresse des Absenders,
2. Datum des Schreibens,
3. Empfängeradresse,
4. Anrede,
5. Anlass des Schreibens,
6. Einladung mit Datum, Uhrzeit und Ort,
7. eventuell ein paar Worte zum Charakter des Festes,
8. eventuell die Bitte (bei einer Examensparty ist dies durchaus möglich und üblich), statt Geschenken einen Kostenbeitrag zum Fest zu leisten,
9. Bitte um Antwort,
10. Grußformel,
11. Unterschrift.

Eine Einladung zur Examensparty darf ruhig auch schön bunt sein. Man kann sie z. B. auf buntem Papier schreiben oder – falls man sie mit dem Computer verfasst – auch ein paar passende Grafiken einbauen, die man in jeder Clipartsammlung oder auch im Internet finden kann. Man kann dem Ganzen natürlich auch einen Sinnspruch zum Examen oder zur bestandenen Prüfung voranstellen. Jede bessere Zitatensammlung (auch die im Internet zu findenden) beinhaltet für diesen Anlass Sprüche.

Natürlich gibt es auch die Möglichkeit, die Einladung wie eine Zeitung aufzumachen, indem man beispielsweise die Überschriften der großen Zeitungen des Prüfungstages heraussucht, diese der Einladung voranstellt und als abschließende Nachricht, die gleichzeitig die eigentliche Einladung darstellt, Folgendes oder Ähnliches darunter setzt: „Sensation! Renate Schiller besteht endlich ihre Abschlussprüfung und lädt ... zu ihrer großen Examensparty am ... um ... Uhr ein."

Möglich ist auch eine Einladung im Telegrammstil: „Abschlussprüfung bestanden. Stopp. Renate Schiller feiert. Stopp. Am ... um ... Uhr in... Stopp. Hoffe, dass du Zeit hast. Stopp. Sag bitte Bescheid. Stopp."

Mit ein wenig Fantasie lassen sich so die originellsten Einladungen entwerfen, die jeder gekauften Einladungskarte den Rang ablaufen und den Gästen Lust machen, an der Feier teilzunehmen.

1 Renate Schiller
Osthofstraße 4
44131 Dortmund
Tel.: 02 31/4 56 00

2 2. Oktober 20XX

3 Julius Müller
Bodenstraße 3

44317 Dortmund

4 Lieber Julius,

5 **6** du wirst es sicher nicht glauben, aber ich habs tatsächlich geschafft: Seit vier Tagen habe ich mein BWL-Diplom in der Tasche. Meinst du nicht auch, dass das ein Grund ist, wieder einmal richtig zu feiern? Genau. Und deshalb lade ich dich auch ganz herzlich zu meiner Examensparty am 25. Oktober, ab 20 Uhr in die alte Mensa am Kirchplatz ein.

7 Damit es auch ein rauschendes Fest wird, habe ich mich mit meinen Kommilitoninnen Angelika und Sabine zusammengetan, um die Feier auszurichten. Du kannst also sicher sein, dass es nicht nur ein „Kaffeekränzchen" wird, wie du immer so schön sagst.

8 Da wir ja alle drei arme Studentinnen sind, haben wir uns überlegt, dass wir keine Geschenke möchten, sondern lieber ein Sparschwein aufstellen, das jeder Gast mit einem kleinen Beitrag zu den Festkosten „füttert".

9 Sag bitte bis zum 10. Oktober Bescheid, ob du zu unserer Party kommst, damit wir besser planen können.

10 Ich freue mich auf dich

deine

11 *Renate*

Einladung zum Klassentreffen

Bei einer Einladung zu einem Klassentreffen wird es sich nie um eine ganz persönliche Einladung handeln, da es in der Regel zu viele Mitschüler gab und von diesen nicht jeder persönlich angesprochen werden kann. Kartenvordrucke für diesen Anlass gibt es im Handel jedoch auch nicht. Daher werden solche Einladungen meistens mit dem Computer geschrieben und mehrfach ausgedruckt, wobei der Adresskopf bei jedem Brief geändert werden muss, will man Fensterumschläge verwenden und nicht jede Empfängeradresse nochmals mühselig per Hand auf den Brief schreiben.

Eine Einladung zum Klassentreffen kann man prinzipiell gestalten, wie man möchte: witzig, nostalgisch oder aber auch ganz trocken. Wichtig ist nur, dass bestimmte Punkte in der Einladung stehen:

1. Adresse des Schreibenden,
2. Datum,
3. Empfängeradresse,
4. Anrede,
5. Anlass des Schreibens benennen,
6. eigentliche Einladung mit Termin, Zeit und Ort,
7. eventuell Besonderheiten zum Treffen (z. B. vorgesehene Führung durch die alte Schule, Begrüßung der „Ehemaligen" durch den neuen Schulrektor und Ähnliches),
8. Frage der Übernachtung,
9. Kosten pro Person,
10. Bitte um Antwort,
11. Grußformel,
12. Unterschrift, die eigenhändig oder in diesem Fall ausnahmsweise auch mit dem Computer geschrieben werden kann.

Oft ist bei Klassentreffen die aktuelle Adresse ehemaliger Mitschüler nicht bekannt. In diesem Fall richtet sich die Einladung meist an Verwandte, die noch am ehemaligen Wohnort leben oder aber an die zuletzt genannte Adresse des Mitschülers. Dann sollte man den Verwandten bitten, den Brief an den Mitschüler weiterzuleiten bzw. für die Post auf dem Brief vermerken, dass er notfalls an die neue Adresse, soweit postbekannt, geschickt werden soll. Im Brief selbst richtet man an den Mitschüler die Bitte, seine aktuelle Adresse bei der Rückantwort zu nennen, um ihn z. B. informieren zu können, falls es zu Änderungen bezüglich des Klassentreffens kommen sollte.

Da die meisten Ehemaligen wenigstens noch zu dem einen oder anderen Mitschüler Kontakt haben, kann es unter Umständen auch sinnvoll sein, eine allgemeine Anfrage zu starten, in der jeder gefragt wird, ob er die aktuelle Adresse anderer Mitschüler kennt. Auch auf diese Weise lässt sich eine Adressenliste gut aktualisieren.

Die Frage, ob neben den Ehemaligen auch deren Partner eingeladen werden, muss jedes „Organisationskomitee" selbst entscheiden. Oft fühlen sich diese fehl am Platz, weil sie niemanden kennen, und häufig kümmern sich die ehemaligen Mitschüler dann mehr um ihre Partner als um alte Freunde, weil sie sich verpflichtet fühlen, die Partner mit ins Geschehen einzubeziehen. Zwangloser ist es daher in der Regel ohne Partner.

1 Renate Schiller
Osthofstraße 4
44131 Dortmund
Tel.: 02 31/4 56 00

2 2. März 20XX

3 Julius Müller
Bodenstraße 3

44317 Dortmund

4 Lieber Julius,

5 zwanzig Jahre ist es nun her, dass wir die Schule verlassen haben. Damals waren wir froh und glücklich, diesen Lebensabschnitt hinter uns gebracht zu haben – heute erinnern die meisten von uns sich mit einiger Wehmut an die „schöne Schulzeit" zurück (auch wenn wir im Nachhinein alles in einem rosigeren Licht sehen, als es wirklich war).

6 Gemeinsam kann man natürlich besser an die „gute, alte Zeit" denken. Deshalb würden Karin Bauer, Michael Schulz, Karsten Becker und ich uns freuen, dich (und alle anderen „Ehemaligen" der Klasse 10b) zum Klassentreffen am Samstag, den 15. Juni, ab 18 Uhr im Hotel Rosenschlösschen begrüßen zu können. Wir sind schon sehr gespannt, was sich in den zehn Jahren seit dem letzten Klassentreffen so alles ereignet hat!

7 Am darauf folgenden Sonntag findet zudem ab 10 Uhr noch eine Schulführung statt. Der neue Rektor Peter Paul wird uns zunächst begrüßen und uns unsere alte Wirkungsstätte zeigen. Es werden auch einige unserer ehemaligen Lehrer zugegen sein.

8 Falls du nicht weißt, wo du übernachten sollst, können wir für dich gerne ein Hotelzimmer organisieren. Für unser Klassentreffen im Rosenschlösschen werden übrigens pro Person **9** 20 Euro fällig, in denen aber auch ein Essen und Getränke enthalten sind. Bitte teile uns **10** bis zum 10. Juni mit, ob du kommen wirst.

11 Wir freuen uns schon auf dich!

12 Liebe Grüße

Renate Schiller

Einladung zum Essen

Einladungen zum Essen unterscheiden sich in ihrem Stil ganz erheblich voneinander, abhängig davon, an wen sie gerichtet sind. Wer einen guten Freund oder seine Liebste zum Essen einlädt, wird sicher ganz andere Worte wählen als jemand, der seinen Chef zum Essen bei sich zu Hause begrüßen möchte. Im letzteren Fall wird man einen eher förmlichen Stil wählen, richtet sich die Einladung hingegen an Freunde, darf die Einladung ruhig flapsig und fröhlich sein.

Natürlich kann man jemandem auch dann eine Einladung zum Essen schicken, wenn das Essen gar nicht beim Absender zu Hause, sondern in einem Restaurant stattfinden soll. In diesem Fall kann man die Einladung beispielsweise passend zum Restaurant gestalten. Einen Besuch beim Italiener könnte man z. B. mit den Worten „O sole mio" ankündigen. Natürlich kann man dies genauso handhaben, wenn man zu Hause ein italienisches Essen vorbereiten will. Auf diese Weise wird der Gast bereits auf das Essen eingestimmt.

In einer Einladung zum Essen sollte man Folgendes erwähnen:

❶   die Adresse des Absenders,

❷   das Datum des Schreibens,

❸   die Adresse des Empfängers,

❹   die Anrede,

❺   die Einladung zum Essen mit Termin, Zeit und Ort, wobei man bei einer Einladung zum Essen um pünktliches Erscheinen bitten sollte (sonst wird womöglich das Essen kalt, bis der letzte Gast erschienen ist),

❻   eventuell sollte man auch den Anlass des Essens (z. B. erfolgreicher Abschluss eines Geschäfts oder Ähnliches) nennen. Gibt es keinen besonderen, kann man dies im Einzelfall auch erwähnen, damit kein Gast auf die Idee kommen könnte, einen Feieranlass (z. B. Geburtstag) vergessen zu haben,

❼   es kann sinnvoll sein, die Art des Essens bereits zu nennen. Dies ermöglicht z. B. einem Gast, der gegen bestimmte Nahrungsmittel allergisch oder aber Vegetarier ist, sofort zu reagieren. Auf diese Weise kann man sich unter Umständen die Peinlichkeit ersparen, dass der Gast das Essen nicht oder kaum anrührt,

❽   falls besondere Kleidung zu diesem Anlass erwünscht ist, sollte man das unbedingt erwähnen,

❾   die Bitte um Antwort darf ebenfalls nicht fehlen, damit sich der Gastgeber bei seiner Essensplanung darauf einstellen kann, wie viele Gäste kommen,

❿   genauso wenig die Grußformel und

⓫   die eigenhändige Unterschrift des Briefs.

Der Gastgeber sollte sich zudem darauf vorbereiten, dass die Gäste ihn fragen, was sie ihm mitbringen können. Ein kleines Geschenk – oft ein Blumenstrauß oder eine Flasche Wein – überreichen nämlich die meisten Gäste, um sich für die Einladung erkenntlich zu zeigen.

Für den Fall, dass die Gäste die Frage nach einem Mitbringsel stellen, sollte der Gastgeber nicht abwiegeln und sagen, dass ein Geschenk nicht nötig ist, das macht es den Gästen nur unnötig schwer, die dennoch nicht mit leeren Händen kommen wollen. Der Gastgeber kann z. B. beiläufig erwähnen, dass er gern trockenen Rotwein trinkt oder welches seine Lieblingsblumen sind.

① Renate Schiller
Osthofstraße 4
44131 Dortmund
Tel.: 02 31/4 56 00

② 3. November 20XX

③ Julius Müller
Bodenstraße 3

44317 Dortmund

④ Sehr geehrter Herr Müller,

⑥ ⑤ mein Mann und ich würden uns sehr freuen, Sie und Ihre Frau am Sonnabend, den
17. November, um 19 Uhr zum Abendessen bei uns zu begrüßen. Unseren erfolgreichen
⑦ Geschäftsabschluss wollen wir in kleinem Kreis bei einem italienischen Menü feiern.
⑧ Besondere Kleidung ist daher nicht erforderlich.

⑨ Bitte sagen Sie uns bis zum 10. November Bescheid, ob Sie an diesem Abend Zeit haben.
Über eine Zusage freuen wir uns sehr.

⑩ Mit freundlichen Grüßen

⑪ *Renate Schiller*

Glückwunsch zur Volljährigkeit

Der 18. Geburtstag eines Jugendlichen markiert einen Eintritt in eine völlig neue Lebensphase: Ab jetzt gilt der Jugendliche als volljährig und kann unabhängig von seinen Eltern seine eigenen Entscheidungen treffen. Kein Wunder, dass jeder Jugendliche seinem 18. Geburtstag große Bedeutung beimisst. Zu solch einem besonderen Tag sollte man als enger Freund, Verwandter oder guter Bekannter unbedingt einen schriftlichen, persönlichen Glückwunsch verschicken – ein Anruf allein würde diesem Anlass nicht gerecht werden.

Ein Glückwunsch zur Volljährigkeit sollte auf die neuen Rechte und Pflichte des Jugendlichen eingehen – schließlich sind sie es ja, die diesen Geburtstag zu etwas ganz Besonderem machen. Ob auf ironische, lustige oder ernste Weise bleibt selbstverständlich dem Gratulanten überlassen, abhängig von dessen Verhältnis zu dem Geburtstagskind.

Eine Gratulation zur Volljährigkeit kann Folgendes enthalten:

❶ die Adresse des Absenders,

❷ das Datum des Schreibens,

❸ die Empfängeradresse (kann unter Umständen auch entfallen, z. B. wenn der Absender gut mit dem Empfänger bekannt ist),

❹ die Anrede,

❺ der Geburtstagsglückwunsch,

❻ ein paar Sätze über die Bedeutung dieses Geburtstages allgemein und für das Geburtstagskind im Speziellen,

❼ eventuell ein kurzer Ausblick auf die Zukunft,

❽ der Hinweis auf das Geschenk, falls der Brief zusammen mit einem Geschenk verschickt wird,

❾ die besten Wünsche für den weiteren Lebensweg,

❿ die Grußformel,

⓫ die eigenhändige Unterschrift.

Ein Geburtstagsglückwunsch sollte möglichst mit der Hand geschrieben werden. Allerdings gibt es viele Menschen, die von sich behaupten, ihre Handschrift sei absolut unleserlich. In diesem Fall ist es sicherlich besser, den Brief mit dem Computer zu schreiben – schließlich soll das Geburtstagskind die Glückwünsche nicht nur erhalten, sondern auch lesen können. Hinzu kommt, dass man die Glückwünsche mit dem Computer natürlich vielfach attraktiver gestalten kann als mit der Hand (es sei denn, man hat eine außergewöhnliche Begabung fürs Zeichnen oder für Schönschrift). Dem Schreiben können z. B. passende Grafiken beigefügt werden oder – wer darüber verfügt – kann ein Jugend- oder Kinderbild des Geburtstagskindes einscannen und auf den Glückwunsch drucken.

Es ist eine Selbstverständlichkeit, darauf zu achten, dass der Brief seinen Empfänger auch pünktlich am Geburtstag erreicht. In der Regel reicht es aus, den Brief am Vortag bis 17 Uhr bei der Post einzureichen. Wer zusammen mit dem Brief jedoch ein Paket verschickt, sollte dies am besten zwei Tage vor dem Geburtstag aufgeben, denn Pakete oder Päckchen brauchen etwas länger als ein normaler Brief. Eine E-Mail, die durchaus auch als schriftlicher Glückwunsch gezählt werden kann, schickt man natürlich erst am Tag des Geburtstags ab. Ihr kann man noch eine Glückwunschdatei, z. B. ein Geburtstagslied oder einen animierten Glückwunsch (im Internet zu finden), anhängen.

1 Renate Schiller
Osthofstraße 4
44131 Dortmund

2 1. August 20XX

3 Julius Müller
Bodenstraße 3

44317 Dortmund

4 Lieber Julius,

endlich volljährig! Wie es sich für eine Patentante gehört, wünsche ich dir zu diesem
ganz besonderen Geburtstag auch ganz besonders viel Glück und natürlich – sicher **5**
viel wichtiger für Menschen deines Alters – eine unvergessliche Geburtstagsparty!

Jetzt bist du also kein Kind mehr, sondern kannst all deine Geschäfte selbst erledigen, so
spät nach Hause kommen, wie du willst, und musst niemandem mehr Rechenschaft über **6**
deine Schritte ablegen. Ich weiß, dass du lange auf diesen Tag gewartet hast, obwohl
deine Eltern dir schon vorher nahezu alle Freiheiten gelassen haben.

Bei all der Freude über den heutigen Tag solltest du daran denken, dass du ab jetzt
natürlich auch neue Pflichten hast: Du wirst für all das, was du tust, selbst zur
Rechenschaft gezogen – deine Eltern sind nicht mehr für dich verantwortlich (auch wenn **7**
sie dir sicher immer zur Seite stehen). Du besitzt jetzt das aktive und passive Wahlrecht
und kannst die Geschicke dieses Landes mitbestimmen. Und noch vieles mehr …

Ich weiß jedoch, dass das Wichtigste für dich dein Führerschein ist, den du am heutigen
8 Tag erhältst. Daher habe ich diesem Brief als Geschenk einen Gutschein über ein
Wochenende mit einem Mietwagen beigelegt. So kannst du deine neu gewonnene
Bewegungsfreiheit gleich richtig genießen!

Viel Spaß auch in Zukunft und alles Gute für deinen weiteren Lebensweg **9**

10 wünscht dir deine Tante

11 *Renate*

Glückwunsch zum runden Geburtstag

Ein runder Geburtstag bildet zwar keinen Übergang in eine neue Lebensphase wie der 18. Geburtstag oder der Eintritt ins Rentenalter, er stellt jedoch stets den Eintritt in einen neuen Lebensabschnitt dar. Grund genug, um diesen Geburtstag mit einem schriftlichen, persönlichen Glückwunsch zu würdigen.

Der Stil des Briefes richtet sich selbstverständlich nach dem Alter des Geburtstagskinds und nach dem Verhältnis des Briefeschreibers zum „Jubilar". Es gilt die Regel: Je älter das Geburtstagskind ist, umso „ernsthafter" sollte auch der Brief abgefasst sein, obwohl es natürlich auch 80-Jährige gibt, die einen witzigen Geburtstagsglückwunsch vorziehen. Befolgt man die eben genannte Regel, ist man jedoch immer auf der sicheren Seite.

Ein Brief zum runden Geburtstag enthält im Allgemeinen Folgendes:

❶ die Adresse des Absenders,

❷ das Datum des Schreibens,

❸ die Adresse des Empfängers (kann auch entfallen, z. B. wenn man dem Empfänger sehr nahe steht),

❹ die Anrede,

❺ den Geburtstagsglückwunsch,

❻ einen kurzen Rückblick auf das Leben und vor allem auf die Erfolge des Geburtstagskindes (an Misserfolge, das versteht sich fast von selbst, will man an einem solchen Tag nicht erinnert werden),

❼ einen kurzen Ausblick auf den weiteren Lebensweg, der immer positiv sein sollte, ganz egal, wie alt das Geburtstagskind wird,

❽ falls dem Brief ein Geschenk beiliegt, wenigstens eine kurze Bemerkung dazu, damit der Beschenkte erfährt, warum er gerade dieses Geschenk erhält,

❾ den Wunsch, dass das Geburtstagskind eine schöne Feier haben wird, eventuell Bedauern darüber, dass man selbst nicht daran teilnehmen kann,

❿ die Grußformel,

⓫ die eigenhändige Unterschrift.

Bei einem runden Geburtstag sollten das Geburtstagskind und seine Leistungen in dem Glückwunsch immer besonders gewürdigt werden. Dies kann natürlich auch auf lustige, nicht jedoch auf ironische oder gar bösartige Weise geschehen. Ironie kommt in einem Brief nämlich nur selten auf gewollte Weise beim Empfänger an – schließlich kann er das Augenzwinkern des Verfassers nicht sehen. Und Negatives verbietet sich in einem Geburtstagsglückwunsch verständlicherweise ganz von selbst.

Vor allem bei höheren runden Geburtstagen kann der Briefeschreiber das Geburtstagskind, das heißt sein Aussehen, seine Verfassung oder auch seine Lebenseinstellung bzw. seinen Charakter loben, z. B. im Zusammenhang mit gemeinsam Erlebtem. Auch schöne gemeinsame Erlebnisse kann man nach dem Motto „Weißt du noch … ?" besonders herausstellen. Gleichzeitig kann man seiner Hoffnung Ausdruck verleihen, dass es noch viele solcher Erlebnisse geben wird.

1 Renate Schiller
Osthofstraße 4
44131 Dortmund

2 22. Dezember 20XX

3 Julius Müller
Bodenstraße 3

44317 Dortmund

4 Hallo, mein liebes Geburtstagskind,

5 jetzt wirst du also auch schon 50 Jahre alt. Zu deinem Geburtstag wünsche ich dir alles erdenklich Gute und natürlich das, was du dir selbst am meisten wünschst!

6 Ich kann mir gar nicht vorstellen, dass du nun auch bereits die Hälfte deines Lebens hinter dich gebracht hast. Man sieht dir dein Alter ja nun wirklich nicht an! Und auch deine Lebenseinstellung entspricht nicht der eines typischen 50-Jährigen. Du gehst, wie bereits vor 25 Jahren, noch auf Rockkonzerte und auch deinen Kinder warst und bist du ein wichtiger Gesprächspartner, weil sie sagen: „Papa versteht uns immer noch am besten."

7 Ich bin mir sicher, dass du auch auf dem Weg zum 60. Lebensjahr deinen Optimismus und deine Neugier beibehalten wirst. Natürlich hoffe ich, dass auch ich weiterhin ein Teil deines Lebens bleibe, wie es schon seit mehr als 30 Jahren der Fall ist, denn glaub mir: Ohne deine Hilfe hätte ich so manche Hürde meines Lebens nicht gemeistert.

8 Hoffentlich gefällt dir auch mein kleines Geschenk. Es war wirklich ein glücklicher Zufall, dass dein Lieblingsautor genau zu deinem Geburtstag ein neues Buch herausgebracht hat.

9 Schade, dass ich heute an deinem Ehrentag nicht dabei sein kann, doch wir holen das Feiern zu einem späteren Zeitpunkt nach!

10 Viele liebe Grüße

deine

11 *Renate*

PB_Glueckwunsch_Geburtstag_rund.doc

Geburtstagsglückwunsch für ein Kind

Kinder lieben schrifliche Geburtstagsglückwünsche – sogar, wenn sie selbst noch gar nicht lesen können. Ein schriftlicher Glückwunsch kommt bei einem Kind immer besser an als ein Telefonat, denn er ist nicht so schnell vergessen, weil man ihn sich immer wieder ansehen kann. Steht der Geburtstag eines Kindes an, sollte man also keine Mühen scheuen und einen schriftlichen Glückwunsch verfassen. Liegt diesem noch ein Geschenk bei, umso besser!

Es versteht sich von selbst, dass ein Geburtstagsglückwunsch für ein Kind von der Aufmachung her immer bunter sein sollte als der an einen Erwachsenen. Es bieten sich daher entweder eine Glückwunschkarte oder ein handschriftlicher Brief mit Zeichnungen oder Aufklebern an – oder noch besser: ein mit dem Computer eigenhändig gestalteter Brief. Im Internet finden sich beispielsweise Grafiken aller Lieblingsfiguren der Kinder, die man problemlos kopieren und in einen Brief einfügen kann. Es ist auch eine Überlegung wert, einem älteren Kind, das schon selbst mit dem Computer umgeht, eine so genannte E-Card, also eine elektronische Glückwunschkarte, zu schicken. Diese verfügen über nette, lustige Animationen, die das Geburtstagskind bestimmt freuen.

Doch nun zum „herkömmlichen" Brief. Folgende Punkte sollte ein Glückwunsch für ein Kind enthalten:

1. die Adresse des Absenders,
2. das Datum des Briefs,
3. die Adresse des Empfängers (in diesem Fall aber kein Muss),
4. eine herzliche Anrede,
5. den Glückwunsch zum Geburtstag,
6. ein paar Worte zur Geburtstagsfeier,
7. liegt ein Geschenk bei, Anmerkungen dazu,
8. eventuell Bedauern, seinen Ehrentag nicht mit dem Geburtstagskind verbringen zu können,
9. herzliche Grüße,
10. die eigenhändige Unterschrift.

Der Stil eines Briefes an ein Kind unterscheidet sich selbstverständlich von dem an Erwachsene gerichtete Schreiben. Der Brief sollte – abhängig vom Alter des Kindes – in möglichst einfachen Worten und Sätzen gehalten sein. Das heißt z. B., dass die Sätze möglichst kurz sind und keine schwierigen Fremdwörter in dem Brief vorkommen.

Wichtig: Erwachsene sollten es sich unbedingt verkneifen, in der Jugendsprache zu schreiben. Denn es klingt merkwürdig, wenn Menschen, die diese Sprache oder auch nur bestimmte Wörter aus dem Jugendslang sonst nie benutzen, diese plötzlich in einem Brief verwenden. Zudem erweckt es den Anschein, als wolle der Briefeschreiber sich beim Empfänger anbiedern – und genau das mögen vor allem Jugendliche nicht. Hinzu kommt noch, dass Erwachsene, die in dieser Sprache nicht geübt sind, oft für Jugendliche sehr merkwürdig klingende Formulierungen wählen, die Jugendsprache also auch noch falsch benutzen. Daher gilt: Lieber eine Formulierung wählen, die für einen Jugendlichen vielleicht etwas antiquiert klingt, als sich zu verstellen!

1 Renate Schiller
Osthofstraße 4
44131 Dortmund

2 10. Januar 20XX

3 Julius Müller
Bodenstraße 3

44317 Dortmund

4 Hoch sollst du leben, lieber Julius!

5 Alles Liebe und Gute wünsche ich dir zu deinem achten Geburtstag und lege diesem Brief
noch einen dicken Kuss bei (hoffentlich schüttelst du dich nicht schon beim Gedanken
daran!).

6 Wenn dich dieser Brief erreicht, wirst du wahrscheinlich mitten in deiner Geburtstagsfeier
stecken. Deine Mutter hat mir gesagt, dass du dieses Jahr ein großes Piratenfest feierst,
zu dem zehn gefährliche Freibeuter eingeladen sind. Das gibt ja eine große Party!
Wahrscheinlich werdet ihr auch eine Schatzsuche veranstalten, oder? Piraten sind ja immer
ganz wild auf kostbare Schätze!

7 Hoffentlich gefällt dir auch mein Geschenk für dich: Ich dachte mir, ein wilder Pirat kann mit
einem Skateboard bestimmt etwas anfangen. Jedenfalls kann er schneller flüchten, wenn
mal wieder die Häscher des Königs hinter ihm her sind.

8 Schade, dass ich dir dein Geschenk nicht selbst überreichen kann, aber wir holen die
Geburtstagsfeier nach, wenn ich das nächste Mal bei euch bin. Dann lade ich dich zum
Pizzaessen ein – versprochen!

9 Ganz viel Spaß an deinem heutigen Ehrentag wünscht dir

deine Tante

10 *Renate*

Glückwunsch zur Hochzeit

Zur Hochzeit ist ein schriftlicher Glückwunsch geradezu ein Muss – ein Telefonat, ein Fax oder eine E-Mail sind zu einem solchen Anlass absolut unangebracht, schon allein deshalb, weil viele Brautpaare ihre Glückwunschbriefe zur Hochzeit als Erinnerung an diesen Tag aufbewahren möchten. Hinzu kommt, dass die meisten Paare bei ihrer Trauung davon ausgehen, nur einmal im Leben zu heiraten. Da sollte es selbst für ausgesprochen schreibfaule Menschen wohl nicht zu viel verlangt sein, einen Glückwunschbrief zu verfassen.

Ist ins Leben des Brautpaars nach der Hochzeit Ruhe eingekehrt, sieht es sich die Glückwünsche zu seiner Hochzeit in der Regel genau an. Daher sollte man als Gratulant besonders darauf achten, was man schreibt. Natürlich sind die obligatorischen guten Wünsche der wichtigste Bestandteil des Briefes. Allerdings sollte man sie nicht zu sehr „ausufern" lassen, schließlich weiß man nicht genau, was sich das Brautpaar wünscht.

Ironie ist in einem Glückwunsch zur Hochzeit fast immer fehl am Platze – es sei denn, man ist mit dem Bräutigam oder der Braut so gut befreundet, dass man sich fast blind versteht. In diesem Fall wird sicher auch die eine oder andere ironische Bemerkung richtig verstanden. Ansonsten sollte man sich Ironie lieber für die Hochzeitsrede aufheben, in der man seinen Text mit einem Augenzwinkern vortragen kann.

Ein Glückwunsch zur Hochzeit kann folgendermaßen strukturiert sein:

❶ Adresse des Absenders,

❷ Datum des Briefs,

❸ Adresse der Empfänger,

❹ eventuell Sinnspruch über die Liebe oder die Ehe, der dem eigentlichen Glückwunsch vorangestellt wird,

❺ Anrede,

❻ Glückwunsch zum Hochzeitsfest mit guten Wünschen für die Zukunft,

❼ eventuell Würdigung des Brautpaars (z. B. wie gut die Partner zusammenpassen oder Ähnliches),

❽ positiver Ausblick auf die Zukunft des Brautpaares,

❾ falls ein Geschenk mitgeschickt wird, ein paar Worte dazu,

❿ Grußformel,

⓫ eigenhändige Unterschrift.

Es versteht sich von selbst, dass der Glückwunsch zur Hochzeit umso persönlicher ausfallen darf, je näher der Briefeschreiber dem Brautpaar steht. Ist man nur entfernt mit den Brautleuten bekannt, sollte man sich mit zu persönlichen Bemerkungen zurückhalten, wobei man dem Schreiben jedoch schon eine gewisse Herzlichkeit anmerken sollte. Diese vermeintliche Gratwanderung fällt leichter, als es sich anhören mag. Schwieriger ist ein Glückwunsch in der Regel, wenn man eng mit dem Brautpaar befreundet ist – weiß man doch meistens über der Hochzeit vorausgehende Schwierigkeiten und Probleme des Brautpaars Bescheid.

Ist der Gratulant nur mit der Braut oder dem Bräutigam näher bekannt, kann er seinen Brief an diese bzw. diesen richten. Beispielsweise kann eine ehemalige Schulfreundin der Braut in ihrem Brief mit der Braut Erinnerungen darüber austauschen, was sie früher von ihren zukünftigen Ehemännern erhofft haben. Grüße an den Partner dürfen aber nicht fehlen.

1 Renate Schiller
Osthofstraße 4
44131 Dortmund

2 15. Mai 20XX

3 Julius Müller und Susanne Fromm
Bodenstraße 3

44317 Dortmund

4 Liebe ist das Einzige, was nicht weniger wird, wenn wir es verschwenden.

5 Liebe Frau Fromm, lieber Herr Müller,

6 mit diesem Zitat der Schriftstellerin Ricarda Huch gratuliere ich Ihnen ganz herzlich zu Ihrer
Hochzeit und wünsche Ihnen viel Glück und alles Gute für Ihren gemeinsamen Lebensweg.
Ich hoffe, dass Sie immer so viel Liebe füreinander in sich tragen wie am heutigen Tag!
7 So wie ich Sie und Ihren Umgang miteinander kennen gelernt habe, wird das jedoch ganz
bestimmt der Fall sein.

8 Und wenn die Wogen des Lebens einmal über Ihnen zusammenzuschlagen drohen, denken
Sie daran, dass die Liebe Ihnen die Kraft geben wird, mit allen Widrigkeiten des Lebens
fertig zu werden.

9 Der Geldschein, der diesem Brief beiliegt, soll übrigens einen Teil des Grundstocks bilden,
den Sie für die Einrichtung Ihrer neuen Wohnung brauchen. Ich vermute, es wird noch so
einiges fehlen.

10 Möge Ihr Hochzeitstag der Beginn eines Lebens voller Glück und Harmonie sein, das
wünscht Ihnen

Ihre

11 Renate Schiller

PB_Glueckwunsch_Hochzeit.doc

Glückwunsch zur Geburt eines Kindes

Die Geburt eines Kindes, ganz egal, ob es sich um das erste, das zweite oder das achte handelt, ist für die Eltern immer etwas Besonderes. Schließlich haben sie neun Monate lang auf dieses Ereignis warten müssen. Hinzu kommt, dass das Kind das Leben seiner Eltern komplett umkrempelt, ist es erst einmal auf der Welt.

Zu solch einem freudigen Ereignis versteht sich ein herzlicher Glückwunsch von selbst – am besten ein schriftlicher, damit auch das Kind später eine schöne Erinnerung an seine Geburt hat.

In einem Brief zur Geburt sollte man selbstverständlich in erster Linie seine Freude über das Kind ausdrücken. Aber man darf auch ruhig auf die Belastungen eingehen, die den Eltern durch ein Baby entstehen, sollte dabei jedoch stets Optimismus à la „Ihr schafft das schon" verbreiten. Die schönen Seiten der Elternschaft sollten bei einem Glückwunsch zur Geburt in jedem Fall im Vordergrund stehen.

Ein Glückwunsch zur Geburt kann folgende Stichpunkte beinhalten:

1. Adresse des Absenders,
2. Datum des Schreibens,
3. Adresse der Empfänger,
4. Anrede,
5. Gratulation zur Geburt des Kindes,
6. ein paar Worte über die Freude, die ein Kind macht,
7. eventuell ein paar Sätze zu möglichen Belastungen durch die Geburt des neuen Erdenbürgers, die jedoch durch das Glück, ein Kind zu haben, wieder aufgehoben werden,
8. falls ein Geschenk beigefügt ist, ein paar Worte dazu,
9. gute Wünsche für die Zukunft des Kindes und seiner Eltern,
10. Ausdruck der Hoffnung, das Kind einmal sehen zu können,
11. Grußformel,
12. eigenhändige Unterschrift.

Steht man den Eltern näher, sollte man dem Brief in jedem Fall ein kleines Geschenk beilegen. Der Grund: Kinder sind teuer, und vor allem Eltern, die ihr erstes Kind bekommen, sind dankbar über alles, was sie ihrem Kind nicht selbst kaufen müssen. Aber auch die zweiten oder weitere Kinder sollten bedacht werden, auch wenn um diese in der Regel nicht mehr so viel Aufhebens gemacht wird wie um das erste Kind. Es muss ja kein teures Geschenk sein. Ein kleines Mützchen ist oft schon ausreichend, um zu zeigen, wie sehr man sich gemeinsam mit den Eltern freut.

Wer möchte, kann seinem Brief auch einen Sinnspruch zur Geburt eines Kindes voranstellen oder diesen zum Aufhänger seines Briefes machen. Zitate zu jedem Anlass findet man in Zitatensammlungen in jeder Bücherei und natürlich auch im Internet. In der Regel sind sie bereits nach Anlässen geordnet.

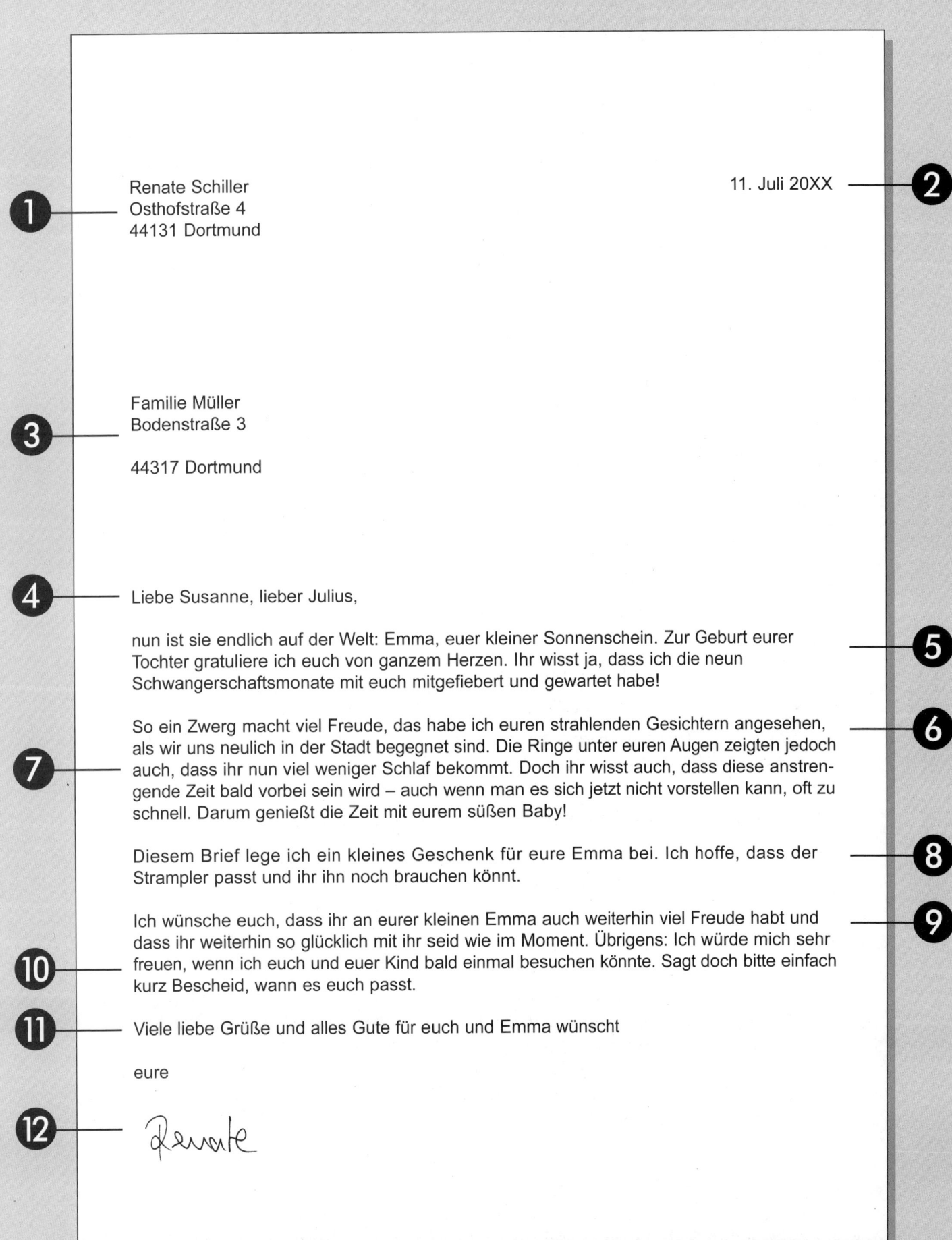

1 Renate Schiller
Osthofstraße 4
44131 Dortmund

2 11. Juli 20XX

3 Familie Müller
Bodenstraße 3

44317 Dortmund

4 Liebe Susanne, lieber Julius,

5 nun ist sie endlich auf der Welt: Emma, euer kleiner Sonnenschein. Zur Geburt eurer Tochter gratuliere ich euch von ganzem Herzen. Ihr wisst ja, dass ich die neun Schwangerschaftsmonate mit euch mitgefiebert und gewartet habe!

6 So ein Zwerg macht viel Freude, das habe ich euren strahlenden Gesichtern angesehen, **7** als wir uns neulich in der Stadt begegnet sind. Die Ringe unter euren Augen zeigten jedoch auch, dass ihr nun viel weniger Schlaf bekommt. Doch ihr wisst auch, dass diese anstrengende Zeit bald vorbei sein wird – auch wenn man es sich jetzt nicht vorstellen kann, oft zu schnell. Darum genießt die Zeit mit eurem süßen Baby!

8 Diesem Brief lege ich ein kleines Geschenk für eure Emma bei. Ich hoffe, dass der Strampler passt und ihr ihn noch brauchen könnt.

9 Ich wünsche euch, dass ihr an eurer kleinen Emma auch weiterhin viel Freude habt und dass ihr weiterhin so glücklich mit ihr seid wie im Moment. Übrigens: Ich würde mich sehr **10** freuen, wenn ich euch und euer Kind bald einmal besuchen könnte. Sagt doch bitte einfach kurz Bescheid, wann es euch passt.

11 Viele liebe Grüße und alles Gute für euch und Emma wünscht

eure

12 Renate

Gratulation zur Kommunion

Die Kommunion ist das größte Fest im Leben eines jungen Katholiken und sollte von Freunden und Verwandten entsprechend gewürdigt werden. Auch wenn die Kinder, die die Kommunion empfangen, oft noch zu jung sind, um den Sinn dieses Festes richtig zu begreifen, merken sie doch, dass dies ein ganz besonderer Tag ist. Ein schriftlicher Glückwunsch ist daher immer angemessen.

Natürlich sollte die Gratulation zur Kommunion nicht zu ernst sein; schließlich ist der Empfänger noch ein Kind. Allerdings darf der Briefschreiber in seinem Brief ruhig auf die Bedeutung des Festes eingehen, damit sie auch dem Kind klarer wird. Wichtig ist jedoch, beim Schreiben des Briefs darauf zu achten, sich möglichst kindgerecht auszudrücken. Das heißt vor allem, kurze Sätze und einfache Worte zu wählen.

Viele der vorgedruckten Karten zur Kommunion sind für Kinder einfach zu trist. Mit dem Computer lässt sich leicht eine viel ansprechendere Gratulation schreiben, die ruhig ein wenig bunt sein darf. Eine große, bunte Kerze (Clipart) passt als Illustration zur Kommunion zum Beispiel ideal.

Eine Gratulation zur Kommunion kann wie folgt aufgebaut werden:

❶ Adresse des Absenders,

❷ Datum des Briefs,

❸ Adresse des Empfängers,

❹ Anrede,

❺ Glückwunsch zur Kommunion,

❻ ein paar einfache Sätze zur Bedeutung der Kommunion,

❼ Ausdruck der Hoffnung, dass das Fest der Kommunion in der Kirche dem Kind gefallen hat,

❽ falls ein Geschenk mitgeschickt wird, ein paar Worte dazu,

❾ gute Wünsche für den weiteren Lebensweg des Kindes,

❿ lieber Gruß,

⓫ eigenhändige Unterschrift.

Wer sich noch an seine eigene Kommunion erinnert, kann dem Kind in seinem Brief auch darüber berichten. Kinder lieben es meistens, Geschichten zu hören, in denen Erwachsene von ihrer Kindheit bzw. besonderen Ereignissen ihrer Kindheit berichten. Hinzu kommt, dass der Briefschreiber sich dadurch selbst noch einmal in die entsprechende Situation seiner Kindheit versetzt und der Brief dadurch oft lebendiger wirkt und für das Kind verständlicher wird.

Aufgewertet wird die Gratulation aus der Sicht des Kindes selbstverständlich dadurch, dass dem Brief ein Geschenk beigefügt wird. Dabei muss es sich nicht unbedingt um ein Geschenk handeln, das der Bedeutung des Tages angemessen ist. Ein Kind freut sich viel mehr über etwas, das es sich schon lange gewünscht hat. Selbstverständlich kann man dem Brief auch einen Geldschein beifügen, denn vor allem weiter entfernte Bekannte wissen oft nicht, was genau sie dem Kind schenken könnten. Da ist es in jedem Fall besser, dem Brief Geld beizulegen als ein Geschenk zu kaufen, das nicht den rechten Anklang findet. Handelt es sich um einen großen Geldschein, ist es sinnvoll, den Brief als versicherten Wertbrief zu versenden.

1 Renate Schiller
Osthofstraße 4
44131 Dortmund

2 5. April 20XX

3 Julius Müller
Bodenstraße 3

44317 Dortmund

4 Lieber Julius,

5 heute ist dein großer Tag. Du feierst deine heilige Kommunion. Dazu gratuliere ich dir von ganzem Herzen.

6 Ab jetzt bist du viel stärker in die Gemeinschaft der Gläubigen eingebunden, als du es vorher warst. Das heißt nicht unbedingt, jeden Sonntag zur Kirche zu gehen, es bedeutet nach christlichen Werten zu leben, zum Beispiel, darauf zu achten, andere Menschen nicht unnötig zu verletzen. Aber ich denke, das weißt du bereits alles selbst.

7 Hoffentlich war deine Kommunionsfeier in der Kirche richtig schön für dich – festlich war es ganz bestimmt. Und hoffentlich freust du dich über mein kleines Geschenk: Ich weiß, dass

8 du dir schon seit langer Zeit das Buch „Emil und die Detektive" gewünscht hast. Hier ist es endlich.

9 Für deinen weiteren Lebensweg wünsche ich dir zu deinem Ehrentag alles, alles Liebe und Gute. Ich hoffe, dass ich dich demnächst einmal wieder persönlich in die Arme schließen kann.

10 Sei ganz herzlich gedrückt von
deiner Tante

11 *Renate*

Gratulation zur Konfirmation

Mit der Konfirmation wird ein Jugendlicher in der evangelischen Kirche als vollständiges Mitglied in die Gemeinschaft der Gläubigen aufgenommen. Das bedeutet gleichzeitig, dass er einen ersten Schritt zum Erwachsenwerden vollzogen hat. So ein wichtiges Ereignis im Leben eines jungen Menschen sollte man gebührend würdigen – am besten mit einem persönlichen Brief. Es gibt zwar auch eine Reihe von Karten zur Konfirmation im Handel, doch vor allem wenn man dem Jugendlichen nahe steht, sollte man lieber eigenhändige Glückwünsche übermitteln. Denn damit zeigt man dem Jugendlichen seine Wertschätzung viel stärker.

Ein Geschenk zur Konfirmation sollte man nur besorgen, wenn man genau weiß, was sich der Jugendliche wünscht. Ansonsten ist es besser, dem Brief einen Geldschein beizulegen, damit sich der Jugendliche seine Wünsche selbst erfüllen kann – oft sparen Jugendliche im Konfirmationsalter auf einen bestimmten, teuren Gegenstand (z. B. auf eine Stereoanlage) oder auf den Führerschein und freuen sich über jeden Euro, der sie ihrem Ziel ein Stück näher bringt. Wer seinem Glückwunsch Geld beifügt, sollte den Brief jedoch unbedingt als Wertbrief verschicken, auch wenn das Porto etwas teurer ist. Der Inhalt des Briefs ist dann wenigstens versichert.

Ein Glückwunsch zur Konfirmation kann folgende Stichpunkte beinhalten:

❶ Adresse des Absenders,

❷ Datum des Briefs,

❸ Adresse des Empfängers,

❹ Anrede,

❺ Gratulation zur Konfirmation,

❻ einige Worte über die Bedeutung der Konfirmation (eventuell über die Bedeutung der Konfirmation für den Gratulanten selbst),

❼ eventuell ein paar Sätze über die eigene Konfirmation,

❽ gute Wünsche für die Feier,

❾ falls dem Brief Geld beigefügt wurde, kurz darauf eingehen (vielleicht kennt der Gratulant den größten Wunsch des Jugendlichen und kann dazu ebenfalls noch etwas schreiben),

❿ viel Glück für den weiteren Lebensweg,

⓫ Grußformel,

⓬ eigenhändige Unterschrift.

Gehört der Gratulant selbst keiner Kirche oder keinem Glauben an, wird es ihm sicher schwer fallen, über die Bedeutung der Konfirmation zu schreiben. In diesem Fall sollte er dazu stehen, dass er keine Glaubenszugehörigkeit besitzt und dies in dem Brief auch ruhig erwähnen. Allerdings sollte der Gratulant nicht versuchen, den Konfirmanden zu „bekehren", aus der Kirche auszutreten, sondern in dem Brief vielleicht versuchen, dessen Beweggründe für die Entscheidung zur Konfirmation nachzuvollziehen. Der Brief sollte keineswegs die Bedeutung des Ereignisses für den Konfirmanden schmälern.

Der Stil des Briefs wird – dem Anlass angemessen – in der Regel feierlich sein. Flapsigkeit ist bei einem Glückwunsch zur Konfirmation fehl am Platze. Selbst wenn man nur ungern ernsthafte Briefe verfasst, sollte man in diesem Fall über seinen Schatten springen und einen „gesetzteren" Brief schreiben.

1 Renate Schiller
Osthofstraße 4
44131 Dortmund

2 10. Mai 20XX

3 Julius Müller
Bodenstraße 3

44317 Dortmund

4 Lieber Julius,

5 heute ist der Tag deiner Konfirmation, zu dem ich dir ganz viel Glück, viel Freude und
natürlich Gottes Segen wünsche.

6 Du wirst mit deiner Konfirmation als vollwertiges Mitglied in die Gemeinde aufgenommen.
Damit erhältst du nicht nur Rechte, sondern übernimmst auch Pflichten. Du weißt nun zum
Beispiel genug über die christlichen Werte wie Nächstenliebe, so dass du sie auch selbst
leben kannst. Möge es dir stets gelingen, im Einklang mit deinem Glauben zu handeln.

7 Aber nun genug der ernsten Worte. Ich weiß ja selbst noch, wie aufgeregt ich am Tag
meiner Konfirmation war – da konnte ich die vielen gut gemeinten Ratschläge gar nicht
aufnehmen. Erst im Nachhinein war ich in der Lage, mir Gedanken über die Folgen der
Konfirmation zu machen. Das wird vermutlich auch dir so gehen. Deshalb wünsche ich dir **8**
zunächst einmal eine wunderschöne, fröhliche Feier, die dir unvergesslich bleiben soll.
Schade, dass ich an diesem Tag nicht bei euch sein kann.

9 Ich hoffe aber, dass dir das kleine Geschenk, das diesem Brief beiliegt, bei der Erfüllung
deines sehnlichsten Wunsches nach einem Mofa behilflich sein wird und wünsche dir für **10**
deinen weiteren Lebensweg alles nur erdenklich Gute.

11 Sei kräftig umarmt

deine Tante

12 *Renate*

Glückwunsch zum Hochzeitsjubiläum

Hohe Hochzeitsjubiläen wie die silberne oder gar die goldene Hochzeit werden heute immer seltener. Denn Ehen werden in der Regel erst später geschlossen und viele werden vor dem ersten großen Hochzeitsjubiläum bereits wieder geschieden. Feiert ein Paar seine silberne oder goldene Hochzeit, sollte das von Freunden, Verwandten, aber auch Bekannten umso stärker gewürdigt werden. Und was bietet sich dazu besser an als ein eigenhändig verfasster und gestalteter Brief?

Wer es sich leicht machen möchte, findet im Handel eine Vielzahl vorgedruckter Karten, mit denen man zum Hochzeitsjubiläum gratulieren kann. Schöner und persönlicher ist dagegen ein Brief, den man auf besonders gutem Papier schreiben sollte. Es gibt z. B. Papier mit besonderer Prägung, das sich gut für einen so feierlichen Anlass eignet. Und Fotos oder Grafiken mit Trauringen, Rosen oder Ähnlichem, die man auf das Papier aufdrucken kann, findet man kostenlos zuhauf im Internet.

Eine Gratulation zum Hochzeitjubiläum sollte beinhalten:

1. Adresse des Absenders,
2. Datum des Schreibens,
3. Adresse des Empfängers,
4. Anrede,
5. Gratulation zum Hochzeitsjubiläum,
6. Rückblick auf die Ehezeit,
7. eventuell Frage nach dem Rezept für eine glückliche Ehe,
8. Würdigung der großen Leistung des Paares, in der heutigen Zeit so lange zusammengeblieben zu sein,
9. Ausdruck der Hoffnung, dass das Paar noch viele weitere Jahre miteinander verbringen wird,
10. gute Wünsche für die Feier,
11. Grußformel,
12. eigenhändige Unterschrift.

Ist dem Gratulanten in seinem Brief ein kurzer Rückblick auf die Ehezeit des Jubelpaars möglich, kann dieser bei einer silbernen Hochzeit ruhig witzig und amüsant sein. Bei einer goldenen Hochzeit sollte in Anbetracht des meist höheren Alters des Paares besser darauf verzichtet werden – es besteht sonst leichter die Gefahr, missverstanden zu werden. Generell gilt: Wer dem glücklichen Paar nahe steht, kann gerne etwas flapsiger schreiben als Personen, die mit dem Paar nicht so gut bekannt sind.

Wird gemeinsam mit dem Brief ein Geschenk verschickt, sollte man in jedem Fall kurz darauf eingehen. Oft werden im Trubel der Feier Briefe und Geschenke voneinander getrennt, so dass die spätere Zuordnung dem Jubelpaar schwer fällt. Dann ist es günstig, wenn man in seinem Brief das Geschenk erwähnt hat. Das Paar kann sich gezielt bedanken, was sonst nicht immer möglich wäre. Und diese Peinlichkeit will der Gratulant den beiden doch ganz bestimmt ersparen …

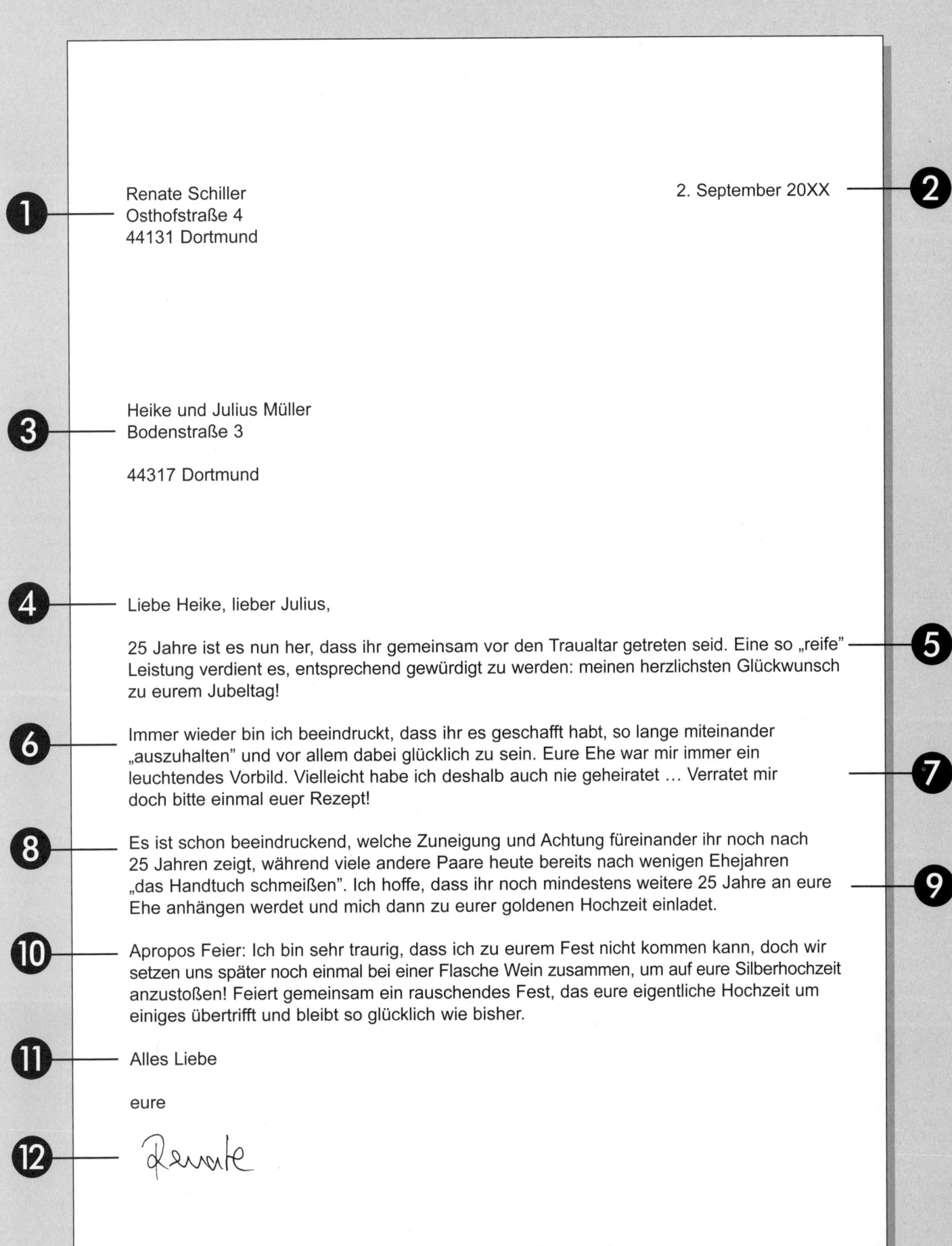

1

Renate Schiller
Osthofstraße 4
44131 Dortmund

2 2. September 20XX

3

Heike und Julius Müller
Bodenstraße 3

44317 Dortmund

4 Liebe Heike, lieber Julius,

5 25 Jahre ist es nun her, dass ihr gemeinsam vor den Traualtar getreten seid. Eine so „reife"
Leistung verdient es, entsprechend gewürdigt zu werden: meinen herzlichsten Glückwunsch
zu eurem Jubeltag!

6 Immer wieder bin ich beeindruckt, dass ihr es geschafft habt, so lange miteinander
„auszuhalten" und vor allem dabei glücklich zu sein. Eure Ehe war mir immer ein
leuchtendes Vorbild. Vielleicht habe ich deshalb auch nie geheiratet … Verratet mir **7**
doch bitte einmal euer Rezept!

8 Es ist schon beeindruckend, welche Zuneigung und Achtung füreinander ihr noch nach
25 Jahren zeigt, während viele andere Paare heute bereits nach wenigen Ehejahren
„das Handtuch schmeißen". Ich hoffe, dass ihr noch mindestens weitere 25 Jahre an eure **9**
Ehe anhängen werdet und mich dann zu eurer goldenen Hochzeit einladet.

10 Apropos Feier: Ich bin sehr traurig, dass ich zu eurem Fest nicht kommen kann, doch wir
setzen uns später noch einmal bei einer Flasche Wein zusammen, um auf eure Silberhochzeit
anzustoßen! Feiert gemeinsam ein rauschendes Fest, das eure eigentliche Hochzeit um
einiges übertrifft und bleibt so glücklich wie bisher.

11 Alles Liebe

eure

12 *Renate*

Glückwunsch zum Bau eines Hauses

Die Fertigstellung eines Eigenheims stellt für die Bauherren ein großes Ereignis dar. Schließlich planen die meisten Menschen in ihrem Leben – wenn überhaupt – nur den Bau eines einzigen Hauses. Kommt der Tag des Einzugs, ist dies daher immer auch einen Glückwunsch wert, und zwar einen schriftlichen. Und das nicht nur, weil man nicht unbedingt davon ausgehen kann, dass der Telefonanschluss schon funktioniert und der Computer bereits ans Internet angeschlossen ist …

Will man den frisch gebackenen Hausbesitzern eine zusätzliche Freude machen, fügt man dem Schreiben ein kleines Päckchen bei, in das man Brot und Salz packt. Diese alte Sitte steht dafür, dass es auch im neuen Haus an nichts Wichtigem mangeln soll. Außerdem soll sie Glück bringen. Die Hausbesitzer werden diese kleine Geste schon richtig verstehen und entsprechend zu würdigen wissen.

Zum Einzug in ein neues Haus gratulieren übrigens in der Regel nicht nur Verwandte, gute Freunde und Bekannte, sondern auch die am Bau beteiligten Firmen. Und sei es nur, um sich für den Auftrag zu bedanken.

Ein entsprechender Glückwunsch kann folgendermaßen gegliedert sein:

1. Adresse des Absenders,
2. Datum des Briefs,
3. Adresse des Empfängers,
4. Anrede,
5. Gratulation zum Bezug des Eigenheims,
6. eventuell kurzer Rückblick auf die Bauzeit (Hindernisse dürfen dabei kurz erwähnt werden, sind sie doch jetzt überwunden),
7. Ausblick auf das Wohnen in den eigenen vier Wänden,
8. falls Brot und Salz mitgeschickt wird, ein paar Worte zu dieser alten Sitte,
9. Ausdruck der Hoffnung, dass es den frisch gebackenen Eigenheimbesitzern im neuen Haus immer gut gehen wird,
10. Grußformel,
11. eigenhändige Unterschrift.

Eines sollte ein Gratulant in seinem Glückwunschschreiben zum Bezug eines neuen Hauses immer vermeiden: einen neidischen Eindruck zu erwecken, selbst wenn er immer noch in einem Ein-Zimmer-Appartement mit Dusche und Kochzeile wohnen sollte und ein Ende dieses Lebens nicht abzusehen ist. Neid macht sich in einem Glückwunschbrief, genau wie sonst im Leben, nicht gut.

Wer möchte, kann in seiner Gratulation schon mal einen späteren Besuch zwecks Besichtigung des neuen Heims ankündigen. Natürlich sollte man dazu schreiben, dass dieser Besuch erst zu einem Zeitpunkt erfolgen wird, zu dem es den Bauherren auch tatsächlich passt. Nach dem Einzug muss man ihnen in der Regel noch mehrere Wochen Zeit lassen, um das Haus komplett einzurichten und sich vor allem auch einzuleben. Am besten bittet man die Eigenheimbesitzer um einen Anruf zu dem Zeitpunkt, zu dem ein Besuch erwünscht ist.

① Renate Schiller
Osthofstraße 4
44131 Dortmund

② 15. Juni 20XX

③ Heike und Julius Müller
Bodenstraße 3

44317 Dortmund

④ Hallo, ihr frisch gebackenen Hausbewohner,

zu eurem Einzug in euer neues Eigenheim gratuliere ich euch von ganzem Herzen. Endlich habt ihr euch euren großen Traum erfüllt: der Stadt mit ihren winzig kleinen Mietswohnungen entflohen zu sein und ein prächtiges Haus auf dem Land euer eigen nennen zu können. **⑤**

⑥ Lang genug hat es ja auch gedauert. Immerhin vergingen von der Stellung des Bauantrags bis zum heutigen Einzugstermin fast 18 Monate. Und das, obwohl euer Traumhaus bereits nach neun Monaten bezugsfertig sein sollte. Aber die Handwerker und das schlechte Wetter haben euch einen Strich durch die Rechnung gemacht. Umso erfreulicher, dass nun alles euren Wünschen entspricht und ihr guten Gewissens einziehen könnt. Das Wohnen in den eigenen vier Wänden werdet ihr sicher noch mehr genießen, zumal euch nun keine **⑦** Nachbarn mehr vorschreiben, wann ihr zu duschen oder Musik zu hören habt oder zu welchen Zeiten die Kinder auch mal lauter sein können.

⑧ Diesem Brief lege ich nach alter Sitte noch etwas Brot und Salz bei, auf dass es euch in eurem neuen Heim daran nie mangeln wird. Außerdem hoffe ich natürlich, dass ihr es euch nun richtig gut gehen lasst und es euch auch in 25 Jahren in eurem Haus noch so gut **⑨** gefällt wie am heutigen Tag.

⑩ Seid ganz herzlich gegrüßt und bis bald

eure

⑪ Renate

Glückwunsch zum Schulabschluss

Der Schulabschluss ist ein großer Einschnitt im Leben jedes jungen Menschen. Die Schulzeit ist vorbei und es beginnt – wie man so schön sagt – „der Ernst des Lebens". Da ist es kein Wunder, dass sich in die Freude über den Schulabschluss auch ein bisschen Wehmut über das Ende der Schulzeit sowie ein wenig Angst vor der Zukunft mischt.

In einer solchen Situation tut es gut, einen Brief zu erhalten, in dem der Absender nicht nur seine Gratulation zum Schulabschluss übermittelt, sondern dem Jugendlichen auch etwas Mut für seinen weiteren Lebensweg macht, z. B. indem er von seinem eigenen Schulabschluss, seinen damaligen Gefühlen und der Zeit danach erzählt. Vor allem Verwandte sollten deshalb daran denken, einen solchen Brief zu schreiben, selbst wenn sie den Jugendlichen kurz darauf persönlich sehen sollten. In einem Brief fällt es leichter, manches zu sagen als im persönlichen Gespräch. Zudem würden wohl nur die wenigsten Jugendlichen zugeben, dass sie sich vor der Zukunft fürchten. In einem Brief kann man diese Furcht thematisieren, ohne den Jugendlichen zu brüskieren.

Die Gratulation zum Schulabschluss kann inhaltlich folgendermaßen aufgebaut sein:

❶ Adresse des Absenders,

❷ Datum des Briefs,

❸ Adresse des Empfängers,

❹ Anrede,

❺ Glückwunsch zum Schulabschluss,

❻ kurzer Rückblick auf die anstrengende Schulzeit (eventuell aus eigener Sicht des Absenders),

❼ Ermutigung des Jugendlichen, unter Umständen durch Schilderung eigener Gefühle nach Beendigung der Schule,

❽ Würdigung der Zukunftspläne des Schulabgängers,

❾ gute Wünsche für den weiteren Lebensweg,

❿ Grußformel,

⓫ eigenhändige Unterschrift.

Natürlich kann man auch zum Schulabschluss ein Geschenk überreichen. Legt man dieses dem Brief bei, sollte man in seinem Schreiben kurz darauf eingehen, z. B. sagen, warum man das jeweilige Geschenk dem Schulabgänger gerade jetzt überreicht. Denn ein Geschenk zum Schulabschluss sollte auch immer einen gewissen Bezug zum Anlass haben. Das kann beispielsweise ein Füllfederhalter sein, der nun nur noch zum Einsatz kommt, wenn man wichtige Dokumente unterzeichnen muss, oder ein Fotoalbum für Fotos von der Schule, den Mitschülern, den Schulabschlussfeiern und so weiter. Für die meisten Geschenke findet man eine Begründung, warum sie zum Schulabschluss passen.

Ist der Gratulant über die nach dem Schulabschluss stets stattfindenden Feiern Schulabschlussparty und -ball informiert, kann er in seinem Brief auch darüber noch ein paar Worte verlieren, z. B. wie er seine Abschlussfeiern in Erinnerung hat. Auch darüber, wie es war, die Schulkameraden nun zumindest teilweise aus den Augen zu verlieren, kann er selbstverständlich schreiben. Dabei sollte man jedoch nicht zu wehmütig werden, sondern lieber einen Ausblick auf künftige Klassentreffen geben, auf denen man sich wundert, was aus den lieben Mitschülern von einst geworden ist.

1 Renate Schiller
Osthofstraße 4
44131 Dortmund

2 20. Juni 20XX

3 Julius Müller
Bodenstraße 3

44317 Dortmund

4 Lieber Julius,

5 nach 13 langen Jahren Schulzeit hast du dein Abitur bestanden. Dazu gratuliere ich dir ganz herzlich.

6 Wie mir deine Eltern, aber auch du erzählt haben, war es nicht so leicht, bis hierhin zu kommen. Das kann ich mir gut vorstellen, denn schon zu meiner Zeit war der Weg zum Abitur steinig und heute ist ja noch einiges an Wissen hinzugekommen. Umso schöner, dass du diese Hürde gemeistert hast, und das auch noch mit Bravour.

7 Was nun kommt, wird jedoch ganz bestimmt auch nicht einfach. Du musst dich völlig neu orientieren und wirst viele neue Erfahrungen machen. Nach meinem Schulabschluss ging es mir zunächst gar nicht so gut, weil ich Altvertrautes zurücklassen und unbekanntes Terrain betreten musste. Aber du weißt wenigstens schon, was du machen wirst. Ich finde es ganz prima, dass du dich für die Aufnahme eines Informatik-Studiums entschlossen **8** hast. Denn alles, was mit Computern zu tun hat, wird in absehbarer Zeit noch wichtiger werden, als es heute bereits ist.

9 Für deine weiteren Pläne und Vorhaben wünsche ich dir alles Gute. Du wirst schon deinen Weg gehen, wie ich dich kenne.

10 Die besten Wünsche für deine Zukunft schickt dir

deine Tante

11 *Renate*

Glückwunsch zur bestandenen Gesellen-/Meisterprüfung

Genau wie zum Schulabschluss sollte man auch zum beruflichen Abschluss schriftlich gratulieren. Damit würdigt man die große Leistung, die jemand erbracht hat, am besten. Vor allem zur Meisterprüfung ist ein schriftlicher Glückwunsch angebracht, denn es kostet viel Kraft, neben der Ausübung des Berufs die Meisterschule zu besuchen und für die Prüfung zu lernen. Kein Wunder, dass viele die Meisterausbildung zwar beginnen, aber nicht zu Ende bringen bzw. durch die Prüfung fallen.

Doch auch die Gesellenprüfung ist einen schriftlichen Glückwunsch wert. Jetzt ist die Ausbildung abgeschlossen und der Absolvent kann mit Fug und Recht von sich behaupten, jetzt voll und ganz im Berufsleben zu stehen. Mit abgeschlossener Ausbildung ist es zudem immer leichter, eine neue Stelle zu finden als als ungelernte Kraft.

In einen Glückwunschbrief zum bestandenen Berufsabschluss gehört nicht nur die Gratulation, sondern der Absolvent sollte auch ermutigt werden, seinen eingeschlagenen Weg weiterzugehen, selbst wenn sich ihm manchmal Hindernisse in den Weg stellen. Vor allem nach Abschluss der Berufsausbildung ist es heute nicht mehr sicher, dass der Ausbildungsbetrieb den Gesellen übernimmt. Ist dies nicht der Fall, bedarf der Absolvent der Ermutigung umso mehr, damit er jetzt nicht resigniert, sondern seine Situation als Chance begreift, irgendwo anders sozusagen neu anzufangen.

Eine Gratulation zur bestandenen Gesellen-/Meisterprüfung könnte folgende Stichpunkte beinhalten:

1. Adresse des Absenders,
2. Datum des Schreibens,
3. Adresse des Empfängers,
4. Anrede,
5. Gratulation zum beruflichen Abschluss,
6. kurzer Rückblick auf die Mühen, die zum Erreichen dieses Ziels notwendig waren,
7. Ermutigung, den einmal eingeschlagenen Weg weiterzuverfolgen, auch wenn er mit Hindernissen verbunden sein sollte,
8. Ausblick auf die Zukunft,
9. gute Wünsche für den weiteren Lebensweg,
10. Grußformel,
11. eigenhändige Unterschrift.

Auch zu einer bestandenen Fortbildung oder Umschulung kann man selbstverständlich einen Glückwunsch versenden. Fortbildungen bringen den Absolventen in der Regel beruflich weiter, weshalb sie ebenfalls entsprechend gewürdigt werden sollten. Umgeschult werden meistens Menschen, deren Beruf keine Zukunft auf dem Arbeitsmarkt mehr hat und die bereits seit längerer Zeit arbeitslos sind. Ihnen sollte man mit einem Glückwunsch besonders Mut machen, denn häufig haben Umschüler die Hoffnung bereits aufgegeben, jemals wieder eine Stelle auf dem regulären Arbeitsmarkt zu finden.

Renate Schiller
Osthofstraße 4
44131 Dortmund

2. August 20XX

Julius Müller
Bodenstraße 3

44317 Dortmund

Lieber Julius,

Gratulation, Gratulation! Du hast es tatsächlich geschafft: Du darfst dich ab jetzt als „Meister deines Fachs" bezeichnen.

Ich wusste ja schon immer, dass in dir etwas ganz Besonderes steckt, aber dass du die Mühen der Meisterschule hinter dich gebracht hast, obwohl du in deinem Beruf noch voll gearbeitet hast – Hut ab! Wie viele brechen die Meisterschule ab, weil ihnen die Belastung zu groß ist. Du aber hast durchgehalten. Natürlich: Ohne den Rückhalt deiner Familie wärst du nicht so weit gekommen, aber dennoch: Deine Leistung sucht ihresgleichen.

Nun kannst du endlich deinen eigenen Betrieb eröffnen. Davon hast du bereits als kleiner Junge geträumt. Ich bin mir sicher, dass du auch dein Geschäft erfolgreich führen wirst, selbst wenn die Zeiten momentan nicht so rosig sind. Du aber wirst mit allen Widrigkeiten fertig werden.

Noch einmal alles Gute für deinen weiteren Berufs- und Lebensweg: Der frisch gebackene Meister, er lebe hoch, hoch, hoch!

Sei herzlich umarmt

deine alte Freundin

Renate

Gratulation zum Umzug

Jeder Umzug ist mit großen Anstrengungen verbunden: Nicht nur, dass zunächst eine passende neue Wohnung gefunden werden muss, anschließend muss man seinen ganzen Hausrat zusammenpacken, eventuell die alte und vielleicht auch noch die neue Wohnung renovieren, die Möbel in die neue Wohnung verfrachten und alles wieder auspacken und einräumen. Diese Mühen sollten von guten Freunden und Bekannten entsprechend gewürdigt werden, z. B. mit einer schriftlichen Gratulation zum Umzug.

Vor allem Freunde, die beim Umzug nicht helfen können, sollten einen persönlichen Glückwunsch zum Umzug verschicken. Der neue Wohnungsinhaber wird sich bestimmt freuen, dass man an ihn gedacht hat. Ein schriftlicher Glückwunsch eignet sich am besten, schließlich ist nicht sicher, ob das Telefon bereits angeschlossen und der Computer hinreichend verkabelt ist, um ins Internet zu kommen.

Eine Gratulation zum Umzug kann inhaltlich wie folgt gestaltet werden:

❶ Adresse des Absenders,

❷ Datum des Briefs,

❸ neue Adresse des Empfängers,

❹ Anrede,

❺ Gratulation zum Umzug,

❻ Rückblick auf die Mühen, die ein Umzug mit sich bringt,

❼ Ausdruck der Freude, dass nun das Gröbste geschafft ist,

❽ Würdigung der neuen Wohnung,

❾ eventuell Entschuldigung dafür, dass man beim Umzug nicht helfen konnte,

❿ gute Wünsche für das Leben im neuen Zuhause,

⓫ Grußformel,

⓬ eigenhändige Unterschrift.

Da ein Umzug immer mit Stress verbunden ist und der Umziehende während dieser Zeit für andere Dinge in der Regel nicht viel Zeit hat, kann der Gratulant, falls er in der Nähe wohnt, in seinem Glückwunsch z. B. auch ankündigen, demnächst einmal vorbeizukommen, um für den Bewohner der neuen Wohnung zu kochen. Auch andere Dienstleistungen sind nach einem Umzug immer sehr begehrt, beispielsweise den Hund auszuführen, beim Aufräumen oder Saubermachen in der neuen Wohnung zu helfen, die alte Wohnung zu renovieren und vieles andere mehr. Damit macht man dem Umziehenden sicher eine große Freude. Außerdem können solche „Dienstleistungen" das obligatorische Einzugsgeschenk ersetzen. Die meisten Menschen, die umziehen, würden sicher sofort jedes andere Geschenk gegen ein wenig Hilfe eintauschen.

Wer nicht die Möglichkeit besitzt, dem Umziehenden in irgendeiner Form direkt behilflich zu sein, z. B. weil er zu weit entfernt lebt, kann dem Brief natürlich ein Einzugsgeschenk beilegen. Schön wäre es, wenn dieses Bezug auf den Umzug nimmt oder die neue Wohnung schmückt. Schickt man ein Geschenk mit, sollte man dies in seinem Brief unbedingt erwähnen – vielleicht auch, warum man gerade dieses Präsent ausgesucht hat. Selbstverständlich kann man in seiner Gratulation zum Umzug auch seine Neugier auf die neue Wohnung zum Ausdruck bringen und bereits ankündigen, dass man die Wohnung demnächst gern einmal besichtigen würde.

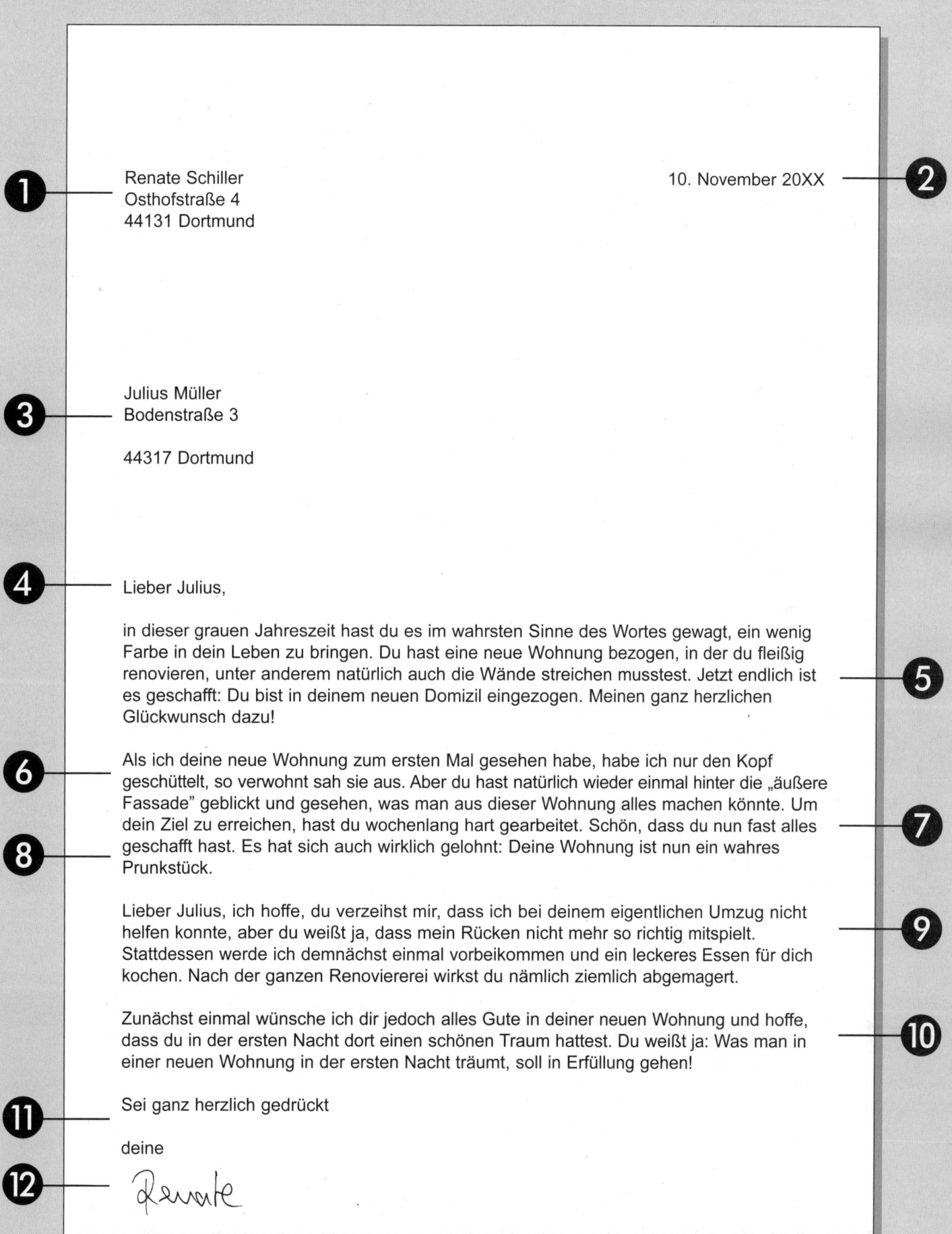

1 Renate Schiller
Osthofstraße 4
44131 Dortmund

2 10. November 20XX

3 Julius Müller
Bodenstraße 3

44317 Dortmund

4 Lieber Julius,

in dieser grauen Jahreszeit hast du es im wahrsten Sinne des Wortes gewagt, ein wenig
Farbe in dein Leben zu bringen. Du hast eine neue Wohnung bezogen, in der du fleißig
renovieren, unter anderem natürlich auch die Wände streichen musstest. Jetzt endlich ist **5**
es geschafft: Du bist in deinem neuen Domizil eingezogen. Meinen ganz herzlichen
Glückwunsch dazu!

6 Als ich deine neue Wohnung zum ersten Mal gesehen habe, habe ich nur den Kopf
geschüttelt, so verwohnt sah sie aus. Aber du hast natürlich wieder einmal hinter die „äußere
Fassade" geblickt und gesehen, was man aus dieser Wohnung alles machen könnte. Um
dein Ziel zu erreichen, hast du wochenlang hart gearbeitet. Schön, dass du nun fast alles **7**
8 geschafft hast. Es hat sich auch wirklich gelohnt: Deine Wohnung ist nun ein wahres
Prunkstück.

Lieber Julius, ich hoffe, du verzeihst mir, dass ich bei deinem eigentlichen Umzug nicht
helfen konnte, aber du weißt ja, dass mein Rücken nicht mehr so richtig mitspielt. **9**
Stattdessen werde ich demnächst einmal vorbeikommen und ein leckeres Essen für dich
kochen. Nach der ganzen Renoviererei wirkst du nämlich ziemlich abgemagert.

Zunächst einmal wünsche ich dir jedoch alles Gute in deiner neuen Wohnung und hoffe,
dass du in der ersten Nacht dort einen schönen Traum hattest. Du weißt ja: Was man in **10**
einer neuen Wohnung in der ersten Nacht träumt, soll in Erfüllung gehen!

Sei ganz herzlich gedrückt

11

deine

12 *Renate*

PB_Glueckwunsch_Umzug.doc

Bekanntgabe einer Hochzeit

Eine Heirat kann man auf mehrere verschiedene Arten bekannt geben: Man kann eine Anzeige in der Zeitung veröffentlichen, man kann vorgedruckte Karten verschicken oder man kann seine Hochzeit in einem persönlichen Brief anzeigen. Diese Arten der Bekanntgabe schließen einander selbstverständlich nicht aus – man kann z. B. sowohl eine Zeitungsannonce veröffentlichen als auch Kartenvordrucke verschicken.

Die Bekanntgabe der Heirat ist nicht gleichbedeutend mit der Einladung zu einer Hochzeitsfeier. Sie geht naturgemäß mehr Menschen zu als eingeladen werden und dient dazu, andere über das große Ereignis zu informieren. Das kann durchaus in einem persönlichen Brief geschehen, auch wenn dies zunächst ein wenig ungewöhnlich erscheint. Menschen, denen das Brautpaar nicht so nahe steht, dass es sie zur Hochzeit einlädt, die aber dennoch für das Brautpaar eine größere Bedeutung haben, können z. B. einen persönlichen Brief erhalten, genauso Personen, bei denen klar ist, dass sie nicht zur Hochzeit kommen können, z. B. weil sie zu weit entfernt wohnen. Selbstverständlich kann man auch seinen engsten Freunden mitteilen, dass man heiraten wird, bevor man ihnen eine offizielle Einladung schickt.

Die Bekanntgabe einer Hochzeit kann folgende inhaltliche Stichpunkte enthalten:

❶ Adresse des Brautpaars (bzw. die der Braut oder des Bräutigams, falls beide noch keine gemeinsame Wohnung haben),

❷ Datum des Briefs,

❸ Adresse des Empfängers,

❹ Anrede,

❺ Ankündigung der Hochzeit,

❻ Zeitpunkt und Ort der Trauung (zur Trauung kann jeder erscheinen, die Tagesadresse, unter der das Brautpaar feiert, muss jedoch nicht unbedingt genannt werden),

❼ eventuell Nennung des Grundes, warum man einen persönlichen Brief zur Bekanntgabe der Hochzeit schreibt,

❽ eventuell ein paar weitere Informationen zur Hochzeit, z. B. wohin die Flitterwochen gehen, ob man hinterher eine gemeinsame Wohnung bezieht oder Ähnliches,

❾ Grußformel,

❿ eigenhändige Unterschrift des Brautpaars.

Persönlich wird der Brief dadurch, dass das Brautpaar in ihm ein paar zusätzliche Informationen preisgibt, z. B. wie lange das Paar bereits zusammen ist, warum es gerade jetzt heiraten oder ob es Flitterwochen machen will und wohin die Reise gehen soll. Diese Informationen sind in keiner Zeitungsannonce und keiner vorgedruckten Karte zu finden und geben dem Empfänger des Briefes das Gefühl, für das Brautpaar wichtig zu sein – selbst wenn es keine Einladung zur Hochzeit ausspricht.

Eventuell kann das Brautpaar in seinem Brief auch noch den Grund nennen, warum es den Empfänger nicht zur Hochzeit einlädt. Angebracht ist dies z. B., wenn die Hochzeit nur in kleinstem Kreis stattfinden soll. In diesem Fall kann das Brautpaar vielleicht sogar noch eine der Hochzeit folgende private Feier in seiner Wohnung ankündigen.

① Martin Baum und Renate Schiller
Osthofstraße 4
44131 Dortmund

② 20. Februar 20XX

③ Elke und Julius Müller
Bodenstraße 3

44317 Dortmund

④ Liebe Frau Müller, lieber Herr Müller,

⑤ schon seit vielen Jahren sind Sie und unsere Familien miteinander befreundet. Grund genug, Ihnen heute in einem persönlichen Brief eine frohe Neuigkeit bekannt zu geben: Wir werden heiraten! Die kirchliche Trauung findet am 16. Mai, um 11 Uhr in der Stiftskirche **⑥** zu Wieswalden statt – dem kleinen Ort, aus dem Martins Mutter stammt.

⑦ Wir wollten Sie mit diesem Brief über unsere Hochzeit informieren, damit Sie es nicht später aus der Zeitung erfahren. Das wäre uns doch ein wenig zu unpersönlich erschienen.

⑧ Gleich im Anschluss an unsere Trauung werden wir in die Flitterwochen nach Hawaii aufbrechen – das war schon lange unser Traum. Damit wir uns diesen leisten konnten, mussten wir jedoch auf eine üppige Hochzeitsfeier verzichten. Ich hoffe, Sie sind uns nicht böse, dass wir kein großes Fest veranstalten. Vielleicht können wir ja nach unserer Rückkehr bei einer guten Flasche Wein anstoßen?

⑨ Viele herzliche Grüße

⑩ *Renate Schiller & Martin Baum*

Absage einer Einladung

Wer eine Einladung erhalten hat und bereits weiß, dass er zu diesem Termin keine Zeit haben wird, sollte so rasch wie möglich absagen. Der Grund: Die Gastgeber müssen ihr Fest planen und je eher sie die genaue Gästezahl kennen, umso leichter fällt die Planung. Die guten Sitten gebieten es, dass man auf eine schriftliche, förmliche Einladung hin ebenfalls schriftlich absagt. Ausnahme: Die Gastgeber akzeptieren durch Nennung ihrer Telefonnummer eine telefonische Antwort auf ihre Einladung.

In seinem Brief sollte man selbstverständlich den Grund für seine Absage nennen. Es sollte sich dabei schon um einen triftigen Grund handeln und nicht um ein lapidares „Ich habe keine Lust zu kommen". Letzeres würde die Gastgeber brüskieren und beleidigen und das möchte man schließlich nicht.

Natürlich sollte man in der Absage auch sein Bedauern darüber ausdrücken, dass man der Einladung nicht folgen kann. Dies macht es den Gastgebern, die sich mit ihrer Einladung große Mühe gegeben haben, leichter, eine Absage zu akzeptieren.

Die Absage kann folgendermaßen aufgebaut sein:

1. Adresse des Absenders,
2. Datum des Briefs,
3. Adresse des Empfängers,
4. Anrede,
5. Dank für die Einladung,
6. Absage mit Ausdruck des Bedauerns, der Einladung nicht folgen zu können,
7. Nennung des Grundes für die Absage,
8. Bitte um Verständnis,
9. eventuell Ausblick auf ein anderes Treffen,
10. Grußformel,
11. eigenhändige Unterschrift.

Insbesondere bei Festen, die eine große Bedeutung für den Gastgeber haben wie die Hochzeitsfeier oder die Feier eines runden Geburtstags, sollte man darüber nachdenken, ob es nicht doch irgendwie einzurichten wäre, die Absage zu umgehen. Ist dies nicht möglich, muss man schon einen besonders guten Grund für seine Abwesenheit nennen. Denn alles andere könnten die Gastgeber als Beleidigung auffassen.

Wichtig ist es auch, die Gastgeber in der Absage um Verständnis zu bitten. Auf diese Weise können sie sich besser in den Absender des Schreibens hineinversetzen und werden die Absage eher akzeptieren, vor allem wenn der Briefeschreiber am Ende seines Briefs auch noch darum bittet, sich möglichst bald zu treffen oder vielleicht sogar selbst eine Gegeneinladung ausspricht.

Der Etikette entsprechend müsste eine Absage eigentlich mit der Hand geschrieben werden, um die Wertschätzung des Briefeschreibers für den Empfänger zu zeigen. Doch heute wird es auch keiner mehr übel nehmen, wenn die Absage mit dem Computer geschrieben wurde. Wichtig ist jedoch, die eigenhändige Unterschrift unter den Brief zu setzen. Wird sie vergessen, macht dies einen unpersönlichen und unhöflichen Eindruck.

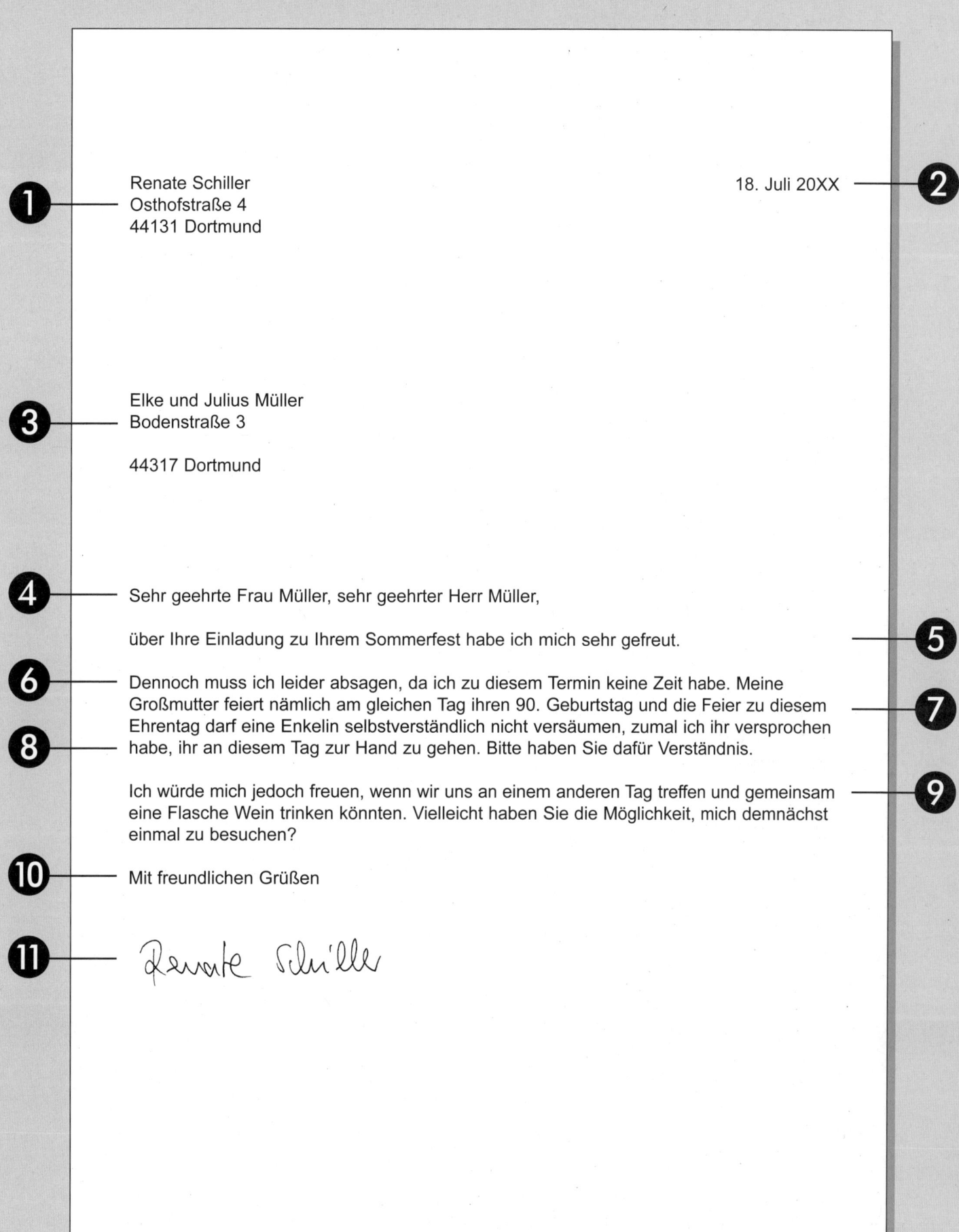

1 Renate Schiller
Osthofstraße 4
44131 Dortmund

2 18. Juli 20XX

3 Elke und Julius Müller
Bodenstraße 3

44317 Dortmund

4 Sehr geehrte Frau Müller, sehr geehrter Herr Müller,

5 über Ihre Einladung zu Ihrem Sommerfest habe ich mich sehr gefreut.

6 Dennoch muss ich leider absagen, da ich zu diesem Termin keine Zeit habe. Meine
Großmutter feiert nämlich am gleichen Tag ihren 90. Geburtstag und die Feier zu diesem **7**
Ehrentag darf eine Enkelin selbstverständlich nicht versäumen, zumal ich ihr versprochen
8 habe, ihr an diesem Tag zur Hand zu gehen. Bitte haben Sie dafür Verständnis.

Ich würde mich jedoch freuen, wenn wir uns an einem anderen Tag treffen und gemeinsam **9**
eine Flasche Wein trinken könnten. Vielleicht haben Sie die Möglichkeit, mich demnächst
einmal zu besuchen?

10 Mit freundlichen Grüßen

11 *Renate Schiller*

Bekanntgabe der Geburt eines Kindes

Frisch gebackene Eltern freuen sich in der Regel sehr, die Geburt ihres Kindes bekannt zu geben. Oft geschieht dies durch eine Zeitungsannonce. Das Problem dabei: Freunde, Verwandte und Bekannte, die nicht im Verbreitungsgebiet dieser Zeitung leben oder die Zeitung nicht beziehen, bekommen von dem freudigen Ereignis nichts mit. Es ist daher allein ein Gebot der Höflichkeit, ihnen eine Karte oder einen Brief zu schicken, mit dem sie über die Geburt des Kindes informiert werden. Zudem macht die Gestaltung dieses Briefs im Allgemeinen viel Spaß.

Natürlich müssen die Eltern noch nicht sofort nach der Geburt ihre Briefe verschicken, sondern können sich einige Wochen Zeit damit lassen. Das wird jeder verstehen, muss man sich doch zunächst an ein Leben mit einem Baby gewöhnen – und das ist nicht immer leicht. Schließlich bringt ein Kind das Leben der Eltern ganz schön durcheinander. Nichts ist mehr, wie es einmal war. Sieht die Mutter sich nicht in der Lage, Briefe zur Geburt zu schreiben, weil sie mit dem Baby mehr als ausgelastet ist, versteht es sich von selbst, dass der Vater diese Aufgabe übernimmt. Sind beide überlastet, können vielleicht liebe Verwandte oder Freunde helfen, die Geburtsanzeigen zu gestalten und zu verschicken.

Da alle Verwandten und Freunde neugierig sind, wie das Kind aussieht und wem es ähnlich sieht, sollte man einem Brief zur Geburt eines Kindes unbedingt ein Foto beilegen. Im Allgemeinen wird dies auf den Brief bzw. die Karte geklebt. Besonders lieben Menschen kann man natürlich auch mehrere Fotos zusenden.

In einen Brief zur Bekanntgabe der Geburt eines Kindes gehören folgende Informationen hinein:

❶ Adresse der Absender,

❷ Datum des Briefs,

❸ Adresse des Empfängers,

❹ Anrede,

❺ Bekanntgabe der Geburt des Kindes (z. B. indem sich das Neugeborene „selbst vorstellt"),

❻ ein paar wichtige „Daten" zum Kind (Größe, Gewicht, Haarfarbe usw.),

❼ gegebenenfalls ein paar Worte zur Geburt,

❽ eventuell Bemerkungen der Geschwister über das Baby,

❾ nochmaliger Ausdruck der Freude und des Dankes über das neue Leben,

❿ eventuell Aussage darüber, ob sich die Familie über Besuch zum „Babygucken" freuen würde,

⓫ Grußformel,

⓬ eigenhändige Unterschrift.

Welchen Stil die Eltern für ihre Geburtsanzeige wählen, bleibt selbstverständlich voll und ganz ihnen überlassen. Häufig wird ein eher amüsanter Stil gewählt, oft auch ein eher feierlicher. Für welchen man sich entscheidet, hängt manchmal auch ein wenig vom Empfänger des Briefs ab – bei entfernten Bekannten wird oft ein eher feierlicher Stil gewählt.

Renate Schiller und Martin Baum
Osthofstraße 4
44131 Dortmund

20. April 20XX

Elke und Julius Müller
Bodenstraße 3

44317 Dortmund

Liebe Elke, lieber Julius,

Schiller- und Baum-Productions proudly present: Marie Larissa Schiller, geboren am 30. März 20XX. Geburtsgewicht: 3540 Gramm, Größe: 54 Zentimeter, Kopfumfang: 35 Zentimeter, Haarfarbe: vermutlich blond (eigentlich hat sie noch keine Haare, sondern nur ein wenig zarten Flaum), Augenfarbe: blau (kann sich aber noch ändern, hat die Hebamme gesagt). Wie ihr euch vorstellen könnt, sind wir ungeheuer stolz und glücklich über unseren Familienzuwachs.

Auch die Geburt war diesmal wie aus dem Lehrbuch. Nachdem Justin 16 Stunden gebraucht hat, bis er das Licht der Welt erblickt hatte, waren wir ja auch bei Marie aufs „Schlimmste" gefasst. Doch nach zwei Stunden war sie schon da (wahrscheinlich konnte sie es, genau wie wir, nicht mehr erwarten).

Wir finden Marie natürlich ausgesprochen niedlich, aber das Erste, was Justin sagte, als er sein Schwesterchen zu Gesicht bekam, war: „Die hat wohl jemand gefaltet, damit sie aus dem Bauch heraus konnte." Was ein Fünfjähriger halt so feststellt, der noch nie zuvor ein leicht zerknittertes Neugeborenes gesehen hat …

Trotz aller Falten (die sich ja bekanntlich rasch „verwachsen"): Wir sind froh und dankbar, Marie endlich bei uns zu Hause zu haben. Falls ihr Lust zum Babygucken habt, kommt doch in den nächsten zwei Wochen bei uns vorbei. Dann hat Martin noch Urlaub und ihr könnt die komplette Familie Schiller-Baum live erleben.

Viele liebe Grüße und bis hoffentlich bald

Renate & Martin.

PB_Sonstiges_Geburt.doc

Kondolenzschreiben zum Tod eines Freundes

Der Tod eines geliebten Menschen ist immer ein schwerer Schicksalsschlag, insbesondere für die Angehörigen, aber auch für seine Freunde. Hinzu kommt, dass das Thema Tod und Sterben in unserer Gesellschaft tabuisiert wird. Kein Wunder, dass die meisten Menschen Probleme damit haben, ihre Trauer auszudrücken – egal, ob schriftlich oder mündlich. Viele haben Angst davor, ihre Gefühle zu zeigen oder die Trauer der Angehörigen mit anzusehen bzw. sie durch ihre Beileidsbezeugung noch zu steigern. Dabei helfen ernst gemeinte Worte des Beileids, eine Umarmung und Ähnliches den Angehörigen, ihre Trauer auszuleben und zu verarbeiten. Wer seine Gefühle unterdrückt, weil er z. B. meint, dass es sich nicht gehört, öffentlich zu weinen, wird schwerer über den großen Verlust hinwegkommen als jemand, der seine Gefühle offen zeigt. Daher sollte man sich auch bei einer Beileidsbezeugung nicht scheuen, seine Emotionen zum Ausdruck zu bringen, denn dies hilft beiden: dem, der seine Gefühle zeigt, und dem Adressaten.

Für ein Kondolenzschreiben zum Tod eines Freundes bedeutet das, seine Trauer in eigene Worte zu fassen und nicht auf abgedroschene Floskeln wie „Mit tiefster Betroffenheit haben wir vom Tod von … erfahren" zurückzugreifen. Ein solcher Brief klingt viel warmherziger als vorgefasste Formulierungen, die die Angehörigen bei einem Trauerfall hundertfach zu hören (und zu lesen) bekommen.

Ein Kondolenzschreiben zum Tod eines guten Freundes könnte z. B. folgendermaßen aufgebaut sein:

❶ Adresse des Absenders,

❷ Datum des Briefs,

❸ Adresse des Empfängers,

❹ Anrede,

❺ Aussage darüber, dass oder wie man vom Tod des Freundes erfahren hat,

❻ eigene Reaktion auf den Tod des Freundes,

❼ Aussprechen des Beileids,

❽ Würdigung des Toten, seiner Eigenschaften, seines Lebens,

❾ Erinnerungen, die der Absender mit den Angehörigen teilen möchte,

❿ Hilfsangebot für die Angehörigen (muss allerdings ernst gemeint sein),

⓫ Grußformel,

⓬ eigenhändige Unterschrift.

Ein Kondolenzschreiben zum Tod eines Freundes sollte, wenn möglich, komplett mit der Hand geschrieben werden. Das zeigt den Angehörigen die persönliche Verbundenheit mit dem Toten und vor allem auch mit ihnen selbst.

Es ist übrigens nicht unbedingt notwendig, eine eigens dafür gedruckte Beileidskarte zu versenden – je näher man dem Toten stand, umso mehr möchte man wahrscheinlich den Angehörigen mitteilen, und eine Beileidskarte bietet dafür in der Regel zu wenig Platz. Ein einfacher Bogen weißen Papiers reicht völlig aus. Schließlich ist es der Inhalt und nicht die Form des Schreibens, der den Angehörigen die Anteilnahme zeigen soll.

1 Renate Schiller
Osthofstraße 4
44131 Dortmund

2 5. Dezember 20XX

3 Julius Müller
Bodenstraße 3

44317 Dortmund

4 Lieber Julius,

5 soeben habe ich von Elkes Tod erfahren. Ich kann noch immer keinen klaren Gedanken
fassen, aber ich möchte dir wenigstens sofort mitteilen, dass ich mit dir fühle und sehr
traurig bin. **6**

20 Jahre wart ihr verheiratet, zusammengelebt habt ihr jedoch schon um einiges länger.
Es muss sehr schmerzhaft für dich sein, Elkes fröhliches Lachen jetzt nicht mehr zu hören.
Glaub mir, ich kann das gut nachvollziehen, schließlich war ich auch seit 22 Jahren mit ihr
befreundet. **7**

8 Wirklichen Trost kann dir in dieser Situation wahrscheinlich niemand spenden, die Erinnerungen sind einfach noch zu frisch. Gerade zu dieser Zeit würde sie die Weihnachtsvor-
bereitungen für eure große Familie treffen, sie würde ihren berühmten Weihnachtspunsch
zubereiten und alle Freunde zu einem kleinen, gemütlichen Umtrunk zu euch einladen.
Dann würde sie wegen ihrer fröhlichen Art wie immer der Mittelpunkt des kleinen Festes
sein. Trotz aller Trauer, die diese Erinnerungen hervorrufen – wir sollten sie uns bewahren, **9**
denn in unserer Erinnerung wird Elke weiterleben. Wir werden sie nicht vergessen.

10 Lieber Julius, falls ich dir irgendwie helfen kann oder du dich einfach nur einmal aussprechen möchtest, bin ich selbstverständlich für dich da. Ich werde mich in nächster Zeit
häufiger bei dir melden, um dich zu fragen, ob du meine Hilfe brauchst, denn ich weiß,
dass es für die Angehörigen schwierig ist, selbst um Hilfe zu bitten.

11 Sei herzlich umarmt

12 *Renate*

Kondolenzschreiben zum Tod eines entfernten Bekannten

Ein Beileidsschreiben zum Tod eines entfernten Bekannten wird nie so persönlich sein wie das zum Tod eines guten Freundes. Dennoch sollte man auch hierfür persönliche Worte der Anteilnahme wählen und nicht auf abgedroschene Beileidsfloskeln zurückgreifen. Über jeden Menschen, den man kennen gelernt hat, kann man Aussagen treffen, mit denen man den Angehörigen zumindest ein wenig Trost aussprechen oder ihnen zeigen kann, dass man den Toten schätzte.

In einem Brief zum Tod eines Bekannten, der gleichzeitig Geschäftspartner war, wird man vor allem die beruflichen Eigenschaften des Toten herausstellen. Für ein Schreiben des Firmenchefs zum Tod eines Mitarbeiters oder ehemaligen Kollegen gilt das Gleiche. In einem Kondolenzschreiben für einen Vereinskameraden werden die für den Verein wichtigen Eigenschaften herausgestellt. Immer muss den Angehörigen jedoch die Hochachtung vor dem Toten gezeigt werden.

Hilfsangebote sollte man den Angehörigen in einem solchen Schreiben jedoch nur machen, wenn man diese auch wirklich ernst meint. In der Regel wird man dies den Verwandten oder engeren Freunden überlassen, möglicherweise gibt es aber jedoch ein paar Punkte, bei denen man den Angehörigen helfen muss. Besteht zum Beispiel der Anspruch auf eine Betriebsrente, kann es sein, dass sich die Angehörigen an die Firma wenden müssen, um diese Ansprüche für den hinterbliebenen Ehepartner geltend zu machen.

Folgende Punkte gehören in ein solches Kondolenzschreiben:

1. Adresse des Absenders,
2. Datum des Schreibens,
3. Adresse des Empfängers,
4. Anrede,
5. eigene Reaktion auf den Tod des entfernten Bekannten,
6. Beileidsbekundung,
7. Würdigung des Toten, eventuell mit eigenen Erinnerungen,
8. eventuell ein paar Worte des Trostes, falls möglich,
9. Hilfsangebot, falls ernst gemeint, eventuell sogar ganz spezielles Hilfsangebot (z. B. Hilfe bei Problemen mit der Bürokratie),
10. Grußformel,
11. eigenhändige Unterschrift.

Ein Kondolenzschreiben sollte man übrigens so schnell wie möglich nach dem Bekanntwerden der Todesnachricht verfassen, denn schließlich brauchen die Angehörigen so rasch wie möglich Trost. Zu sehen, wie viele Menschen mit einem trauern, kann den Angehörigen zumindest ein wenig dabei helfen, mit ihrer Trauer umzugehen.

Auch das Kondolenzschreiben zum Tod eines Bekannten sollte mit der Hand geschrieben werden. Denn gerade dieses Schreiben sollte persönlichen Charakter haben und die Wertschätzung des Toten bekunden – und dies übermittelt ein handgeschriebener Brief besser als ein Computerausdruck.

Schiller-Verlag
Renate Schiller
Osthofstraße 4
44131 Dortmund

10. April 20XX

Julius Müller
Bodenstraße 3

44317 Dortmund

Sehr geehrter Herr Müller,

die Nachricht vom Tod Ihrer Frau hat alle in unserer Firma tief berührt. Alle Kolleginnen und Kollegen trauern mit Ihnen über den Verlust eines wunderbaren Menschen. Mir selbst tut dieser Verlust ganz besonders Leid, ist mir Ihre Frau in der Zeit, als sie als Chefsekretärin für mich tätig war, zur persönlichen Vertrauten geworden.

Ihre Frau war in der Zeit ihrer Tätigkeit für den Schiller-Verlag sozusagen das Aushängeschild unserer Firma. Ihre Fähigkeit zur Integration, ihre Warmherzigkeit, aber auch ihre Tatkraft waren uns allen stets ein Vorbild. Schon damals, als sie aus Altersgründen aus unserem Unternehmen ausschied, war dies ein großer Verlust für uns. Umso besser kann ich mir vorstellen, wie schwer es Ihnen jetzt fallen muss, mit diesem Verlust umzugehen. Aber die schönen Erinnerungen an Ihre Frau kann Ihnen (und uns) keiner nehmen. Ihre Spuren haben sich tief in unsere Herzen eingegraben.

Falls ich Ihnen in irgendeiner Form helfen kann, lassen Sie es mich bitte wissen. Ich wünsche Ihnen die Kraft und Stärke, mit Ihrem Verlust und Ihrer Trauer umzugehen.

In tiefer Verbundenheit

Renate Schiller

Genesungswünsche

Jede schwere Krankheit macht den Betroffenen zu schaffen. Ist die Krankheit gar unheilbar, fällt es noch schwerer, damit umzugehen, denn schließlich muss der Betroffene sein Leben lang mit der Krankheit leben oder aber er weiß, dass er nur noch eine begrenzte Zeit zu leben hat. Fühlt man sich dann noch einsam oder allein gelassen, ist es noch schwieriger, die Krankheit und ihre Folgen zu bewältigen bzw. sich mit ihr abzufinden. Genesungswünsche können dazu beitragen, dass sich der Kranke zumindest ein wenig besser fühlt, weil er weiß, dass es Menschen gibt, die an ihn denken. Und die seelische Einstellung zur Krankheit ist nicht ganz unwichtig zu deren Bewältigung, wie man heute weiß. Menschen mit einer optimistischen Einstellung werden im Allgemeinen rascher wieder gesund als Kranke, die ihrem Leiden pessimistisch gegenüber stehen.

Genesungswünsche sollte man nur dann verfassen, wenn man sie wirklich ernst meint. Im Allgemeinen wird man daher nur nahen Verwandten, guten Freunden oder aber auch lieben Kollegen Genesungswünsche übermitteln. Wichtig ist dabei, die seelische Verfassung des Kranken und seine Einstellung zur Krankheit zu beachten. Jemanden, der sich selbst schon fast aufgegeben hat, sollte man z. B. immer versuchen aufzumuntern. Allerdings muss man dabei schon den richtigen Ton treffen, das heißt vielfach, nicht zu optimistisch zu sein. In einem Brief an eine Person, die ihre Krankheit lieber verdrängt, sollte man hingegen nicht zu detailliert auf die Krankheit eingehen. Bei Genesungswünschen ist also eine ganze Menge Fingerspitzengefühl erforderlich, will man dem Kranken mit seinem Brief wirklich helfen.

Die inhaltliche Gestaltung von Genesungswünschen kann folgendermaßen aussehen:

1. Adresse des Absenders,
2. Datum des Briefs,
3. Adresse des Empfängers,
4. Anrede,
5. Eingehen auf die Krankheitssituation,
6. Eingehen auf die persönliche Einstellung des Kranken zu seiner Situation,
7. Trost spenden,
8. Angebot der Hilfe,
9. Ankündigung des Besuchs,
10. Genesungswünsche,
11. Grußformel,
12. eigenhändige Unterschrift.

Handelt es sich um eine weniger schwere Krankheit, kann der Brief natürlich auch ein wenig flapsig ausfallen, zumal wenn sich der Kranke seine Situation selbst hat zuschulden kommen lassen. Allerdings sollte man immer beachten, dass jede Krankheit oder jeder Krankenhausaufenthalt mit Schmerzen verbunden ist. Darüber sollte man sich also in keinem Fall lustig machen, genauso wenig wie über den Kranken selbst.

Besonders gut kommen Genesungswünsche häufig dann an, wenn sie mit der Hand geschrieben wurden, da dies persönlicher wirkt. Darauf verzichten sollten jedoch alle Menschen, deren Handschrift so unleserlich ist, dass der Kranke sie nur mit Mühe entziffern könnte. Schließlich will man den Kranken nicht noch zusätzlich belasten. In diesem Fall tut es ein mit dem Computer geschriebener Brief auch.

1 Renate Schiller
Osthofstraße 4
44131 Dortmund

2 2. Juli 20XX

3 Julius Müller
Knappen-Krankenhaus
Am Knappenstift 10

44317 Dortmund

4 Lieber Julius,

5 vorhin hat mich deine Frau angerufen, um mir mitzuteilen, dass du wegen eines Herzinfarkts ins Krankenhaus eingeliefert wurdest. Da du sicher noch nicht in der Lage bist, außer deinen nächsten Angehörigen Besuch zu empfangen, will ich mich bei dir wenigstens auf diesem Weg melden.

6 Jetzt ist also eingetreten, was du schon immer befürchtet hast – dein Herz hat gestreikt. Ich kann mir vorstellen, dass dies ein ungeheurer Schock für dich war. Glücklicherweise warst du gerade beim Arzt, als es passiert ist, so dass du rasch die notwendige medizinische Hilfe erhalten hast. Ich bin ja so froh über die engmaschigen ärztlichen Kontrollen, die du immer so verflucht hast!

7 Gleichzeitig bin ich froh darüber, dass es anscheinend nur ein kleiner Infarkt war, wie mir deine Frau erzählt hat. Er wird dich nach der Entlassung aus dem Krankenhaus also nicht weiter einschränken. Allerdings wirst du dein Leben ein wenig umstellen müssen, doch dabei will ich dir gern helfen. Du weißt ja, dass ich wegen meiner Zuckerkrankheit ebenfalls **8** Einschränkungen unterworfen bin, doch so schlimm, wie es sich zunächst anhören mag, ist das alles gar nicht.

9 Lieber Julius, sobald du nicht mehr auf der Intensivstation liegst, werde auch ich dich **10** besuchen. Bis dahin wünsche ich dir alles, alles Gute und dass du dich ganz schnell wieder berappelst.

11 Sei gedrückt

12 *Renate*

Brief aus dem Urlaub

Meistens schreibt man aus dem Urlaub ja nur eine kurze Karte, wer jedoch seinen Lieben zu Hause etwas mehr über Land und Leute mitteilen will, sollte sich ein Herz fassen und einen etwas längeren Brief schreiben. Diesem kann man ruhig eine Postkarte beilegen, um den Daheimgebliebenen zu zeigen, wie es im Urlaubsdomizil aussieht.

Einen Urlaubsbrief wird man vermutlich vor allem dann schreiben, wenn man eine Person ganz besonders vermisst und es nicht ausreicht, häufiger mit ihr zu telefonieren oder ihr Kartengrüße zu übersenden. Verständlich, dass ein solcher Urlaubsbrief dann auch besonders persönlich werden darf.

Da man vermutlich nur selten einen Computer (und sei es auch ein Laptop) und einen Drucker mitnehmen wird, werden Urlaubsbriefe im Regelfall mit der Hand geschrieben. Personen, deren Handschrift eher der eines Arztes ähnelt, sollten daher versuchen, ein wenig leserlicher zu schreiben, damit die Daheimgebliebenen nicht erst ihr Hieroglyphenlexikon zur Hand nehmen müssen, um den Brief zu entziffern.

Ein Urlaubsbrief muss übrigens nicht unbedingt vom Wetter handeln, obwohl dies natürlich ein sehr beliebtes Thema für einen solchen Brief ist. Doch die meisten Menschen müssen zugeben: So spannend finden sie das Wetter nicht, es handelt sich dabei eher um ein Thema, das man dann wählt, wenn man nichts anderes zu sagen bzw. zu schreiben hat. Ein wenig mehr Fantasie ist beim Brief aus dem Urlaub also schon gefragt.

In einem Urlaubsbrief kann man unter anderem folgende Themen behandeln:

❶ Adresse des Absenders,
❷ Datum des Briefs,
❸ Adresse des Empfängers,
❹ Anrede,
❺ Nennung des Urlaubsziels,
❻ Darstellung der Besonderheiten des Urlaubsziels,
❼ eventuell besondere Erlebnisse, die landestypische Eigenheiten herausstellen,
❽ Ankündigung der ausführlichen Schilderung des Urlaubs zu Hause,
❾ Grußformel,
❿ eigenhändige Unterschrift.

In einem Urlaubsbrief muss man allerdings nicht immer nur die Schönheiten des Urlaubsziels herausstellen, man kann auch landestypische Eigenheiten schildern, die vielleicht zunächst ein wenig absonderlich erschienen. In einem Brief kann man zudem auch auf ironische Art darauf eingehen, wenn einem etwas am Urlaubsort ganz und gar nicht gefällt. Hat man z. B. Ungeziefer auf dem Zimmer, könnte die Schilderung lauten: „Eigentlich hatte ich für die Dauer meines Urlaubs ja ein Einzelzimmer bestellt, doch teile ich Zimmer und Dusche mit diversen sechsbeinigen Geschöpfen mit langen Fühlern, gemeinhin als Kakerlaken bekannt. Schade, ein netter Zweibeiner hätte mir besser gefallen!" Man muss in seinem Brief zwar nichts beschönigen, doch sollte man daran denken, dass es dem Leser sicher keinen Spaß macht, nur über das Negative des Urlaubsziels zu lesen. Es lohnt daher, die schönen Seiten des Urlaubs herauszustellen. Im Übrigen auch für einen selbst: Sieht man einen vermeintlich „vermasselten" Urlaub in etwas anderem Licht, kann man auch ihm noch viel Schönes abgewinnen.

1 Renate Schiller
z. Zt. Jugendherberge San Francisco
USA

2 19. April 20XX

3 Julius Schiller
Bodenstraße 3

44317 Dortmund

4 Lieber Papa,

5 nach einem endlos erscheinenden Flug sind wir tatsächlich hier in San Francisco angekommen. Bereits am Flughafen waren alle Leute sehr nett, sogar die von der Zollabfertigung, die uns fragten, ob wir unsere „dancing shoes" (Tanzschuhe) eingepackt hätten. Die brauche man hier in San Fran, wie die Einheimischen die Stadt nennen.

6 Es ist schon toll, hier zu stehen, wenn man vorher immer nur von den Schönheiten der USA gelesen hat. Nach einer etwas unruhigen Nacht (ich bin aus dem oberen Stockwerk des Etagenbetts gefallen, als ein Wecker klingelte und ich ihn, wie zu Hause, ausstellen wollte) sind wir heute mit dem Cable Car, der berühmten Straßenbahn der Stadt, gefahren. Danach haben wir eine Wanderung zur Golden Gate Bridge gemacht, die wirklich imposant ist. Anschließend taten uns unsere Füße so weh, dass wir beschlossen, den Tag auf dem Grundstück der Jugendherberge ausklingen zu lassen.

7 Wusstest du übrigens, dass die Leute hier ungeheuer freundlich sind? Alle lächeln uns an und wünschen uns viel Spaß auf unserem Trip, wenn sie erfahren, dass wir aus Deutschland **8** kommen. Auf unserem Weg die Westküste hinunter bis San Diego werden wir sicherlich noch viel erleben. Doch das erzähle ich dir dann alles genau zu Hause.

9 Viele liebe Grüße schickt dir

deine Globetrotter-Tochter

10 Renate

Entschuldigung für Verspätung/Nichterscheinen

Für eine Verspätung wird man sich in den meisten Fällen zwar sofort entschuldigen (vielleicht schickt man auch eine SMS, um zu sagen, dass es später wird), manchmal kann es jedoch sinnvoll sein, nachträglich noch einmal schriftlich um Entschuldigung zu bitten. Erscheint man zu einer Verabredung nicht, ohne dies vorher mitzuteilen, sollte man sich stets nach einer mündlichen Entschuldigung auch noch schriftlich entschuldigen, selbst wenn man keine Schuld am eigenen Nichterscheinen trug, z. B. weil ein Flug gestrichen wurde oder man einen Unfall hatte.

Die Entschuldigung kann förmlich oder weniger förmlich ausfallen – je nach Ansprechpartner. Bei Geschäftsfreunden oder beruflichen Kontakten wird sie sicher förmlicher sein als bei privaten Verabredungen. Bei Letzteren kann man sich in seinem Entschuldigungsbrief beispielsweise ruhig auch ein wenig über sich selbst lustig machen, à la „Ich lerne es wohl nie, pünktlich zu kommen. Schon bei meiner Geburt war ich eine Woche überfällig." Das bringt den Empfänger des Briefs zum Lachen und er wird sich nicht mehr so sehr über das Versäumnis ärgern. Allerdings sollte man jedem Entschuldigungsbrief anmerken, dass die Entschuldigung auch wirklich ernst gemeint ist, denn sonst kann sich der Ansprechpartner leicht ein wenig verschaukelt fühlen.

Ein Brief, mit dem man sich für eine Verspätung bzw. für sein Nichterscheinen nachträglich entschuldigt, sollte folgende Punkte beinhalten:

❶ Adresse des Absenders,

❷ Datum des Briefs,

❸ Adresse des Empfängers,

❹ Anrede,

❺ Entschuldigung mit Bitte um Verständnis,

❻ Grund für die Verspätung/das Nichterscheinen nennen, damit der Briefempfänger nachvollziehen kann, warum ein (pünktliches) Erscheinen nicht möglich war,

❼ Versprechen, den nächsten Termin einzuhalten (falls nicht wieder etwas dazwischen kommt),

❽ nochmalige Entschuldigung,

❾ Grußformel,

❿ eigenhändige Unterschrift.

Bei der Entschuldigung sollte man jedoch auf keinen Fall übertreiben und solch abgedroschene Floskeln wie „Ich bin untröstlich" wählen, die in ihrem Kern zumeist auch unehrlich sind. Das wirkt nur aufgesetzt und macht beim Empfänger des Briefs keinen guten Eindruck. Wenn man hingegen in seinen eigenen Worten ausdrückt, dass es einem Leid tut, wird die Entschuldigung beim Empfänger gut ankommen und von ihm sicher auch rasch akzeptiert werden. Nur wenige Menschen sind auch nach einem solchen Entschuldigungsbrief noch verärgert. Wichtig: Natürlich sollte man, falls möglich, bei jeder Verabredung, bei der abzusehen ist, dass man zu spät oder gar nicht kommt, versuchen, den Gesprächspartner rechtzeitig darüber zu informieren. Nur ist dies leider nicht in allen Fällen möglich, z. B. wenn der Gesprächspartner oder man selbst kein Handy besitzt.

1 Renate Schiller
Osthofstraße 4
44131 Dortmund

2 5. Juni 20XX

3 Julius Müller
Bodenstraße 3

80768 München

4 Lieber Julius,

5 das mit unserem Treffen war ja leider ein völliger Reinfall. Und dabei hatte ich mich so darauf gefreut. Entschuldige bitte noch einmal, dass ich nicht kommen konnte. Es tut mir von ganzem Herzen Leid, dass du so lange am Flughafen warten musstest. Ich bin aber sicher, dass du meinen Grund für mein Nichterscheinen verstehst.

6 Wir haben zwar bereits kurz telefoniert, aber ich wollte dir unbedingt noch einmal schriftlich erklären, warum ich nicht gekommen bin. Dann wirst du es sicher besser verstehen. Am Telefon erschienst du mir nämlich noch ein wenig verärgert und ich fände es sehr schade, wenn unsere Freundschaft darunter leiden würde. Meine Mutter hat mich an dem Morgen, kurz bevor ich zum Flughafen starten wollte, angerufen und gesagt, dass es meinem Vater sehr schlecht gehe. Da ich nicht wusste, was mit ihm los ist, bin ich sofort ins Krankenhaus gefahren – du weißt ja, wie sehr ich meinen Vater liebe. Ich habe noch versucht, dich zu erreichen, um dir mitzuteilen, dass ich vermutlich nicht kommen werde, aber du warst schon unterwegs. Dein Handy war leider auch nicht eingeschaltet, so dass ich dich nicht erreichen konnte.

Meinem Vater ging es tatsächlich nicht besonders gut; er hatte starke Herzrhythmusstörungen und ihm musste ein Herzschrittmacher eingesetzt werden. Du wirst sicher verstehen, dass ich das Wochenende lieber bei ihm geblieben bin.

7 Aufgeschoben ist jedoch nicht aufgehoben. Zu unserem nächsten Treffen werde ich sicher kommen. Entschuldige nochmals, dass es diesmal nicht geklappt hat. **8**

9 Liebe Grüße

10 *Renate*

Entschuldigung für einen verspäteten Brief

Insbesondere auf einen privaten Brief erwartet der Absender in der Regel eine Antwort – es sei denn, es handelt sich um eine Mitteilung allgemeiner Art. Verständlich, dass man sich nicht alle Zeit der Welt lassen sollte, um einen Brief zu beantworten. Zumal dann nicht, wenn der Briefinhalt eine rasche Beantwortung erfordert. Schreibt ein Freund beispielsweise, dass es ihm besonders schlecht (oder auch besonders gut) geht, sollte der Empfänger seine Antwort nicht lange hinauszögern. Der Freund hat diesen Brief schließlich mit der Erwartungshaltung geschrieben, dass der Empfänger ihm hilft (oder aber seine Freude mit ihm teilt).

Manchmal ist es aber nicht möglich, einen Brief sofort zu beantworten, z. B. weil man nicht zu Hause ist oder aber sehr viel zu tun hat. In diesem Fall sollte man sich im folgenden Brief für sein Versäumnis entschuldigen. Dazu gehört auch, den Grund zu nennen, warum man so lange nicht geschrieben hat, damit der Empfänger Verständnis für das Versäumnis aufbringen kann.

Hin und wieder kann es auch sinnvoll sein, vor der Beantwortung des Briefs mit dem Absender zu telefonieren, z. B. wenn es dem Briefeschreiber nicht gut geht, man aber keine Möglichkeit sieht, in naher Zukunft den Brief zu beantworten. So macht man mündlich deutlich, dass man seinen Freund nicht vergessen hat. Möglicherweise kann man ihm in einem Gespräch sogar besser helfen als durch einen Brief.

Wer sich für einen verspäteten Brief entschuldigen möchte, sollte in seinem Schreiben folgende inhaltliche Stichpunkte erwähnen:

1. Adresse des Absenders,
2. Datum des Briefs,
3. Adresse des Empfängers,
4. Anrede,
5. Entschuldigung für die verspätete Beantwortung des Briefs,
6. Nennung des Grundes für das Versäumnis,
7. Bitte um Verständnis,
8. Versprechen, dass der nächste Brief schneller beantwortet wird,
9. Grußformel,
10. eigenhändige Unterschrift.

Je nachdem, wie humorvoll der Adressat des Entschuldigungsschreibens ist, kann dieses auch eine gewisse Prise Humor enthalten, z. B. indem sich der Schreiber über sich selbst und sein Versäumnis lustig macht oder über weitere eigene Schwächen berichtet. Allerdings sollte er sich nicht über den Briefempfänger lustig machen, denn diesen hat er wahrscheinlich schon genug verärgert.

Nach der eigentlichen Entschuldigung kann ein Entschuldigungsschreiben in einen ganz „normalen" persönlichen Brief übergehen, in dem man von den neuesten Ereignissen in seiner Umgebung berichtet oder über das schreibt, was den Empfänger sicher interessieren wird. Schließlich will man die normale Korrespondenz mit seiner Entschuldigung aufrechterhalten. Daher heißt es, diese nicht außer Acht zu lassen.

1 Renate Schiller
Osthofstraße 4
44131 Dortmund

2 12. Februar 20XX

3 Julius Müller
Bodenstraße 3

44317 Dortmund

4 Lieber Julius,

5 Asche auf mein Haupt! Du weißt sicher warum: Ich bin dir schon so lange eine Antwort auf deinen letzten Brief schuldig, dass es mir geradezu peinlich ist, dir jetzt zu schreiben. Entschuldige bitte mein Versäumnis!

6 Nein, eine Ausrede für das verspätete Schreiben habe ich nicht, wohl aber einen guten Grund, warum ich mich nicht eher gemeldet habe. Ich war vier Wochen lang gar nicht zu Hause, sondern bei meinen Eltern in der Schweiz, so dass ich deinen Brief erst vor gut **7** einer Woche erhielt, als ich wieder in meinen eigenen vier Wänden ankam. Wahrscheinlich wirst du nun verstehen, warum meine Antwort auf sich warten ließ.

8 Aber ich verspreche dir, dass dein nächster Brief schneller beantwortet wird. Jetzt bin ich nämlich erstmal eine Weile zu Hause.

9 Sei herzlich gegrüßt

deine

10 *Renate*

Entschuldigung für ein nicht eingelöstes Versprechen

Versprechen muss man halten. Das lernt man schon als Kind. Wem dies aus irgendwelchen Gründen nicht gelingt, der sollte sich zumindest bei der Person, der er ein Versprechen gegeben hat, entschuldigen. Und welche Entschuldigung kommt besser an als eine schriftliche, die der andere schwarz auf weiß vor sich liegen hat?

Natürlich kann man sich auch mündlich entschuldigen, ein Versprechen nicht eingelöst zu haben, aber mehr Eindruck macht ein persönlicher Brief, in dem man seine Gründe erläutert. Auf eine solche Nachricht hin kann der Empfänger des Briefs nicht mehr länger verärgert über das Versäumnis sein, vor allem nicht, wenn der Absender zusagt, dass so etwas nicht mehr vorkommen soll.

Selbstverständlich muss der Schreiber des Briefs dem Empfänger seinen Grund für das nicht gehaltene Versprechen nennen. Denn wenigstens eine kurze Erklärung ist er ihm schuldig. Der Adressat hatte sich schließlich auf den Briefeschreiber verlassen und wurde enttäuscht. Selbst wenn der Empfänger des Entschuldigungsschreibens es nicht zugeben mag: Ein wenig verärgert wird er bestimmt sein.

Eine Entschuldigung wirkt dann am besten, wenn sie mit möglichst einfachen Worten ausgedrückt wird. Deshalb heißt es erst gar nicht um den heißen Brei herumzureden, sondern möglichst rasch zum Kern der Sache vorzudringen. Es bedarf auch keiner vollmundigen Versprechungen, so etwas werde nie wieder passieren. Es reicht aus, wenn man seine Hoffnung ausdrückt, dass einem ein solcher Fehler nicht nochmals unterlaufen wird.

Ein Entschuldigungsschreiben für ein nicht gehaltenes Versprechen kann wie folgt gegliedert werden:

❶ Adresse des Absenders,

❷ Datum des Schreibens,

❸ Adresse des Empfängers,

❹ Anrede,

❺ nochmaliges Eingehen auf das gegebene, aber nicht gehaltene Versprechen,

❻ Nennung des Grundes,

❼ Entschuldigung, das Versprechen nicht eingelöst zu haben,

❽ Bitte um Verständnis,

❾ eventuell Stellung der Frage, ob es Sinn macht, das Versprechen jetzt noch einzulösen,

❿ Grußformel,

⓫ eigenhändige Unterschrift.

Falls sich der Adressat einige Tage, nachdem das Schreiben bei ihm angekommen sein müsste, nicht gemeldet hat, kann sich der Absender telefonisch bei ihm melden und nachfragen, ob sein Brief angekommen ist. Damit macht er deutlich, dass ihm an der Meinung des anderen etwas liegt und kann sich zusätzlich mündlich entschuldigen, falls er dies nicht bereits getan haben sollte.

1 Renate Schiller
Osthofstraße 4
44131 Dortmund

2 10. September 20XX

3 Julius Müller
Bodenstraße 3

44317 Dortmund

4 Lieber Julius,

5 du hattest mich vor geraumer Zeit darum gebeten, dir ein Buch zuzusenden, das du für
deine Arbeit brauchst, aber im Handel nicht mehr erhältlich ist. Ob du es mir glaubst oder
6 nicht: Ich habe es ganz einfach vergessen.

7 Als es mir heute Morgen siedend heiß einfiel, war ich natürlich bestürzt, dich so im Regen
stehen gelassen zu haben. Es tut mir sehr Leid, dass du nun vielleicht wegen meines
Versäumnisses Probleme mit deiner Arbeit bekommen hast. Vielleicht zeigst du aber auch
8 ein bisschen Verständnis für eine 30-Jährige, deren Gehirn anscheinend nicht mehr so
arbeitet, wie es sollte …

Möglicherweise reicht es noch aus, dir das Buch jetzt zuzusenden. Ich lege es diesem Brief **9**
deshalb einfach mal mit bei. Dennoch: Bitte verzeih mir!

10 Liebe Grüße

11 Renate

Liebesbrief

Liebesbriefe sind etwas ganz Persönliches zwischen zwei Menschen. Daher kann es eigentlich auch kein allgemein gültiges Muster dafür geben. Allerdings gelten auch für den Liebesbrief ein paar „Regeln", wobei diese nichts mit dem Aufbau des Textes, sondern mehr mit dessen Ton zu tun haben.

Das Schreiben eines Liebesbriefs fällt den meisten Menschen schwer, weil es in der Natur der Sache liegt, dass man in einem solchen Brief seine Gefühle preisgeben muss. Diese auszudrücken sind die meisten Menschen nicht gewohnt. Und sie dann auch noch zu Papier zu bringen … da stöhnen viele geradezu auf. Dabei ist es gar nicht so schwer, wenn man einfach die Gedanken aufschreibt, die einem zum Empfänger des Briefs durch den Kopf gehen. Man muss sich nicht ausdrücken wie ein Dichter, sondern sollte seine ganz eigenen Worte verwenden, um seinen Gefühlen Ausdruck zu verleihen. Bei Jugendlichen kann so ein Liebesbrief daher ganz anders aussehen als bei älteren Liebespaaren.

Wichtig ist auch, möglichst unverkrampft an die ganze Sache zu gehen. Das dürfte vor allem dann leicht fallen, wenn man weiß, dass die Liebe erwidert wird. Dann kann man seinen Gefühlen freien Lauf lassen, ohne die Befürchtung zu haben, der Brief könne als albern empfunden werden. Doch auch, wenn man jemandem mit einem Brief seine Liebe gestehen möchte, muss man nicht stundenlang an dem Schreiben herumfeilen. Am besten ist es, die Sache auf den Punkt zu bringen.

Ein Liebesbrief, aufgrund einer etwas längeren Trennung des Paares geschrieben, könnte demnach folgendermaßen aufgebaut sein:

❶ Adresse des Absenders kann genannt werden, wird aber in den meisten Fällen entfallen, da es sich um einen sehr persönlichen Brief handelt,

❷ Datum des Briefs (sollte genannt werden),

❸ die Empfängeradresse wird im Allgemeinen wegfallen,

❹ Anrede,

❺ Ansprechen der widrigen Umstände, das heißt der Trennung auf Zeit,

❻ einige Sätze dazu, wie sehr der Partner fehlt und wie sehr man sich auf ihn freut,

❼ eventuell Ausblick auf die Zeit, in der das Paar wieder zusammen ist,

❽ Äußerung der Vorfreude auf das Wiedersehen,

❾ Ausdruck der Hoffnung, dass es dem Partner genauso geht,

❿ liebe Grüße,

⓫ Unterschrift.

Lyriker werden natürlich einen längeren Brief schreiben als Menschen, die nur ungern zur Feder (oder zum Kugelschreiber) greifen. Wer mag, kann natürlich auch ein Gedicht für den geliebten Menschen verfassen – für den Liebesbrief gelten keine Beschränkungen. Man sollte nur sicher sein, dass alles, was man schreibt, beim Partner auch richtig ankommt.

Es ist selbstverständlich ein Muss, einen Liebesbrief mit der Hand zu schreiben, selbst wenn die eigene Handschrift normalerweise recht unleserlich ist. In diesem Fall heißt es, sich einfach ein wenig mehr Mühe als sonst zu geben, damit der geliebte Mensch all das lesen kann, was man in vielleicht stundenlanger Arbeit zu Papier gebracht hat.

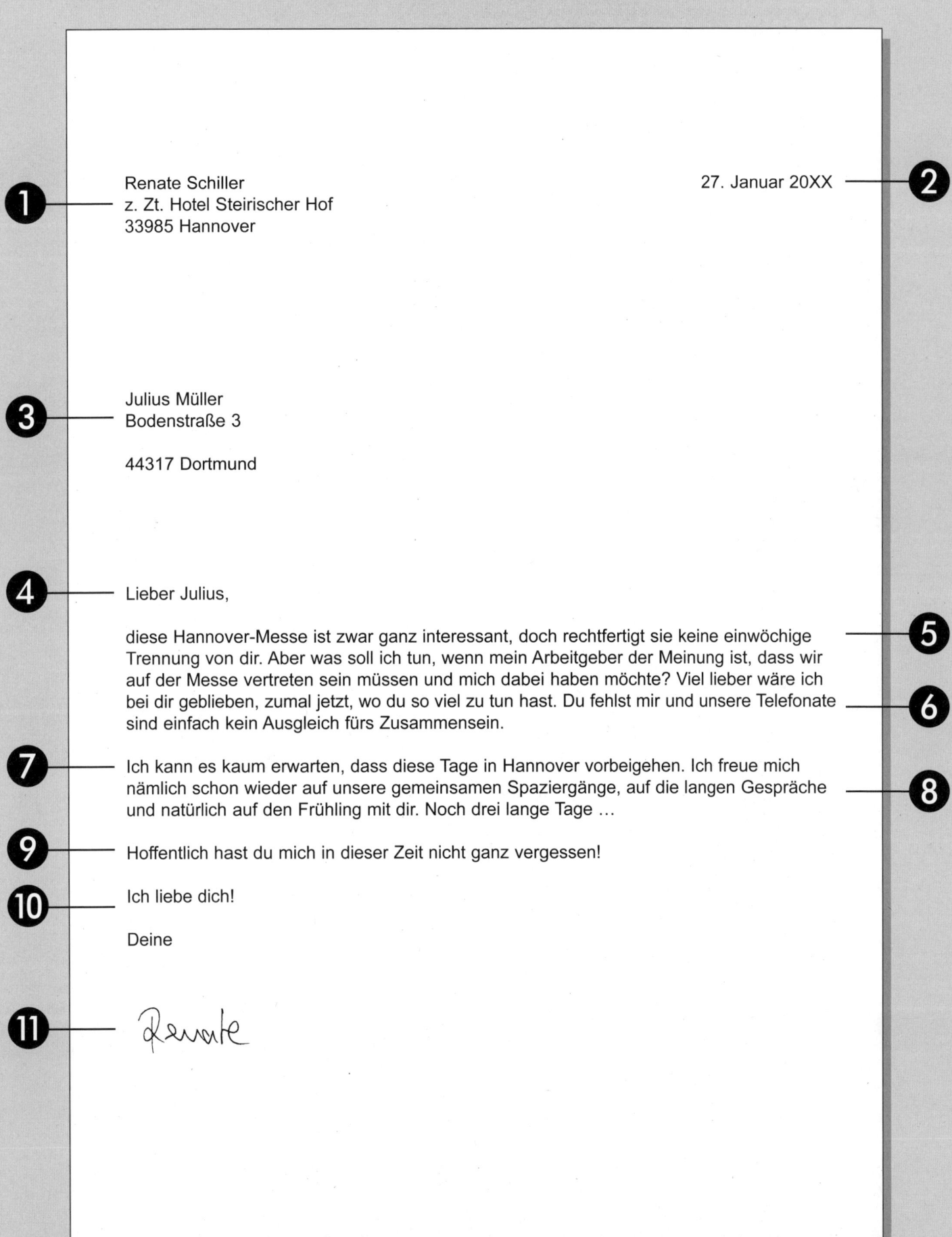

1 Renate Schiller
z. Zt. Hotel Steirischer Hof
33985 Hannover

2 27. Januar 20XX

3 Julius Müller
Bodenstraße 3

44317 Dortmund

4 Lieber Julius,

5 diese Hannover-Messe ist zwar ganz interessant, doch rechtfertigt sie keine einwöchige
Trennung von dir. Aber was soll ich tun, wenn mein Arbeitgeber der Meinung ist, dass wir
auf der Messe vertreten sein müssen und mich dabei haben möchte? Viel lieber wäre ich
bei dir geblieben, zumal jetzt, wo du so viel zu tun hast. **6** Du fehlst mir und unsere Telefonate
sind einfach kein Ausgleich fürs Zusammensein.

7 Ich kann es kaum erwarten, dass diese Tage in Hannover vorbeigehen. Ich freue mich
nämlich schon wieder auf unsere gemeinsamen Spaziergänge, auf die langen Gespräche **8**
und natürlich auf den Frühling mit dir. Noch drei lange Tage …

9 Hoffentlich hast du mich in dieser Zeit nicht ganz vergessen!

10 Ich liebe dich!

Deine

11 Renate

Kontaktaufnahme nach langjähriger Pause

In der heutigen schnelllebigen Zeit knüpfen die meisten Menschen eine Reihe von Kontakten. Dann müssen sie – vielleicht aufgrund eines Arbeitsplatzwechsels oder aus persönlichen Gründen – umziehen oder entwickeln andere Interessen, so dass sie einige ihrer bisherigen Freunde und Bekannten aus den Augen verlieren, ohne dies eigentlich zu beabsichtigen. Oft ist auch die Arbeitsüberlastung oder eine veränderte familiäre Situation daran schuld, wenn Menschen den Kontakt zueinander verlieren.

Einige Jahre später erinnert man sich dann vielleicht an die Freunde von früher. Möglicherweise liest man von ihnen in der Zeitung oder hört über Dritte etwas von ihnen. Oder man denkt zurück an alte Zeiten und der Name ehemaliger Freunde kommt einem in den Sinn. Kommt dann der Gedanke „Bei dem könnte ich mich auch mal wieder melden", sollte man ihn nicht auf die lange Bank schieben. Die Adresse der meisten Menschen ist heute ganz leicht herauszufinden, z. B. übers Internet oder das elektronische Telefonbuch mit Suchfunktion. Und wird man nicht fündig, kann man immer andere alte Freunde nach der Adresse fragen.

Die eigentliche Kontaktaufnahme gestaltet sich dann meistens etwas schwieriger. Soll man den Freund von früher anrufen? Nein, denn damit überrascht man ihn zu sehr. Und vielleicht kommt das Telefonat dann noch ungelegen. Eine E-Mail schicken? Kommt nicht infrage, denn die E-Mail-Adresse ist nicht bekannt. Dann vielleicht doch auf den guten alten Brief zurückgreifen? Das ist sicherlich die beste Lösung, denn dann kann sich der Freund von früher von seiner Überraschung erholen und sich melden, wenn er Zeit hat.

Ein Brief zur Kontaktaufnahme könnte beispielsweise wie folgt aufgebaut sein:

1. Adresse des Absenders mit Telefonnummer und vielleicht auch E-Mail-Adresse (bei Frauen eventuell mit Geburtsnamen, falls der Nachname sich geändert hat),
2. Datum des Briefs,
3. Adresse des Empfängers,
4. Anrede,
5. Bezugnahme auf die frühere, gemeinsam verbrachte Zeit,
6. Bedauern darüber, dass der Kontakt abgebrochen ist,
7. Nennung des Grundes, aus dem die jetzige Kontaktaufnahme erfolgt,
8. Hoffnung auf eine erneute Festigung des Kontakts ausdrücken,
9. eventuell Frage nach einem Wiedersehen stellen,
10. Bitte zur Kontaktaufnahme,
11. Grußformel,
12. eigenhändige Unterschrift.

Außerdem kann man in dem Brief natürlich auch noch ein wenig an die „gute alte Zeit" erinnern und darüber berichten, was in der Zwischenzeit alles passiert ist, um den alten Freund auf den neuesten Stand der Dinge zu bringen. Wie viel jemand von sich in solch einer Kontaktaufnahme preisgeben will, bleibt ihm selbst überlassen.

1 Renate Schiller
Osthofstraße 4
44131 Dortmund
Tel.: 0231/46 58 75
E-Mail: Renate.Schiller@Internet.de

2 5. Mai 20XX

3 Julius Müller
Bodenstraße 3

88359 München

4 Lieber Julius,

5 erinnerst du dich noch an die Studienzeit in Göttingen? Einige Zeit ist das nun her, doch
vergessen ist sie noch lange nicht. Zumindest hin und wieder erinnert man sich doch gern
an diesen Lebensabschnitt zurück.

6 Als ich gestern mal wieder ans Studium erinnert wurde, kam mir sofort dein Name in den
Sinn. Und ich habe mich gefragt: Was machst du jetzt eigentlich? Nach unserem Abschluss
haben wir zwar eigentlich geglaubt, uns nie aus den Augen zu verlieren, aber dann ist es
doch irgendwie passiert. Schade, sehr schade, haben wir uns doch immer so gut verstan-
7 den. Deshalb habe ich mir überlegt, dass es schön wäre, wieder etwas voneinander zu
hören. Nicht nur, um alte Erinnerungen auszutauschen, sondern vor allem um unseren
8 Kontakt wieder auszubauen. Deine klugen Kommentare in allen Lebenslagen fehlen mir
nämlich – ich muss es gestehen!

9 Ich würde mich natürlich sehr darüber freuen, wenn wir uns auch einmal wiedersehen
könnten. Denn schließlich will ich wissen, ob und wenn ja, wie sehr du dich verändert hast.
10 Falls du also Interesse daran hast, mit einer alten Studienfreundin zu plaudern, melde dich
doch kurzerhand bei mir, ganz egal, ob per Telefon, E-Mail oder Brief. Ich freue mich von
dir zu hören.

11 Viele herzliche Grüße

12 Renate

PB_Sonstiges_Kontakt.doc

Weihnachts- und Neujahrsgrüße

Weihnachten und Neujahr bieten die beste Gelegenheit, um mal wieder einen lieben Gruß zu verschicken – sogar an Freunde und Bekannte, bei denen man sich lange nicht gemeldet hat. Denn jeder Mensch freut sich über einen lieben Weihnachts- und/oder Neujahrsgruß, vor allem wenn es sich um einen persönlichen Brief handelt.

Viele Menschen sind heute zwar schon dazu übergegangen, zu Weihnachten und Neujahr E-Mails (zum Teil mit witzigen Anhängen) zu verschicken, doch den größten Eindruck macht immer noch der Gruß per Brief. Schließlich hält man dann etwas Handfestes in den Fingern und hat nicht den Eindruck, der Absender hätte – wie vielleicht bei einer E-Mail – erst auf den „letzten Drücker" an einen gedacht.

Weihnachts- und Neujahrsgrüße dürfen heute übrigens ruhig bunt daherkommen. Wer möchte, kann seinen Brief also ruhig mit Zeichnungen, Cliparts oder Ähnlichem schmücken oder ihn auf buntem Papier schreiben. Als Gag kann man z. B. einen winzigen Tannenzweig oder ein Streichholz zum Entzünden der Weihnachtskerzen einkleben. Die passenden Motive zu Neujahr sind selbstverständlich Raketen, Sektgläser und Glückssymbole wie das Glücksschwein oder das Hufeisen. Damit der Gruß wirklich persönlich wirkt, sollte er möglichst mit der Hand geschrieben werden. Sonst wird leicht der Anschein erweckt, dass man einen "Weihnachtskettenbrief" verschickt. Die Mühe, ein wenig leserlich mit der Hand zu schreiben, sollte man sich daher ruhig machen.

Ein Weihnachtsgruß enthält in der Regel folgende Elemente:

1. Adresse des Absenders,
2. Datum des Briefs,
3. Adresse des Empfängers,
4. Anrede,
5. beste Wünsche zur Weihnachtszeit und viel Glück im neuen Jahr,
6. eventuell ein paar Sätze über die besinnliche Weihnachtszeit und ein kleiner Rückblick auf das vergangene Jahr,
7. ein paar Worte zu Silvester und Neujahr,
8. eventuell ein kurzer Ausblick auf das kommende Jahr,
9. noch einmal gute Wünsche,
10. Grußformel,
11. eigenhändige Unterschrift.

Wer möchte, kann seinen Weihnachts- und Neujahrswünschen natürlich auch ein kleines Geschenk beilegen. Das gilt nicht nur für private Briefe, sondern auch für Briefe an Geschäftsfreunde, die sich sicher ebenfalls über eine kleine Aufmerksamkeit freuen und den Absender auf diese Weise in guter Erinnerung behalten. Wird ein Geschenk mitgeschickt, sollte man in seinem Brief unbedingt kurz darauf Bezug nehmen, damit der Beschenkte – falls ihn eine wahre Geschenkeflut ereilt – hinterher noch weiß, wem er welches Präsent zu verdanken hat und sich dementsprechend bedanken kann.

Menschen, die keine Zeit haben, einen persönlichen Brief zu verfassen, können auch auf vorgedruckte Weihnachtskarten zurückgreifen und diese unterschreiben. Das macht immer noch einen besseren Eindruck, als überhaupt keine Weihnachtspost zu verschicken.

1 Renate Schiller
Osthofstraße 4
44131 Dortmund

2 18. Dezember 20XX

3 Julius Müller
Bodenstraße 3

88359 München

4 Lieber Julius,

5 dir und deinen Lieben wünsche ich zum Weihnachtsfest die Ruhe, die du dir erhoffst, ausreichend Zeit, um mit deinen Kindern etwas zu unternehmen und – da du ja ein Gourmet bist – natürlich einen leckeren Weihnachtsbraten. Möge euch auch im neuen Jahr alles gelingen, was ihr euch vorstellt!

6 Jetzt, in der Weihnachtszeit, in der es abends immer so früh dunkel wird, findet man meist endlich die Muße, sich zurückzulehnen und das alte Jahr Revue passieren zu lassen. Hast du alles erreicht, was du dir zum letzten Jahreswechsel vorgenommen hast? Ich hatte zwar viele gute Vorsätze, aber irgendwie konnte ich doch die wenigsten durchhalten. Daher habe ich mir geschworen, in diesem Jahr keine guten Vorsätze zu fassen. Dann wird mir sicher **7** auch die Silvesterfeier wieder etwas mehr Spaß machen. Im letzten Jahr habe ich immer nur daran gedacht, dass die „fette Zeit" in wenigen Stunden vorbei sein wird, und das hat mir die Freude am Fest schon ein bisschen vergällt.

Der einzige Wunsch, den ich fürs neue Jahr habe: Ich hoffe, dass das Jahr weltweit ein **8** wenig friedlicher verläuft als das alte. Die Chancen stehen nicht schlecht, aber was letztlich daraus gemacht wird, liegt wohl kaum in unseren Händen …

Ich wünsche euch dennoch alles Liebe und Gute und drücke euch ganz herzlich. **9**

10 Eure

11 Renate

Beschwerde wegen Lärmbelästigung

Eine schriftliche Beschwerde wegen Lärmbelästigung durch die Nachbarn sollte man erst losschicken, wenn man vorher schon mehrere Male vergeblich persönlich um die Unterlassung der Ruhestörung gebeten hat. Schließlich sollten Streitigkeiten mit den Nachbarn möglichst untereinander geregelt werden, bevor man die Behörden damit belästigt. Denn sonst gilt man leicht als Querulant und Nörgler, der zudem noch nicht einmal den Mut besitzt, den Nachbarn direkt ins Gesicht zu sagen, was für Probleme er mit ihrem Verhalten hat.

Als Lärmbelästigung gilt z. B. Folgendes: laute Musik nach 22 Uhr, Rasenmähen außerhalb der in der Gemeinde geltenden Zeiten (in der Regel werktags von 7 bis 20 Uhr, viele Gemeinden legen jedoch kürzere Zeiten fest), in denen Rasenmähen erlaubt ist, die Betätigung von Laubsammlern oder Rasentrimmern außerhalb der behördlich festgelegten Zeiten (meist werktags von 9 bis 13 Uhr und von 15 bis 19 Uhr) sowie das Betreiben von Geräten wie Kreissägen oder Ähnlichem an Sonn- und Feiertagen. Zu beachten ist: Für die Land- und Forstwirtschaft besteht hiervon jedoch eine Reihe von Ausnahmen. Es gibt zudem Gerichte, die das Quaken von Fröschen an einem Gartenteich oder das Krähen eines Hahns in einem Wohngebiet als Lärmbelästigung anerkannt haben. Duschen darf ein Mieter im Übrigen normalerweise zu jeder Tages- und Nachtzeit – auch über die nächtlichen Duschgewohnheiten eines Mieters haben sich nämlich schon Nachbarn beschwert.

Es gilt also, sich vor dem Verfassen einer Beschwerde wegen Lärmbelästigung zunächst einmal kundig zu machen, ob das, was man als Ruhestörung ansieht, rechtlich auch als solche gehandhabt wird. Sonst kann man sich nämlich auch leicht in die Nesseln setzen und es sich mit den Nachbarn verscherzen. Ist man sich jedoch sicher, im Recht zu sein, ist der Adressat für die Lärmbelästigung das Ordnungsamt.

Eine Beschwerde kann folgendermaßen gegliedert sein:

1. Adresse des Absenders,
2. Datum des Briefs,
3. Adresse des Empfängers, in diesem Fall das für den Wohnort zuständige Ordnungsamt,
4. Betreff,
5. Anrede,
6. Beschwerde und Schilderung des Sachverhalts,
7. Schilderung dessen, was bereits unternommen wurde, um den Missstand selbst abzustellen,
8. Bedauern darüber, keine andere Möglichkeit mehr zu sehen, als die Ämter einzuschalten,
9. Bitte um Schaffung von Abhilfe,
10. Grußformel,
11. eigenhändige Unterschrift.

Die Beschwerde muss dem Ordnungsamt übrigens nicht unbedingt per Brief zugesendet werden; ein Fax tut es genauso gut.

1 Renate Schiller
Osthofstraße 4
44131 Dortmund

2 20XX-06-20

3 Ordnungsamt
Bodenstraße 3

44317 Dortmund

4 **Beschwerde wegen Lärmbelästigung**

5 Sehr geehrte Damen und Herren,

6 hiermit möchte ich eine Beschwerde über die unzumutbare Lärmbelästigung durch meine Nachbarn einreichen. Es handelt sich um die Familie Reinhardt, die in der Osthofstraße 6, 44131 Dortmund, lebt.

7 Familie Reinhardt mäht – trotz Verbots – nahezu jeden zweiten Sonntag den Rasen hinter ihrem Haus. Obwohl ich die Reinhardts schon mehrfach darauf aufmerksam gemacht habe, dass sonn- und feiertags das Rasenmähen verboten ist, stellen sie es nicht ein. Es handelt sich im Übrigen nicht um eine landwirtschaftliche Nutzfläche, für die Ausnahmen gelten könnten, sondern um einen reinen Zierrasen.

8 Da ich schon alles Mögliche versucht habe, um den Missstand abzustellen, Familie Reinhardt aber nicht auf meine – im Übrigen höflich unterbreiteten – direkten Beschwerden eingeht, sehe ich keine andere Möglichkeit mehr, als Sie um Abhilfe zu bitten und, wenn nötig, ein Bußgeld zu verhängen. Ich hoffe, dass es Ihnen gelingt, diese Ruhestörung zu unterbinden. Mittlerweile leidet nämlich meine gesamte Familie darunter, im Sommer fast keinen Sonntag ungestört im Freien verbringen zu können. **9**

10 Mit freundlichen Grüßen

11 Renate Schiller

PG_Beschwerde_Laerm.doc

Beschwerde beim Ordnungsamt

Viele Beschwerden, von denen die gegen Lärmbelästigung mit am häufigsten vorkommen dürfte, müssen ans Ordnungsamt gerichtet werden. So ist dieses Amt z. B. zuständig, wenn es um Umweltverschmutzung geht, zu der beispielsweise auch die Luftverschmutzung durch das unerlaubte Verbrennen von Gartenabfällen zählt. Doch genauso muss es auch dann tätig werden, wenn ein hygienischer Missstand besteht, z. B. wenn sich auf dem nachbarlichen Grundstück die Ratten nur so tummeln. In einem solchen Fall kann das Ordnungsamt beispielsweise die Entsendung eines Schädlingsbekämpfers veranlassen, ohne dass der Besitzer des Grundstücks zustimmen muss. Schließlich geht es hierbei um die Abwehr von Gefahren für die Allgemeinheit.

Doch wie bei jeder Beschwerde, gilt auch für die beim Ordnungsamt: Jeder Bürger sollte zunächst sein Problem selbst zu lösen versuchen. Verbrennt der Nachbar z. B. immer wieder unerlaubt Gartenabfälle, sollte man ihn darauf aufmerksam machen, dass dies nicht erlaubt ist (vielleicht weiß er von dieser Vorschrift nichts). Befindet sich jede Menge Ungeziefer auf dem Nachbargrundstück, wird der Besitzer das sicher auch schon bemerkt haben. Vielleicht hat er bereits etwas unternommen, nur seine Versuche, des Ungeziefers Herr zu werden, waren bisher fruchtlos. Möglicherweise ist er sogar dankbar, wenn man ihn darauf aufmerksam macht, dass er selbst das Ordnungsamt mit der Bitte um Hilfe anrufen kann? Spricht man nicht mit den Menschen, die den Anlass zur Beschwerde geben, wird man deren Beweggründe für ihr Tun nie erfahren und der Ärger über das vermeintlich rücksichtslose Benehmen wächst und wächst. Deshalb: Zuvor immer die anderen zur Rede stellen, bevor man die Ämter einschaltet!

1. Adresse des Absenders,
2. Datum des Briefs,
3. Adresse des Empfängers, in diesem Fall das für den Wohnort zuständige Ordnungsamt,
4. Betreff,
5. Anrede,
6. Einreichung der Beschwerde,
7. Schilderung der widrigen Umstände, aus deren Grund die Beschwerde eingereicht wird,
8. eventuell Schilderung vorangegangener Gespräche mit dem Menschen, der Anlass zur Beschwerde gibt,
9. Bitte um Schaffung von Abhilfe,
10. Grußformel,
11. eigenhändige Unterschrift.

Eine Beschwerde wird dann umso wirkungsvoller, je mehr Menschen sie unterzeichnen. Es kann sich daher lohnen, Mitstreiter für seine Sache zu finden. In vielen Fällen haben die Beschwerdeführer jedoch auch Angst davor, dass öffentlich werden könnte, wer die Beschwerde eingereicht hat. Vor allem wenn jemand die Repressalien des Menschen befürchtet, über den er sich beschwert, kann er dies in seinem Schreiben erwähnen und darum bitten, gegenüber dieser Person ungenannt zu bleiben. Im Regelfall wird das Ordnungsamt sich an diese Bitte halten und keine Namen nennen, falls es in der Sache einige Zeit später tatsächlich tätig wird.

1

Renate Schiller
Osthofstraße 4
44131 Dortmund

2 20XX-05-11

3

Ordnungsamt
Bodenstraße 3

44317 Dortmund

4 **Beschwerde über Rattenplage auf dem Grundstück XY**

5 Sehr geehrte Damen und Herren,

6 für möglich gehalten hätte ich es nicht, dass ich mich in unserer doch so fortschrittlichen
Zeit einmal über eine Rattenplage beschweren würde. Doch heute muss ich meinem
Unmut endlich freien Lauf lassen, nachdem mich eine offenbar von unserem verwilderten
Nachbargrundstück Osthofstraße 6 kommende Ratte aus ihrem Versteck unter meinem
7 Rasenmäher „angegrinst" hat. Wie Sie sich sicher gut vorstellen können, fand ich das nicht
sonderlich angenehm. Und wo eine Ratte sich tagsüber öffentlich zeigt, so berichtete eine
befreundete Tierärztin, seien weitere 50 Tiere nicht weit.

8 Obwohl ich mit dem Besitzer des Nachbargrundstücks bereits über meinen
„Rattenverdacht" (der sich ja nun erhärtet hat) gesprochen habe, hat dieser nichts unternommen, um des Ungeziefers Herr zu werden. Ich sehe daher keine andere Lösung, als **9**
Sie um Hilfe zu bitten, schon im Interesse der Gesundheit meiner und der der Nachbars-
kinder. Es wäre schön, wenn Sie so schnell wie möglich einen Schädlingsbekämpfer hier-
her entsenden und dem Nachbarn ein wenig „auf die Füße treten" würden, damit dieser
seinen Müll und vor allem herumliegende Essensreste entfernt.

Ich danke Ihnen sehr herzlich für Ihre Mühe.

10 Mit freundlichen Grüßen

11 *Renate Schiller*

Bewerbung eines Berufsanfängers

Das Anschreiben, also der Brief, mit dem man sich und sein Können „verkaufen" will, ist das A und O jeder Bewerbung. Das gilt umso mehr für Berufsanfänger, die in ihrem, der Bewerbung natürlich ebenfalls angefügten Lebenslauf nur wenig mehr als ihre Schul-, eventuell noch ihre Hochschulkarriere sowie ein paar Praktika oder Aushilfsjobs anführen können. Auf die Qualität des Anschreibens muss daher allerhöchster Wert gelegt werden – sowohl inhaltlich als auch von der Form her.

Allgemein gilt, dass ein Anschreiben für eine Bewerbung höchstens eine Seite einnehmen sollte. Die Personalabteilungen der meisten Firmen müssen in der heutigen Zeit oft viele Bewerbungen lesen und werden durch ein längeres Anschreiben leicht abgeschreckt. Natürlich darf es auch keine Rechtschreibfehler enthalten und es sollte auf gutem Papier gedruckt sein, das nicht zerknickt oder zerknittert wirkt. Das Anschreiben kommt oben auf die Bewerbungsmappe – sofort griffbereit für die Personalabteilung.

Als Berufseinsteiger sollte man nur auf solche Stellenanzeigen antworten, die noch keine große Berufserfahrung erfordern. Deshalb heißt es, die Stellenangebote gründlich lesen. Wichtig ist es, auf möglichst alle Punkte der Stellenanzeige einzugehen und mitzuteilen, warum man die erwarteten Fähigkeiten besitzt. Außerdem erwartet das Unternehmen eine Antwort auf die Frage, warum sich ein Bewerber gerade auf diese Stelle bewirbt. Es versteht sich von selbst, im Anschreiben seine Schokoladenseiten zu präsentieren, aber man sollte dabei immer bei der Wahrheit bleiben und Übertreibungen vermeiden.

Das Bewerbungsanschreiben eines Berufsanfängers könnte folgendermaßen aussehen:

1. Adresse des Absenders mit Telefonnummer und – falls erwünscht – E-Mail-Anschrift (diese sollte jedoch möglichst seriös wirken und nicht zum Beispiel „Schnuckelchen@Internet. de" oder ähnlich lauten),
2. Datum des Briefs,
3. Adresse des Empfängers (eventuell gleich mit direktem Ansprechpartner in der Firma),
4. Betreff,
5. Anrede (persönliche Anrede, soweit bekannt, sonst allgemeine Anrede),
6. auf das Gesuch des Unternehmens eingehen,
7. Schilderung, warum der Bewerber der geeignete Kandidat für die Stelle ist, eigene Pluspunkte angepasst an die Anzeige herausstellen,
8. Nennung des eigenen Grundes für das Interesse an der Stelle,
9. Hoffnung, vom Ansprechpartner zu hören oder eingeladen zu werden,
10. Grußformel,
11. eigenhändige Unterschrift,
12. Anlagen (Lebenslauf, Studium-, Schulzeugnisse, eventuell Praktikumszeugnisse und Ähnliches).

Ein Anschreiben wird nie handschriftlich verfasst, sondern immer mit der Schreibmaschine, besser noch mit dem Computer geschrieben. Nur die Unterschrift muss eigenhändig sein.

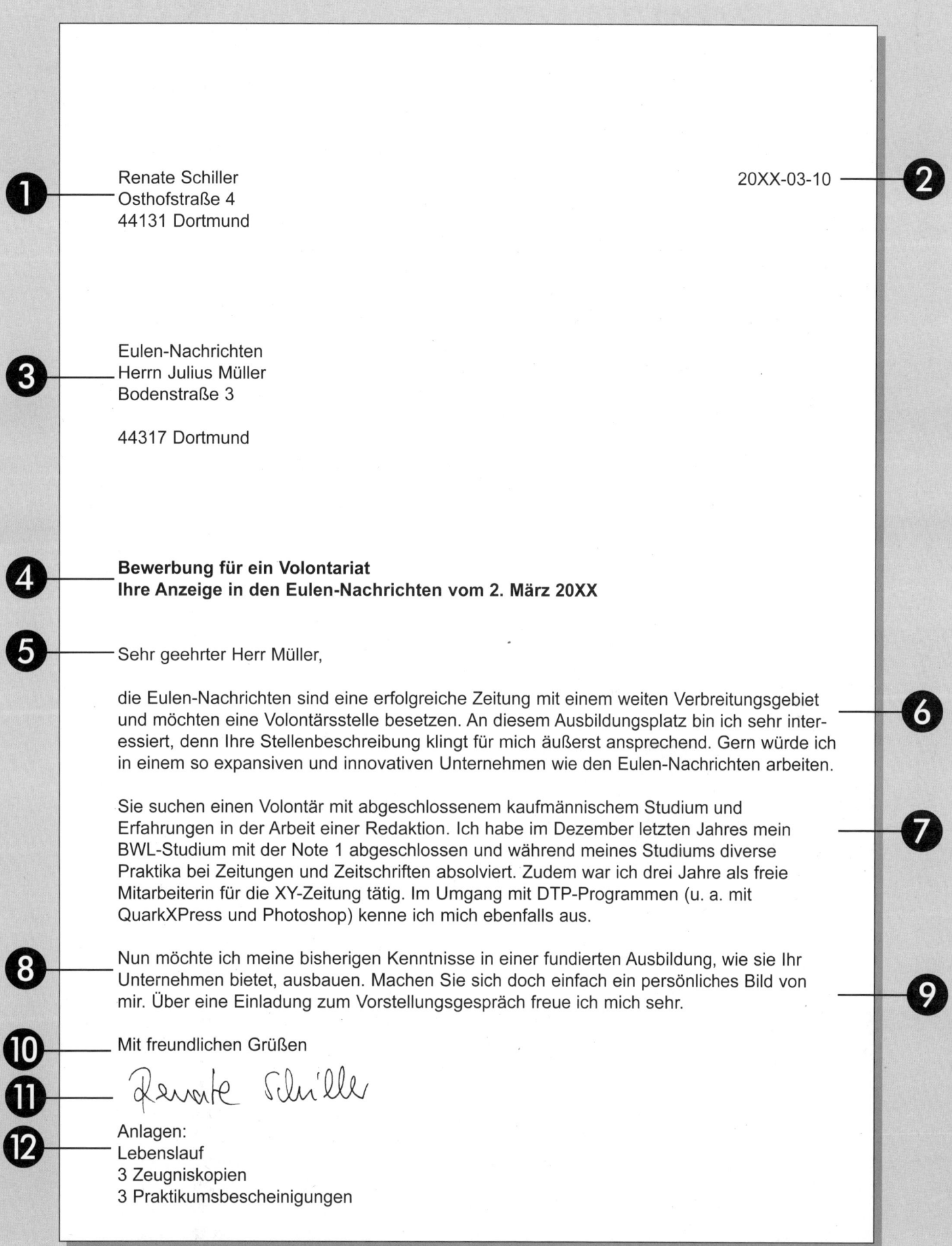

(1) Renate Schiller
Osthofstraße 4
44131 Dortmund

(2) 20XX-03-10

(3) Eulen-Nachrichten
Herrn Julius Müller
Bodenstraße 3

44317 Dortmund

(4) **Bewerbung für ein Volontariat**
Ihre Anzeige in den Eulen-Nachrichten vom 2. März 20XX

(5) Sehr geehrter Herr Müller,

(6) die Eulen-Nachrichten sind eine erfolgreiche Zeitung mit einem weiten Verbreitungsgebiet und möchten eine Volontärsstelle besetzen. An diesem Ausbildungsplatz bin ich sehr interessiert, denn Ihre Stellenbeschreibung klingt für mich äußerst ansprechend. Gern würde ich in einem so expansiven und innovativen Unternehmen wie den Eulen-Nachrichten arbeiten.

(7) Sie suchen einen Volontär mit abgeschlossenem kaufmännischem Studium und Erfahrungen in der Arbeit einer Redaktion. Ich habe im Dezember letzten Jahres mein BWL-Studium mit der Note 1 abgeschlossen und während meines Studiums diverse Praktika bei Zeitungen und Zeitschriften absolviert. Zudem war ich drei Jahre als freie Mitarbeiterin für die XY-Zeitung tätig. Im Umgang mit DTP-Programmen (u. a. mit QuarkXPress und Photoshop) kenne ich mich ebenfalls aus.

(8) Nun möchte ich meine bisherigen Kenntnisse in einer fundierten Ausbildung, wie sie Ihr Unternehmen bietet, ausbauen. Machen Sie sich doch einfach ein persönliches Bild von mir. Über eine Einladung zum Vorstellungsgespräch freue ich mich sehr. **(9)**

(10) Mit freundlichen Grüßen

(11) *Renate Schiller*

(12) Anlagen:
Lebenslauf
3 Zeugniskopien
3 Praktikumsbescheinigungen

PG_Bewerbung_Anfaenger.doc

Bewerbung um eine Arbeitsstelle

Gerade in der heutigen Zeit ist eine möglichst perfekte Bewerbung notwendig, um zumindest zu einem Vorstellungsgespräch eingeladen zu werden. Durch die hohe Zahl der Arbeitslosen können viele Unternehmen ihre Arbeitnehmer aus einer großen Zahl von Bewerbern auswählen. Da heißt es schon beim ersten Kontakt mit dem potenziellen Arbeitgeber einen möglichst guten Eindruck zu hinterlassen. Das Anschreiben einer Bewerbung könnte man daher auch als Visitenkarte betrachten, die Einlass in das gewünschte Unternehmen gewähren soll.

Beste Voraussetzung dafür, dass der Bewerber tatsächlich zum Vorstellungsgespräch eingeladen wird, ist einerseits, dass seine Qualifikation nahezu exakt auf die Stellenbeschreibung des Unternehmens passt, andererseits muss natürlich auch die Form der Bewerbung stimmen. In seinem (selbstverständlich fehlerfreien) Anschreiben sollte ein Bewerber daher ruhig auf die einzelnen, in der Stellenanzeige gewünschten Qualifikationen eingehen und sie mehr oder weniger Punkt für Punkt abhaken. Dadurch erkennt das Unternehmen, dass der Bewerber die Anzeige gründlich gelesen hat und keine „Sammelbewerbung" an mehrere Firmen abschickt. Außerdem gilt: Wer auf die Wünsche des Unternehmens eingeht, hat als Bewerber immer die besseren Chancen. Zusatzqualifikationen, die über das Gewünschte hinausgehen, sollten natürlich ebenfalls erwähnt werden.

Wird in der Stellenanzeige um die Angabe einer Gehaltsvorstellung gebeten, sollte man dieser Bitte nachkommen. In der Regel geht es dabei ums Jahresgehalt, einschließlich aller Sonderzahlungen wie Weihnachts- oder Urlaubsgeld. Wer sich mit den Durchschnittsgehäl-tern einer Branche nicht gut auskennt, findet im Internet Hilfe.

Das Anschreiben einer Bewerbung um eine Arbeitsstelle sollte inhaltlich folgendermaßen gegliedert werden:

❶ Adresse des Absenders (mit Telefonnummer),

❷ Datum des Briefs,

❸ Adresse des Empfängers (möglichst mit direktem Ansprechpartner, der unter Umständen vorher telefonisch erfragt wurde),

❹ Betreff,

❺ Anrede,

❻ Bezugnahme auf die Stellenanzeige und ausdrückliche Bewerbung,

❼ Schilderung der eigenen Qualifikationen anhand des in der Anzeige genannten Anforderungsprofils,

❽ Grund für die Bewerbung mit eventueller Angabe der Gehaltsvorstellungen,

❾ Bitte um ein Vorstellungsgespräch,

❿ Grußformel,

⓫ eigenhändige Unterschrift,

⓬ Anlagen.

Am besten ist es natürlich, sich aus einer ungekündigten Stellung heraus bewerben zu können. Doch das ist in der heutigen Zeit nicht mehr die Regel. Arbeitslose brauchen sich bei einer Bewerbung ihrer Erwerbslosigkeit daher nicht zu schämen; sie sollten allerdings in der Bewerbung dokumentieren, wenn sie während ihrer Arbeitslosigkeit Fortbildungsmaßnahmen ergriffen und Zusatzqualifikationen errungen haben.

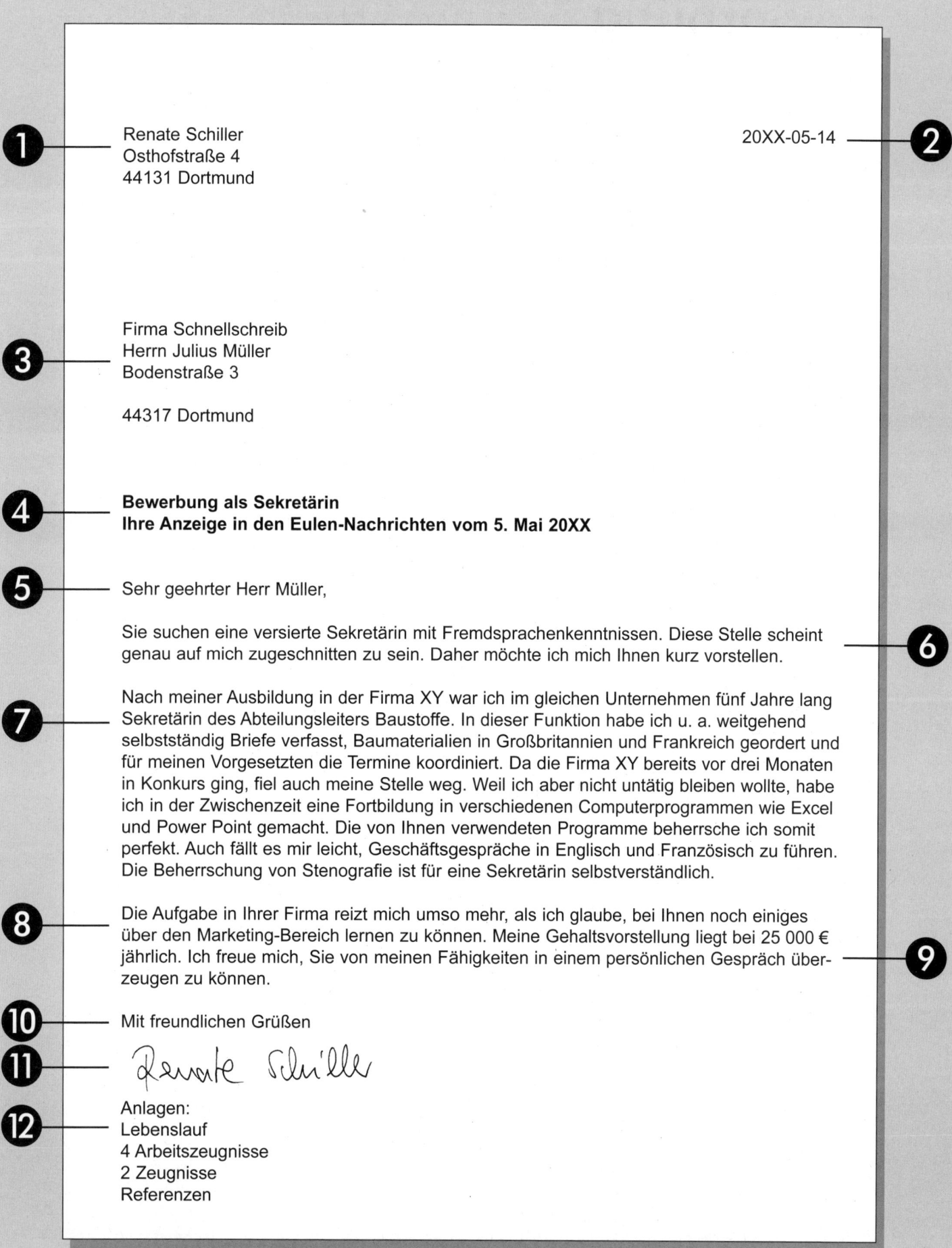

(1) Renate Schiller
Osthofstraße 4
44131 Dortmund

(2) 20XX-05-14

(3) Firma Schnellschreib
Herrn Julius Müller
Bodenstraße 3

44317 Dortmund

(4) **Bewerbung als Sekretärin**
Ihre Anzeige in den Eulen-Nachrichten vom 5. Mai 20XX

(5) Sehr geehrter Herr Müller,

(6) Sie suchen eine versierte Sekretärin mit Fremdsprachenkenntnissen. Diese Stelle scheint genau auf mich zugeschnitten zu sein. Daher möchte ich mich Ihnen kurz vorstellen.

(7) Nach meiner Ausbildung in der Firma XY war ich im gleichen Unternehmen fünf Jahre lang Sekretärin des Abteilungsleiters Baustoffe. In dieser Funktion habe ich u. a. weitgehend selbstständig Briefe verfasst, Baumaterialien in Großbritannien und Frankreich geordert und für meinen Vorgesetzten die Termine koordiniert. Da die Firma XY bereits vor drei Monaten in Konkurs ging, fiel auch meine Stelle weg. Weil ich aber nicht untätig bleiben wollte, habe ich in der Zwischenzeit eine Fortbildung in verschiedenen Computerprogrammen wie Excel und Power Point gemacht. Die von Ihnen verwendeten Programme beherrsche ich somit perfekt. Auch fällt es mir leicht, Geschäftsgespräche in Englisch und Französisch zu führen. Die Beherrschung von Stenografie ist für eine Sekretärin selbstverständlich.

(8) Die Aufgabe in Ihrer Firma reizt mich umso mehr, als ich glaube, bei Ihnen noch einiges über den Marketing-Bereich lernen zu können. Meine Gehaltsvorstellung liegt bei 25 000 € jährlich. Ich freue mich, Sie von meinen Fähigkeiten in einem persönlichen Gespräch über- **(9)** zeugen zu können.

(10) Mit freundlichen Grüßen

(11) *Renate Schiller*

(12) Anlagen:
Lebenslauf
4 Arbeitszeugnisse
2 Zeugnisse
Referenzen

PG_Bewerbung_Arbeitsstelle.doc

Bewerbung um eine Führungsposition

Wer sich um eine Führungsposition bewirbt, sollte seine bisherigen Leistungen und Erfolge in seiner Bewerbung besonders herausstellen. Von Führungskräften wird schließlich Selbstbewusstsein und Durchsetzungsvermögen erwartet. Das heißt jedoch nicht, dass man mit seinen Fähigkeiten protzen darf, denn das wiederum macht keinen guten Eindruck. Zudem muss man seine Erfolge selbstverständlich wahrheitsgemäß darstellen, denn sie sind durchaus nachprüfbar und nicht selten stellen Personalabteilungen über ihre zukünftigen Führungskräfte Nachforschungen an, bevor der Arbeitsvertrag unterschriftsreif vorliegt.

Bei einer Führungskraft mit einer langen Vita kann das Anschreiben im Übrigen unter Umständen schon einmal anderthalb bis zwei Seiten umfassen. Die berufliche Karriere auf einer Seite darzulegen, ist in manchen Fällen sicher fast unmöglich. Doch gilt hier natürlich auch, dass man sich so kurz wie möglich fassen sollte. Führungskräfte sollten wissen, dass Zeit Geld ist – und Erstere steht Personalabteilungen bekanntlich auch nicht im Übermaß zur Verfügung. Deshalb sollte ein mehr als einseitiges Anschreiben die Ausnahme bleiben.

Bei einer Führungskraft wird zudem noch stärker als bei einem einfachen Angestellten auf die Form der Bewerbung Wert gelegt. Da heißt es keine Fehler zu machen (weder in der Rechtschreibung noch in der Zeichensetzung) und eine äußerlich einwandfreie Bewerbung loszuschicken. Das Anschreiben für eine Bewerbung um eine Führungsposition könnte folgendermaßen gestaltet werden:

1. Adresse des Absenders (mit Telefonnummer),
2. Datum der Bewerbung,
3. Adresse des Empfängers,
4. Betreff,
5. Anrede (persönliche Anrede sinnvoll),
6. eigentliche Bewerbung,
7. Schilderung der eigenen Qualifikation, eventuell Herausstellung besonderer Erfolge,
8. Beantwortung der Fragen, warum das Unternehmen davon profitiert, gerade diesen Bewerber einzustellen, was sich der Bewerber vom Stellenwechsel verspricht, sowie Gehaltsvorstellung, falls erwünscht (in Führungspositionen wird in der Bewerbung jedoch seltener darüber gesprochen),
9. Bitte um ein persönliches Gespräch,
10. Grußformel,
11. eigenhändige Unterschrift,
12. Anlagen.

Vor allem bei einer Bewerbung um eine Führungsposition kann es sinnvoll sein, neben anderen Fähigkeiten auch die eigene Sozial- und Teamkompetenz herauszustellen. Denn der beste Chef kann nur so gut sein wie seine Mitarbeiter. Und sind diese mit dem Führungsstil ihres Vorgesetzten unzufrieden, wird die Abteilung wahrscheinlich nicht die gewünschte Leistung erbringen – ein schlechter Führungsstil schlägt sich nämlich leicht auf die Arbeitsmotivation der Mitarbeiter nieder.

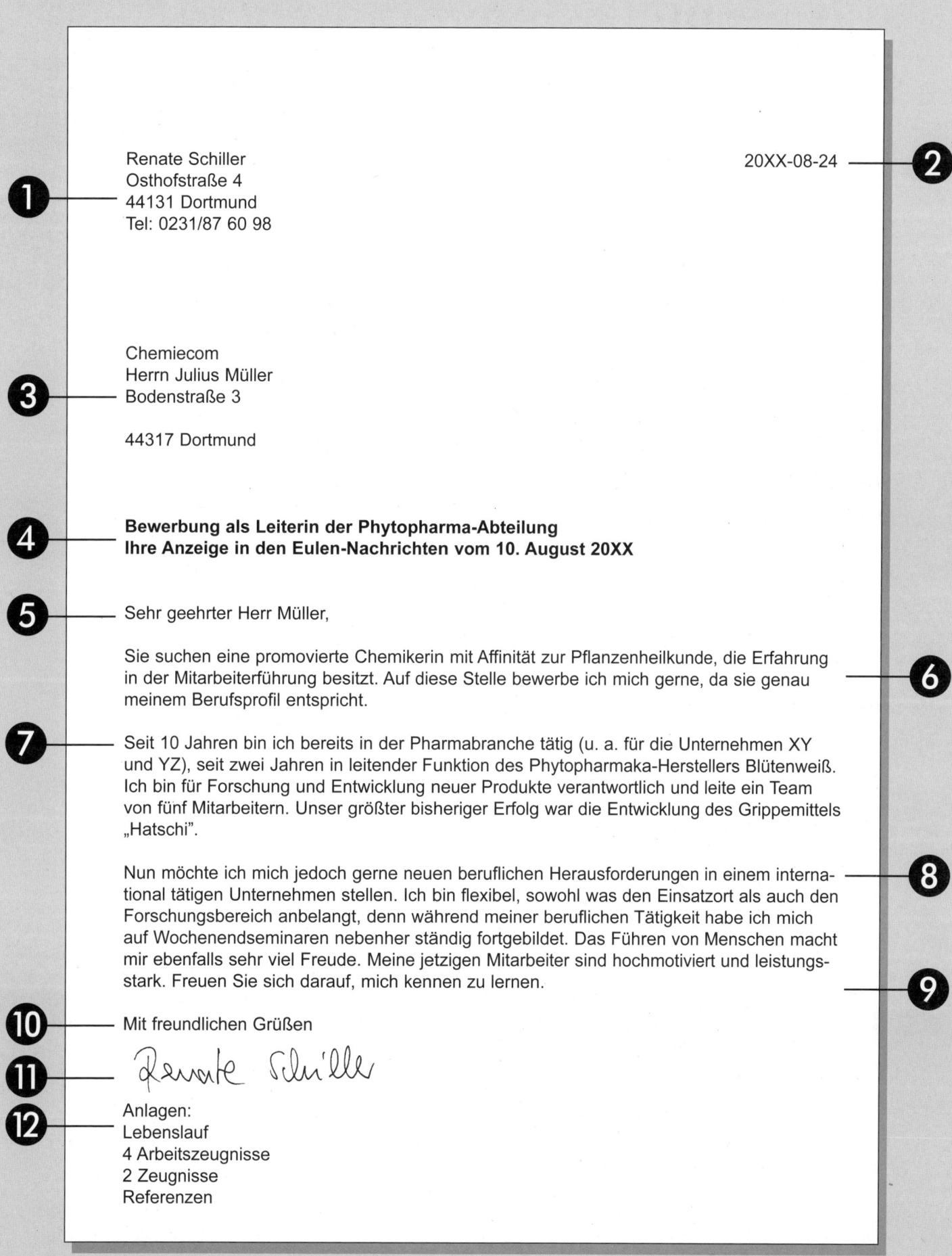

1 Renate Schiller
Osthofstraße 4
44131 Dortmund
Tel: 0231/87 60 98

2 20XX-08-24

3 Chemiecom
Herrn Julius Müller
Bodenstraße 3

44317 Dortmund

4 **Bewerbung als Leiterin der Phytopharma-Abteilung**
Ihre Anzeige in den Eulen-Nachrichten vom 10. August 20XX

5 Sehr geehrter Herr Müller,

6 Sie suchen eine promovierte Chemikerin mit Affinität zur Pflanzenheilkunde, die Erfahrung
in der Mitarbeiterführung besitzt. Auf diese Stelle bewerbe ich mich gerne, da sie genau
meinem Berufsprofil entspricht.

7 Seit 10 Jahren bin ich bereits in der Pharmabranche tätig (u. a. für die Unternehmen XY
und YZ), seit zwei Jahren in leitender Funktion des Phytopharmaka-Herstellers Blütenweiß.
Ich bin für Forschung und Entwicklung neuer Produkte verantwortlich und leite ein Team
von fünf Mitarbeitern. Unser größter bisheriger Erfolg war die Entwicklung des Grippemittels
„Hatschi".

8 Nun möchte ich mich jedoch gerne neuen beruflichen Herausforderungen in einem interna-
tional tätigen Unternehmen stellen. Ich bin flexibel, sowohl was den Einsatzort als auch den
Forschungsbereich anbelangt, denn während meiner beruflichen Tätigkeit habe ich mich
auf Wochenendseminaren nebenher ständig fortgebildet. Das Führen von Menschen macht
mir ebenfalls sehr viel Freude. Meine jetzigen Mitarbeiter sind hochmotiviert und leistungs-
stark. Freuen Sie sich darauf, mich kennen zu lernen. **9**

10 Mit freundlichen Grüßen

11 *Renate Schiller*

12 Anlagen:
Lebenslauf
4 Arbeitszeugnisse
2 Zeugnisse
Referenzen

Bitte um Kostenvoranschlag

Insbesondere bei teuren Reparaturen, egal ob am Haus, an der Wohnung oder am Auto, lohnt es sich häufig, von mehreren Firmen einen Kostenvoranschlag einzuholen. Schon die Preise von Unternehmen, die sich am gleichen Ort befinden, unterscheiden sich in ihrer Höhe oft erheblich voneinander – in ihrer Qualität gibt es jedoch häufig kaum Unterschiede. Und da kein Verbraucher Geld zu verschenken hat, sollte man die kleine Mühe nicht scheuen, bei verschiedenen Firmen um einen Kostenvoranschlag zu bitten.

Besonders viel Arbeit macht eine solche Anfrage nicht. Mit dem Computer ist sie schnell getippt und muss dann nur noch mit geänderter Empfängeranschrift mehrfach ausgedruckt werden. Auf diese Weise kann man sogar die Preise von Firmen einholen, die nicht ortsansässig sind, aber in der Region tätig werden.

Im Gegensatz zur landläufigen Meinung müssen die Firmen Kostenvoranschläge unentgeltlich erarbeiten – es sei denn, dass Unternehmen und Auftraggeber zuvor eine andere Vereinbarung getroffen haben. Darauf muss man sich jedoch nicht einlassen, sondern kann den nächsten Anbieter aufsuchen. Am besten gibt man schon in seiner Bitte um einen Kostenvoranschlag an, dass man für diesen kein Geld ausgeben wird.

Wichtig ist, in der Bitte um einen Kostenvoranschlag anzugeben, dass das Unternehmen alle für den Auftrag nötigen Posten benennen soll. So z. B. die Arbeitskosten, die Kosten für Materialien, Nebenkosten wie Anfahrt oder Ähnliches und natürlich auch die Mehrwertsteuer. Wird Letztere nicht genannt, entsteht leicht der Eindruck, es handele sich im Vergleich zu anderen Mitbewerbern um ein ausgesprochen günstiges Angebot, denn schließlich werden in Deutschland auf die meisten Güter und Dienstleistungen 16% des Preises als Mehrwertsteuer aufgeschlagen (Stand: Mitte 2003). Am besten vereinbart man mit dem Unternehmen, dass es Festpreise nennen soll, dann kommt es nach der Auftragsvergabe nicht zu einer bösen Überraschung, weil die Summe des Kostenvoranschlags vom Unternehmen doch immens überschritten worden ist.

Die Anfrage nach einem Kostenvoranschlag sollte beinhalten:

❶ Adresse des Absenders (eventuell mit Telefonnummer),

❷ Datum des Briefs,

❸ Adresse des Empfängers,

❹ Betreff,

❺ Anrede,

❻ Nennung der durchzuführenden Arbeiten (möglichst genaue Beschreibung),

❼ Festlegung des Zeitrahmens der Arbeiten,

❽ Bitte um (unentgeltlichen) Kostenvoranschlag mit detaillierter Auflistung aller Preise, eventuell Vorschlag über die Vereinbarung eines Besichtigungstermins,

❾ Grußformel,

❿ eigenhändige Unterschrift.

Vor der Vergabe eines Auftrags sollte man sich von dem ausführenden Unternehmen – falls möglich – unterschreiben lassen, dass es sich an den Kostenvoranschlag gebunden fühlt. Kommt es doch zu einer Überschreitung des Preises, muss der Auftraggeber vorher informiert werden.

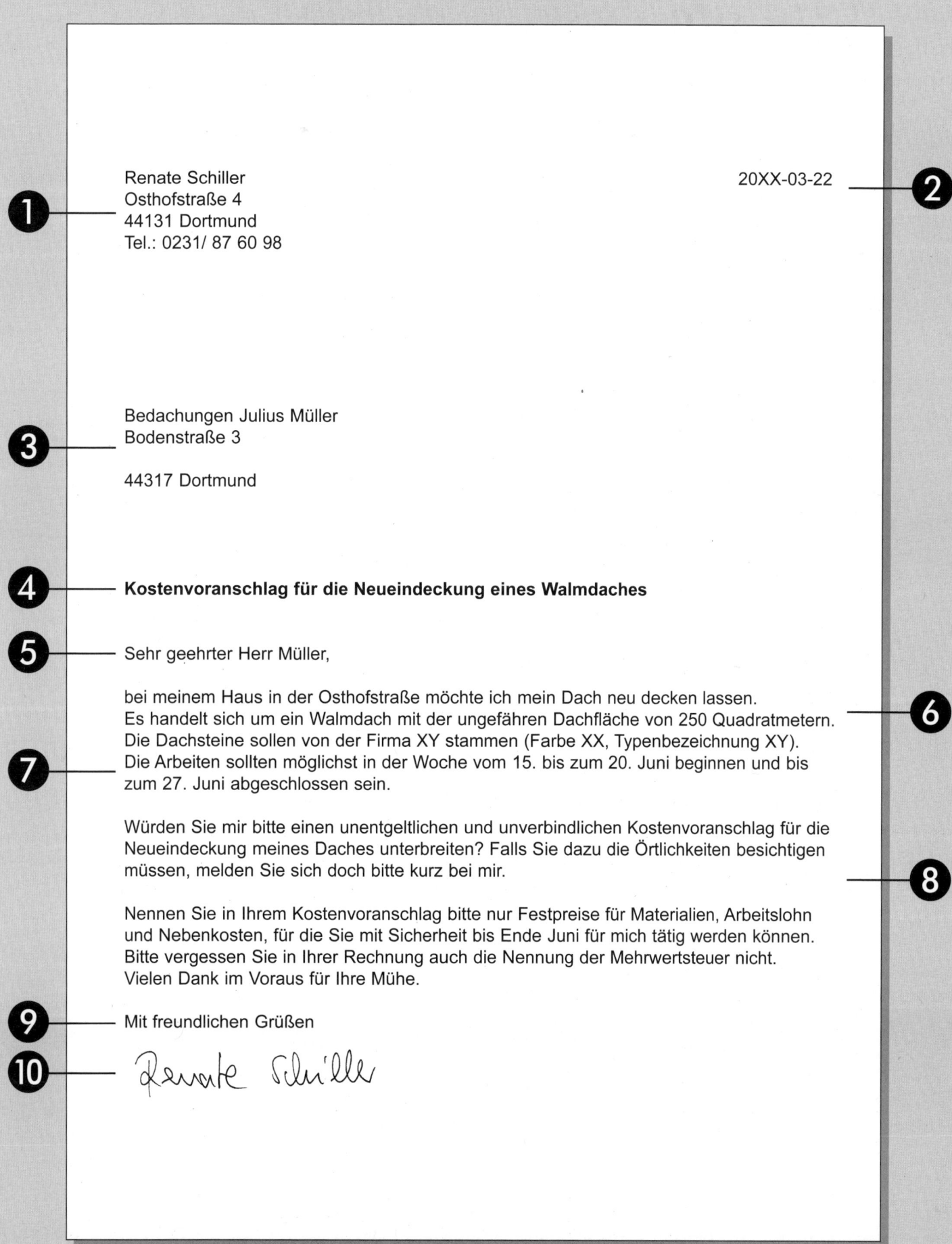

① Renate Schiller
Osthofstraße 4
44131 Dortmund
Tel.: 0231/ 87 60 98

② 20XX-03-22

③ Bedachungen Julius Müller
Bodenstraße 3

44317 Dortmund

④ Kostenvoranschlag für die Neueindeckung eines Walmdaches

⑤ Sehr geehrter Herr Müller,

⑥ bei meinem Haus in der Osthofstraße möchte ich mein Dach neu decken lassen.
Es handelt sich um ein Walmdach mit der ungefähren Dachfläche von 250 Quadratmetern.
Die Dachsteine sollen von der Firma XY stammen (Farbe XX, Typenbezeichnung XY).
⑦ Die Arbeiten sollten möglichst in der Woche vom 15. bis zum 20. Juni beginnen und bis
zum 27. Juni abgeschlossen sein.

Würden Sie mir bitte einen unentgeltlichen und unverbindlichen Kostenvoranschlag für die
Neueindeckung meines Daches unterbreiten? Falls Sie dazu die Örtlichkeiten besichtigen
müssen, melden Sie sich doch bitte kurz bei mir.
⑧

Nennen Sie in Ihrem Kostenvoranschlag bitte nur Festpreise für Materialien, Arbeitslohn
und Nebenkosten, für die Sie mit Sicherheit bis Ende Juni für mich tätig werden können.
Bitte vergessen Sie in Ihrer Rechnung auch die Nennung der Mehrwertsteuer nicht.
Vielen Dank im Voraus für Ihre Mühe.

⑨ Mit freundlichen Grüßen

⑩ *Renate Schiller*

Bitte um Zusendung der Meldeunterlagen für Arbeitslose

Wer seinen Arbeitsplatz verliert, sollte sich bereits vor Ablauf seiner Kündigungsfrist an das zuständige Arbeitsamt wenden, um die Meldeunterlagen für Arbeitslose anzufordern. Arbeitslos melden kann man sich nämlich bereits zwei Monate vor Beginn der Erwerbslosigkeit, wobei man sich am ersten Tag der Arbeitslosigkeit zusätzlich jedoch persönlich beim Arbeitsamt vorstellen muss, um einen sofortigen Anspruch auf Arbeitslosengeld zu erwerben. Rückwirkend gewährt das Arbeitsamt nämlich keine Leistungen. Der bürokratische Akt der Arbeitslosmeldung verläuft schneller und einfacher, wenn man schon vorher weiß, welche Unterlagen (z. B. Lohn- oder Gehaltsbescheinigungen) man mitbringen muss und die Antragsformulare bereits ausgefüllt hat.

Einen Anspruch auf Arbeitslosengeld haben jedoch nur Erwerbslose, die erstens der Arbeitsvermittlung zur Verfügung stehen und Beiträge in die gesetzliche Arbeitslosenversicherung eingezahlt haben und zweitens in den vorangegangenen drei Jahren wenigstens 360 Tage sozialversicherungspflichtig tätig waren und das für mindestens 18 Stunden wöchentlich. Hinzu kommt, dass sie sich selbst um eine zumutbare Arbeit kümmern müssen und eine solche Tätigkeit auch nicht grundlos ablehnen dürfen.

Eine Bitte um Zusendung der Meldeunterlagen für Arbeitslose kann wie folgt aufgebaut sein:

1. Adresse des Absenders (eventuell mit Telefonnummer),
2. Datum des Briefs,
3. Adresse des Empfängers,
4. Betreff,
5. Anrede,
6. Nennung des voraussichtlichen Beginns der Arbeitslosigkeit und der bisher ausgeübten Tätigkeit,
7. Bitte um Zusendung der notwendigen Unterlagen,
8. eventuell Fragen nach dem Vorgehen bei der Arbeitslosmeldung,
9. Bitte um Nennung eines Ansprechpartners,
10. Dank,
11. Grußformel,
12. eigenhändige Unterschrift.

Wer Zeit hat, sollte sich schon vor Eintritt der Arbeitslosigkeit um eine neue Stelle bemühen. Auch dabei kann das Arbeitsamt mit seinem Stelleninformationsservice behilflich sein. Auf Anfrage gibt es vielleicht sogar die für den Erwerbslosen infrage kommenden Stellenangebote an ihn weiter. Durch die zunehmende Verzahnung der öffentlichen und privaten Arbeitsvermittler können Erwerbslose nach Eintritt der Arbeitslosigkeit bei einer privaten Arbeitsvermittlung auf Antrag einen Vermittlungsgutschein des Arbeitsamts einlösen. In manchen Fällen haben nämlich private Arbeitsvermittler mehr Erfolg dabei, den Erwerbslosen wieder in eine feste Anstellung zu bringen. Das entbindet den Arbeitslosen jedoch nicht von seiner Pflicht, selbst aktiv daran mitzuwirken, einen neuen Arbeitsplatz zu finden. Oft ist auch gerade die Eigeninitiative des Erwerbslosen von größerem Erfolg gekrönt als die Bemühungen des Arbeitsamtes.

Renate Schiller
Osthofstraße 4
44131 Dortmund
Tel.: 0231/ 87 60 98

20XX-09-10

Arbeitsamt Dortmund
Bodenstraße 3

44317 Dortmund

Zusendung der Meldeunterlagen für Erwerbslose

Sehr geehrte Damen und Herren,

da der Betrieb, in dem ich tätig bin, schließt, bin ich ab dem 1. Oktober 20XX arbeitslos. Bisher habe ich dort als Fachverkäuferin für Damenoberbekleidung gearbeitet. Da nicht abzusehen ist, wann ich einen neuen Arbeitsplatz finden werde, möchte ich Arbeitslosengeld beantragen.

Es wäre schön, wenn Sie mir die nötigen Meldeformulare zusenden könnten, wenn möglich mit zusätzlichen Informationen, was ich bei der Arbeitslosmeldung beachten muss und welche Unterlagen ich mitzubringen habe. Denn persönlich muss ich doch am ersten Tag meiner Erwerbslosigkeit auch noch bei Ihnen erscheinen, oder?

Noch eine Frage: Ist es möglich, dass Sie mir schon vor dem Eintritt meiner Arbeitslosigkeit Stellenangebote unterbreiten? Ich möchte nämlich so schnell wie möglich wieder ins Berufsleben zurückkehren. Außerdem würde ich mich freuen, wenn Sie mir den Namen eines Ansprechpartners und seine Telefondurchwahl geben könnten, falls sich mir nach Durchsicht der Unterlagen weitere Fragen stellen.

Ich danke Ihnen recht herzlich für Ihre Mühe.

Mit freundlichen Grüßen

Renate Schiller

Bitte um Beurlaubung von der Schule

Eltern können ihr Kind aus wichtigem Grund für einen oder mehrere Tage von der Schule beurlauben lassen. Allerdings brauchen sie dafür die Erlaubnis des Lehrerkollegiums bzw. des Rektors der Schule. Daher sollte man einen formlosen Antrag bei der Schule stellen, falls eine Beurlaubung notwendig sein sollte.

Zu den wichtigen Gründen, die eine Beurlaubung rechtfertigen, gehören z. B. größere familiäre Ereignisse, wichtige sportliche oder auch musikalische Veranstaltungen (z. B. Sportwettbewerbe auf Landes- oder Bundesebene, Konzerte oder Ähnliches) sowie sonstige besondere Ereignisse. Dabei sollten Eltern jedoch immer beachten, dass eine Beurlaubung die Ausnahme und nicht die Regel sein sollte, denn sonst wird das Kind zu stark aus der Klassengemeinschaft herausgerissen und verliert außerdem womöglich noch den Anschluss an den Schulstoff. In manchen Fällen (z. B. bei Leistungssportlern) ist jedoch eine längerfristige Beurlaubung unumgänglich, die aber häufig zur Wiederholung einer Klassenstufe führt. Für diese jungen Menschen wäre eventuell die Unterbringung auf einer speziellen Schule (z. B. einem Internat mit angeschlossener Sportschule) günstiger.

Die Bitte um Beurlaubung von der Schule folgt keiner bestimmten Form, sie sollte nur möglichst freundlich gestellt werden. Eine wortreiche Begründung ist ebenfalls nicht nötig – genannt werden muss der Beurlaubungsgrund natürlich trotzdem.

Gestalten könnte man eine solche Bitte beispielsweise wie folgt:

1. Adresse des Absenders,
2. Datum des Briefs,
3. Adresse des Empfängers,
4. Betreff,
5. Anrede,
6. Bitte um Beurlaubung vom Unterricht; Nennung des Zeitraums der Beurlaubung und des Namens des Kindes nicht vergessen,
7. Grund der Beurlaubung,
8. eventuell Verweis auf gute Schulnoten des Kindes,
9. eventuell Versprechen, dass das Kind den versäumten Unterrichtsstoff nachholen wird,
10. Dank für Verständnis,
11. Grußformel,
12. eigenhändige Unterschrift eines Elternteils.

Es kann nie verkehrt sein, in dem Brief darauf hinzuweisen, dass das Kind den an seinen Fehltagen durchgenommenen Stoff nachholen wird. Das stimmt die Lehrer im Allgemeinen milde. Gleichzeitig können die Eltern die Lehrer darum bitten, einem Freund des Kindes Lehrmaterialien mitzugeben, die im Unterricht während dessen Abwesenheit verteilt werden. Dieser kann auch damit beauftragt werden, dem beurlaubten Kind die Hausaufgaben zu übermitteln und ihm mitzuteilen, welche Themen in der Schule bearbeitet wurden. Dann dürfte der Unterrichtsausfall auch für das fehlende Kind kein Problem mehr darstellen.

(1) Renate Schiller
Osthofstraße 4
44131 Dortmund
Tel.: 0231/ 87 60 98

(2) 20XX-01-17

(3) Montessori-Schule
Herrn Julius Müller
Bodenstraße 3

44317 Dortmund

(4) **Beurlaubung meines Sohnes Rolf für die Zeit vom 20. bis zum 23. Januar 20XX**

(5) Sehr geehrter Herr Müller,

(6) in der Zeit vom 20. bis zum 23. Januar finden in Garmisch die deutschen Juniorenmeisterschaften im Skispringen statt. Wie Sie vielleicht wissen, ist mein Sohn Rolf für diese Meisterschaften nominiert worden. Da nun gerade keine Schulferien sind, möchte ich Sie bitten, **(7)** ihn für diesen Zeitraum von der Schule zu beurlauben, denn eine solche sportliche Chance bietet sich ihm möglicherweise nie wieder.

(8) Den versäumten Unterrichtsstoff wird Rolf sicher sehr rasch wieder nachholen, schließlich steht er in den meisten Fächern zwischen Zwei und Drei. Sein Freund Karsten wird ihm **(9)** mitteilen, welche Themen in der Schule behandelt wurden.

(10) Ich danke Ihnen recht herzlich für Ihr Verständnis.

(11) Mit freundlichen Grüßen

(12) *Renate Schiller*

Bitte ans Arbeitsamt um ein Beratungsgespräch

Es gibt eine Reihe von Gründen, um ein Beratungsgespräch beim Arbeitsamt zu bitten. So z. B. wollen sich viele Schüler erkundigen, welcher Beruf sich für sie am besten eignet oder in welcher Branche es die besten Berufsaussichten gibt, Arbeitslose wünschen häufig eine Beratung wegen einer Umschulung oder der Verbesserung ihrer Vermittlungsfähigkeit, andere Erwerbslose möchten vielleicht gern wissen, welche Hilfen ihnen das Arbeitsamt auf dem Weg in die Selbstständigkeit anbieten kann.

Damit sich der Berater vor dem Gespräch über das jeweilige Thema ausreichend informieren kann, bietet es sich an, den Wunsch auf ein Beratungsgespräch schriftlich zu äußern. Natürlich muss man dann auch bereits das Thema, um das es im Gespräch hauptsächlich gehen soll, benennen.

Leider scheuen sich viele, um ein hilfreiches Beratungsgespräch zu bitten. Einerseits weil die Angst bzw. der Respekt vor Behörden in Deutschland nach wie vor groß ist, andererseits weil sie meinen, keinen Anspruch darauf zu haben. Die Berater des Arbeitsamtes sind jedoch genau für solche Fälle da. Sie sind verpflichtet, ihren „Kunden" Auskünfte zu erteilen und ihnen bei der Vermittlung in eine Arbeitsstelle zu helfen. Genauso helfen sie auch dabei, Hilfen des Staats in Anspruch zu nehmen, wenn sich jemand selbstständig machen möchte. Nicht selten können die Arbeitsamtberater sogar noch Tipps geben, an welche Geldgeber man sich mit der Bitte um günstige Existenzgründungskredite wenden kann.

Eine Bitte um ein Beratungsgespräch sollte folgende Punkte enthalten:

1. Adresse des Absenders,
2. Datum des Briefs,
3. Adresse des Empfängers (falls möglich, bereits mit Ansprechpartner in der Behörde),
4. Betreff,
5. Anrede,
6. Bitte um ein Beratungsgespräch,
7. Nennung des Grundes für das Gespräch,
8. eventuell bereits im Brief Nennung der wichtigen Punkte, die im Gespräch geklärt werden sollten,
9. Ausdruck der Hoffnung, dass das Gespräch in nicht allzu weit entfernter Zukunft stattfinden kann,
10. Dank,
11. Grußformel,
12. eigenhändige Unterschrift.

Bei speziellen Fragen lohnt es sich übrigens häufig, neben dem Beratungsgespräch weitere Informationsquellen (z. B. das Internet) anzuzapfen. Beispielsweise können die Stellenberater Schülern oft nur sagen, welche Berufe im Moment gerade sehr gefragt sind, für die Zukunft stellen sie jedoch keine Prognosen. Im Internet aber finden sich sicher wissenschaftliche Studien darüber, welche Berufe auch in ein paar Jahren noch Zukunft haben.

(1) Renate Schiller
Osthofstraße 4
44131 Dortmund
Tel.: 0231/ 87 60 98

(2) 20XX-11-12

(3) Arbeitsamt Dortmund
Herrn Julius Müller
Bodenstraße 3

44317 Dortmund

(4) **Bitte um ein Beratungsgespräch zwecks eventueller Existenzgründung**

(5) Sehr geehrter Herr Müller,

(6) da ich überlege, mich aus der Arbeitslosigkeit heraus selbstständig zu machen, möchte **(7)**
ich Sie um ein Beratungsgespräch bitten.

(8) In diesem Gespräch möchte ich gemeinsam mit Ihnen klären, welche Hilfen (z. B. finan-
zieller Art) mir das Arbeitsamt bei der Existenzgründung bieten kann, ob beispielsweise die
Gründung einer Ich-AG für mich infrage käme oder ob ich gar für die ersten Monate der
Selbstständigkeit Überbrückungsgeld beantragen kann. Da ich schnell wieder berufstätig **(9)**
sein möchte, würde ich mich sehr freuen, wenn unser Gespräch möglichst bald stattfinden
könnte.

(10) Herzlichen Dank im Voraus.

(11) Mit freundlichen Grüßen

(12) Renate Schiller

_PG_Ersuchen_Beratung.doc_

Bitte um Mängelbeseitigung

Bei vielen Arbeiten an Haus und Grundstück ist man auf die Arbeit von Handwerkern angewiesen. In der Regel verrichten sie ihre Arbeit auch ordnungsgemäß, aber manchmal stellt sich im Nachhinein heraus, dass ihr Werk Mängel aufweist. Hat man die Handwerkerrechnung noch nicht bezahlt, ist das nicht weiter schlimm – man nennt dem Handwerksbetrieb die Mängel und hält bis zu deren Beseitigung das Geld zurück. Wurden die ausgeführten Arbeiten jedoch bereits abgenommen und die Rechnung bezahlt, wird es mit der Mängelbeseitigung etwas schwieriger: In diesem Fall muss man in seiner schriftlichen Bitte um die Beseitigung der Mängel in der Regel ankündigen, dass man nachträglich vom Vertrag zurücktreten wird, sollten diese nicht behoben werden. Dabei gilt natürlich, dass die Mängel durch den Handwerksbetrieb verursacht sein müssen; für nachträglich auftretende Mängel, die durch das Verschulden des Auftraggebers zustande gekommen sind, braucht der Betrieb nicht geradezustehen.

In manchen Fällen kann die Beweisführung, dass die Handwerker für die Mängel verantwortlich sind, schwierig werden. Unbedingt notwendig ist es jedoch, vor der Beendigung der Verjährungsfrist (steht im Allgemeinen im Vertrag zwischen Auftraggeber und Handwerksbetrieb) dem Betrieb die Mängel kundzutun und ihre Beseitigung einzufordern. Um die Gewissheit zu haben, dass der Beschwerdebrief auch tatsächlich beim Handwerksbetrieb ankommt, sollte er per Einschreiben oder sogar per Einschreiben mit Rückschein verschickt werden.

Ein solcher Beschwerdebrief sollte folgenden Inhalt haben:

❶   Adresse des Absenders,

❷   Datum des Schreibens,

❸   Adresse des Empfängers,

❹   Betreff,

❺   Anrede,

❻   Nennung des Auftrages,

❼   Nennung der erst nach der Abnahme der Arbeit entdeckten Mängel,

❽   Bitte um Mängelbeseitigung mit Fristsetzung für den Handwerksbetrieb, bis zu deren Ende die Mängel behoben sein müssen,

❾   Androhung des Rücktritts vom Vertrag, falls eine Nachbesserung durch die Firma abgelehnt wird,

❿   Bitte um eine baldmögliche Nachricht, wie der Betrieb weiter verfahren möchte,

⓫   Grußformel,

⓬   eigenhändige Unterschrift.

Lehnt die Firma es ab, die Mängel nachzubessern, kann der Auftraggeber Geld, zumindest einen Teils des Arbeitslohns, zurückfordern. Oder er teilt dem Handwerksbetrieb mit, eine andere Firma mit der Nachbesserung zu beauftragen und die Kosten dem ersten Betrieb in Rechnung zu stellen. Falls die Probleme mit der Mängelbeseitigung dem Auftraggeber jedoch über den Kopf wachsen, kann es sich lohnen, einen Anwalt einzuschalten oder sich bei einer Verbraucherzentrale über seine Rechte aufklären zu lassen. Letzteres ist in der Regel vergleichsweise kostengünstig, wohingegen die Beauftragung eines Anwalts unter Umständen recht teuer werden kann, es sei denn, man ist rechtschutzversichert.

① Renate Schiller
Osthofstraße 4
44131 Dortmund
Tel.: 0231/ 87 60 98

② 20XX-08-27

③ Firma Baufix
Herrn Julius Müller
Bodenstraße 3

44317 Dortmund

④ **Bitte um Mängelbeseitigung, Auftragsnummer 87909, Rechnungsnummer 9876**

⑤ Sehr geehrter Herr Müller,

⑥ nach der von Ihnen durchgeführten Isolierung meines Dachstuhls (Ende der Arbeiten am 10. Juli 20XX) habe ich am 20. Juli 20XX ordnungsgemäß die Rechnung bezahlt.

⑦ Doch erst jetzt hat sich leider herausgestellt, dass Ihre Arbeiter etwas Wesentliches bei der Isolierung vergessen haben: die Dampfsperre. Dieser Mangel wurde mir jedoch erst klar, als ich merkte, dass durch die vor der Isolierung angebrachten Gipsplatten an einigen Stellen die Feuchtigkeit hindurchtrat. Ein mir bekannter Architekt benannte den Mangel und empfahl mir, mich mit der Bitte um Abhilfe an Sie zu wenden.

⑧ Bitte beseitigen Sie den Mangel in den nächsten zwei Wochen. Sollten Sie dazu nicht in der Lage sein, werde ich vom Vertrag zurücktreten. Geben Sie mir bitte telefonisch Nach-**⑨** richt, wann Sie das Problem beheben wollen.

⑩ Mit freundlichen Grüßen

⑪ *Renate Schiller*

Kündigung einer Wohnung durch den Mieter

Ein Mietvertrag muss immer schriftlich gekündigt werden. Um sicherzustellen, dass die Kündigung beim Vermieter ankommt, ist die Zustellung per Einschreiben sinnvoll. sie muss ihm bis spätestens am dritten Tag des Monats zugegangen sein, der in der Kündigungsfrist als erster Monat einbezogen werden soll. Wichtig ist auch, dass alle im Mietvertrag genannten Personen, die diesen unterzeichnet haben, die Wohnungskündigung unterschreiben.

Die Kündigung sollte Folgendes enthalten:

❶ die vollständigen Adressen aller Mieter (ein absolutes Muss, auch wenn einer der Mieter bereits in einer anderen Wohnung lebt, z. B. wegen einer Trennung),

❷ das Datum des Schreibens,

❸ die Adresse des Vermieters,

❹ die Betreffzeile,

❺ die Anrede,

❻ eine eindeutige Kündigung mit dem Kündigungstermin und der Mitteilung, ob die Wohnung fristgerecht gekündigt wird. Bei einer fristlosen Kündigung muss der Mieter den Grund für seine Entscheidung nennen,

❼ eventuell eine Anfrage an den Vermieter, ob er einen Nachmieter akzeptieren würde,

❽ für den Fall, dass der Mieter Einbauten in der Wohnung vorgenommen hat, die Nachfrage, ob der Vermieter sie übernehmen möchte,

❾ eventuell Kopien über vom Mieter durchgeführte Wartungsarbeiten,

❿ die Bitte um ein persönliches Gespräch zur Klärung von Problemen, falls nötig,

⓫ Grußformel,

⓬ unbedingt die persönliche Unterschrift aller Mieter, die den Mietvertrag auch unterzeichnet haben.

Für seine fristgerechte Kündigung muss der Mieter nicht unbedingt einen Grund angeben, er kann dies aber natürlich freiwillig tun. Regelungen, die den Abschluss des Mietverhältnisses betreffen (z. B. die Frage der Schönheitsreparaturen) können in der Kündigung bereits angesprochen werden, damit sich der Vermieter darüber vorab Gedanken machen kann. Notwendig ist das jedoch nicht. Schönheitsreparaturen wie das Streichen von Wänden und Heizungen müssen im Übrigen nicht an einen Fachbetrieb übertragen werden. Das Mietrecht sieht nur vor, dass sie „fachmännisch" ausgeführt werden müssen. Hat der Mieter bereits beim Einzug eine Grundrenovierung vorgenommen, ist er zu einer erneuten Grundrenovierung beim Auszug nicht verpflichtet. Sinnvoll kann es zudem sein, mit dem Vermieter einen Termin zu vereinbaren, an dem Wasser und Strom abgelesen werden, damit dieser eine endgültige Nebenkostenabrechnung aufstellen kann.

Einen Nachmieter muss der Vermieter nach dem geltenden Mietrecht nicht akzeptieren – die im Normalfall geltende Kündigungsfrist von drei Monaten für Mieter wird von der Rechtsprechung als kurz genug angesehen.

1 Renate Schiller
Osthofstraße 4
44131 Dortmund

2 20XX-04-10

3 Julius Müller
Bodenstraße 3

44317 Dortmund

4 **Kündigung des Mietvertrags**

5 Sehr geehrter Herr Müller,

6 leider muss ich den Mietvertrag über die Wohnung in der Osthofstraße 4, 44131 Dortmund, 2. Stock, zum 31. Juli 20XX kündigen. Ich habe vor, mit meinem Lebensgefährten in einer größeren Wohnung zusammenzuziehen.

7 Die Kündigungsfrist für die von Ihnen vermietete Wohnung beträgt dem seit September 2001 geltenden Mietrecht zufolge drei Monate. Nun möchte ich aber – falls möglich – schon früher aus dem Mietverhältnis ausscheiden. Ich weiß, dass ich nicht zwangsläufig ein Anrecht darauf habe, selbst wenn ich Ihnen einen Nachmieter stelle. Aber vielleicht sind Sie ja trotzdem so freundlich und gehen auf folgenden Vorschlag ein? Meine Freundin Ulla Regener, die in einer Bankfiliale arbeitet und ledig ist, würde sich freuen, wenn Sie die Wohnung an sie weitervermieten würden. Falls Sie Interesse haben, melden Sie sich bei mir. Ich würde dann einen Termin mit ihr vereinbaren.

8 Noch etwas: Können wir den Zeitwert des von mir verlegten Parketts mit den noch ausste-
9 henden Nebenkosten verrechnen? Sie hatten mir zugesichert, es bei meinem Auszug über-
nehmen zu wollen. Wie im Mietvertrag vereinbart habe ich die in der Wohnung installierte Heizungsanlage regelmäßig warten lassen. Kopien davon lege ich bei.

10 Lassen Sie uns in den nächsten Tagen doch noch einmal über die Details meines Auszugs persönlich sprechen.

11 Mit freundlichen Grüßen

12 *Renate Schiller*

Kündigung einer Versicherung

Fast jeder Mensch besitzt verschiedene Versicherungspolicen zur Absicherung von Risiken: angefangen bei der für alle empfehlenswerten privaten Haftpflichtversicherung über die obligatorische Kfz-Haftpflicht bis hin zur Hausrat-, Lebens- oder privaten Unfallversicherung. Stellt man nun fest, dass man eine Versicherung wirklich nicht benötigt, sie im Vergleich zu anderen Anbietern zu teuer ist oder man mit einer Schadensregulierung unzufrieden war, will man sie natürlich kündigen. Das ist in der Regel auch nicht besonders schwierig.

In der Versicherungspolice steht die Laufzeit des Versicherungsvertrags. Zum Ende dieser Laufzeit kann jede Versicherung ordentlich ohne Angaben von Gründen gekündigt werden. Häufig möchte man jedoch schon vorher aus dem Vertrag heraus. Auch zur außerordentlichen Kündigung gibt es mehrere Möglichkeiten. Beispielsweise räumen die Versicherungen ihren Kunden im Allgemeinen bei jeder Beitragserhöhung für kurze Zeit ein außerordentliches Kündigungsrecht ein. Da die meisten Versicherungen jährlich teurer werden, ist bei ihnen fast jährlich die Kündigung möglich. Ein außerordentliches Kündigungsrecht billigt der Versicherer seinem Kunden in der Regel auch nach Regulierung eines Schadens zu – schließlich ist es nicht selten, dass der Kunde mit der Schadensregulierung unzufrieden ist. Genauso hat aber auch die Versicherung nach der Regulierung eines Schadens dem Kunden gegenüber ein außerordentliches Kündigungsrecht.

Die Kündigung einer Versicherung sollte wie folgt aufgebaut sein:

❶ Adresse des Absenders (also des Versicherungsnehmers),

❷ Datum des Briefs,

❸ Adresse des Empfängers,

❹ Betreff (Nummer der Versicherungspolice sollte hier bereits genannt werden, damit der Brief an den zuständigen Sachbearbeiter weitergeleitet werden kann),

❺ Anrede,

❻ Kündigung mit Kündigungstermin, wobei herausgestellt werden muss, ob es sich um eine ordentliche oder außerordentliche Kündigung handelt,

❼ bei einer außerordentlichen Kündigung sollte der Grund genannt werden,

❽ Bitte um Zusendung einer Abschlussrechnung (und einer eventuellen Rücküberweisung überschüssiger Beiträge),

❾ Grußformel,

❿ eigenhändige Unterschrift des Versicherungsnehmers (ganz wichtig, da er auch die Versicherungspolice unterzeichnet hat! Im Todesfall sind jedoch auch die Erben zur Versicherungskündigung berechtigt).

Bei Kapitallebensversicherungen lohnt sich häufig die Kündigung der Versicherung nicht, weil die Provisionen des Versicherungsvertreters die Beiträge der ersten Jahre fast völlig aufgezehrt haben und man kein Geld mehr zurückerhält. Wer die Beiträge für eine solche Versicherung nicht mehr aufbringen kann oder will, hat die Möglichkeit, seine Versicherung beitragsfrei stellen zu lassen. Auch die Beitragsfreistellung muss man schriftlich beantragen. In dem Schreiben muss deutlich werden, zu welchem Termin man die Versicherung beitragsfrei stellen lassen will. Ein Grund muss in der Regel nicht genannt werden. Die eigenhändige Unterschrift ist allerdings – genau wie bei der Versicherungskündigung – unabdingbar; ein anderer kann nicht stellvertretend für den Versicherungsnehmer unterzeichnen.

1 Renate Schiller
Osthofstraße 4
44131 Dortmund

2 20XX-11-12

3 Versicherung Kein Risiko
Bodenstraße 3

44317 Dortmund

4 **Kündigung der Kfz-Haftpflichtversicherung und Teilkaskoversicherung/
Versicherungsnummer H 018/7876 0987**

5 Sehr geehrte Damen und Herren,

6 Sie haben mir vor drei Tagen meine Beitragsrechnung für die Kfz-Haftpflicht- und Teilkasko-
versicherung zugeschickt. Darin haben Sie mir ein außerordentliches Kündigungsrecht zum
Ende des Jahres zugesichert, weil die Versicherung teurer geworden ist. Davon mache ich

7 hiermit Gebrauch und kündige die Police mit der Versicherungsnummer H 018/7876 0987.
Ich lege Ihnen zudem eine Kopie der Doppelkarte meiner neuen Kfz-Versicherung bei,
damit Sie wissen, dass mein Wagen weiterhin haftpflichtversichert bleibt, wie es das Gesetz vorschreibt.

Ich möchte Sie bitten, mir möglichst bald meine Abschlussrechnung zuzusenden und **8**
eventuelle Überschüsse auf mein Konto Nr. 0987 9887 bei der XY-Bank Dortmund,
BLZ 521 254 25 rückzuüberweisen.

9 Mit freundlichen Grüßen

10 *Renate Schiller*

Kündigung des Arbeitsverhältnisses durch den Arbeitnehmer

Das Arbeitsverhältnis muss immer schriftlich gekündigt werden – egal, ob die Kündigung vom Arbeitgeber oder vom Arbeitnehmer ausgeht. Eine nur mündlich ausgesprochene Kündigung ist unwirksam. Für die Kündigung des Arbeitsverhältnisses gibt es immer Fristen. Diese sind in der Regel im Arbeitsvertrag festgelegt. Findet sich dort keine Frist (was sehr ungewöhnlich wäre), gilt die tariflich festgelegte Kündigungsfrist, falls der Arbeitgeber tariflich gebunden ist, sonst die Kündigungsfrist des Bürgerlichen Gesetzbuchs (BGB).

Die Frist des BGB für eine ordentliche Kündigung beträgt sowohl für Arbeitnehmer als auch für Arbeitgeber bei einer Betriebszugehörigkeit von weniger als zwei Jahren vier Wochen zum 15. eines Monats oder zum Monatsende (in der Probezeit hat sie eine Dauer von zwei Wochen). Für den Arbeitgeber verlängert sich diese Frist, je länger der Arbeitnehmer dem Betrieb angehört. Bei einer Betriebszugehörigkeit von zwei Jahren liegt sie z. B. bei einem Monat zum Monatsende, ab fünfjähriger Betriebszugehörigkeit bei zwei Monaten zum Monatsende.

Wichtig ist, dass die Kündigung dem Arbeitgeber pünktlich, das heißt möglichst vor Beginn der Kündigungsfrist zugeht. Entweder der Arbeitnehmer übergibt sie der Personalabteilung oder dem Chef persönlich (am besten gegen eine Empfangsbestätigung) oder er schickt sie per Einschreiben in den Betrieb. Einen Grund muss der Arbeitnehmer in seiner Kündigung übrigens nicht nennen, genauso wenig muss er seinen neuen Arbeitgeber angeben. Nur im Falle eines vertraglich festgelegten Wettbewerbsverbots für den Arbeitnehmer muss er dem Unternehmen, für das er bislang tätig war, seinen neuen Arbeitgeber mitteilen.

Eine ordentliche Kündigung kann folgendermaßen aufgebaut sein:

1. Adresse des Absenders,
2. Datum des Briefs,
3. Adresse des Empfängers,
4. Betreff,
5. Anrede,
6. Kündigung des Arbeitsverhältnisses mit Angabe des Termins, zu welchem gekündigt wird, jedoch ohne Angabe von Gründen,
7. eventuell Forderung nach Gewährung des Resturlaubs,
8. Bitte um ein Arbeitszeugnis,
9. aus Höflichkeitsgründen ein paar nette Worte an den Arbeitgeber zum Abschied,
10. Grußformel,
11. eigenhändige Unterschrift.

Der Arbeitnehmer kann natürlich auch außerordentlich kündigen. Dazu bedarf es aber eines wichtigen Grundes, der auch in der Kündigung genannt werden muss. Ein wichtiger Grund wäre es z. B., wenn der Arbeitgeber das Gehalt des Arbeitnehmers schon länger nicht gezahlt hat oder er die Arbeitsschutzbestimmungen nicht beachtet und die Gesundheit seiner Beschäftigten gefährdet.

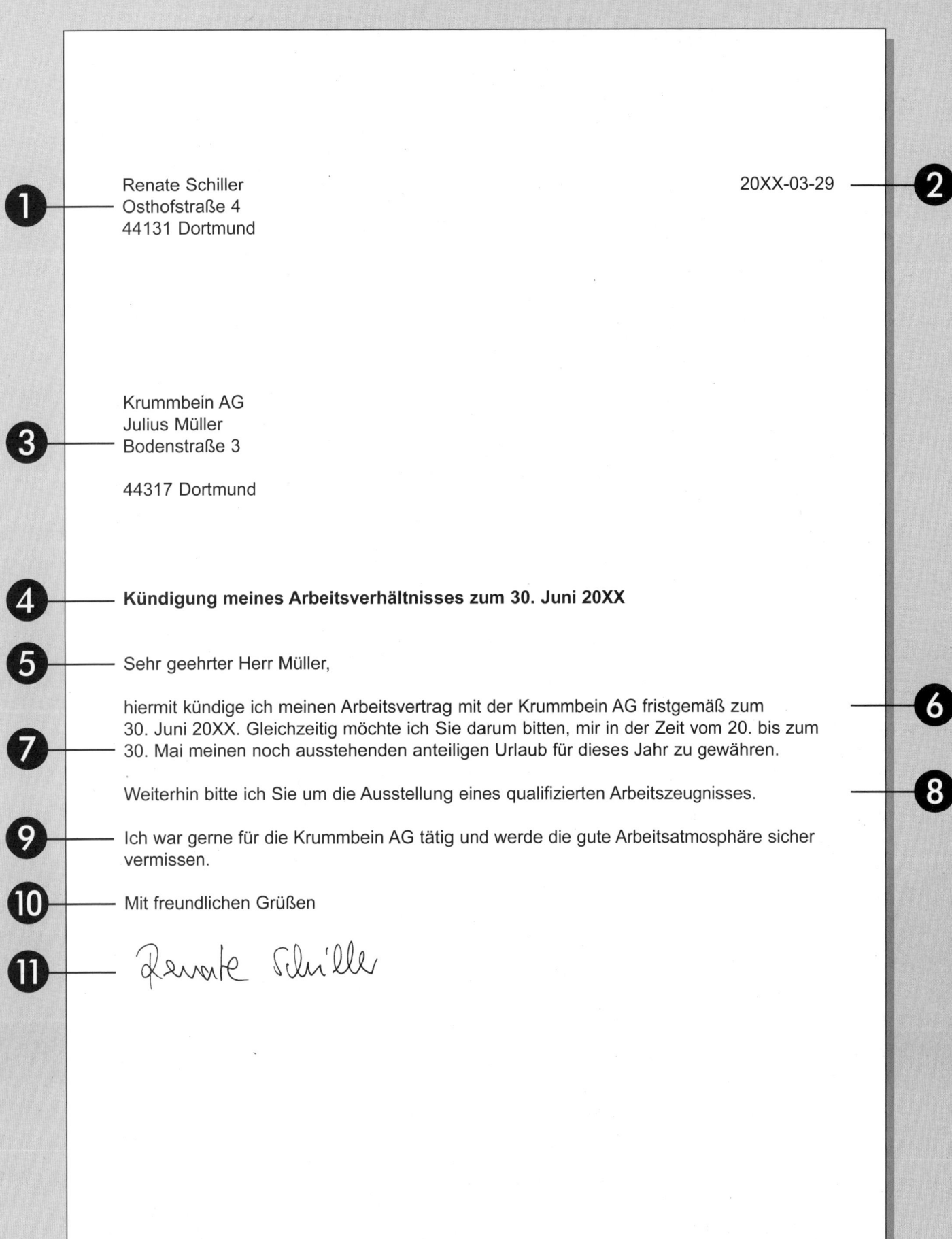

1 Renate Schiller
Osthofstraße 4
44131 Dortmund

2 20XX-03-29

3 Krummbein AG
Julius Müller
Bodenstraße 3

44317 Dortmund

4 **Kündigung meines Arbeitsverhältnisses zum 30. Juni 20XX**

5 Sehr geehrter Herr Müller,

6 hiermit kündige ich meinen Arbeitsvertrag mit der Krummbein AG fristgemäß zum
30. Juni 20XX. Gleichzeitig möchte ich Sie darum bitten, mir in der Zeit vom 20. bis zum
7 30. Mai meinen noch ausstehenden anteiligen Urlaub für dieses Jahr zu gewähren.

8 Weiterhin bitte ich Sie um die Ausstellung eines qualifizierten Arbeitszeugnisses.

9 Ich war gerne für die Krummbein AG tätig und werde die gute Arbeitsatmosphäre sicher
vermissen.

10 Mit freundlichen Grüßen

11 *Renate Schiller*

Kündigung einer Wohnung durch den Vermieter

Die Kündigung einer Wohnung durch den Vermieter gestaltet sich im Allgemeinen schwieriger als die Kündigung durch den Mieter. Der Vermieter muss nämlich ein berechtigtes Interesse daran haben, dass der Mieter aus der ihm zur Verfügung gestellten Wohnung auszieht. Und ein solches Interesse ergibt sich laut Gesetz nur, wenn besondere Gründe vorliegen.

Zu diesen Gründen, die eine ordentliche Kündigung des Vermieters gestatten, gehört, dass der Mieter seine Vertragspflichten „nicht unerheblich" verletzt. Das ist z. B. dann der Fall, wenn der Mieter seine Miete mehrfach unpünktlich gezahlt hat. Dann ist dem Vermieter eine Fortsetzung des Mietverhältnisses nicht mehr zuzumuten, zu einer außerordentlichen Kündigung reicht dieser Grund jedoch noch nicht aus. Auch wenn der Vermieter durch den Mieter an einer angemessenen wirtschaftlichen Verwertung seines Eigentums gehindert wird, ist eine ordentliche Kündigung möglich. Dieser Grund liegt z. B. vor, wenn eine Altbauwohnung nicht saniert werden kann, jedoch nicht, wenn der Vermieter bei einer Neuvermietung mehr Miete erzielen könnte. Letzter wichtiger Grund für eine ordentliche Kündigung, den das Gesetz nennt, ist der Eigenbedarf. Dieser liegt dann vor, wenn ein Verwandter oder eine gemeinsam mit dem Vermieter im Haushalt lebende Person die Wohnung benötigt. In diesem Fall muss in der Kündigung jedoch genannt werden, wer die Wohnung aus welchem Grund beziehen soll.

Die Kündigungsfrist für Vermieter beträgt bei einer Mietzeit von bis zu fünf Jahren drei Monate, bei fünf bis acht Jahren sechs Monate und bei mehr als acht Jahren neun Monate. In seiner Kündigung, die dem Mieter bis zum dritten Tag des Monats zugehen muss, in dem die Kündigungsfrist beginnt, muss er den Grund für seine ordentliche Kündigung nennen. Am günstigsten ist es, die Kündigung dem Mieter per Einschreiben, eventuell mit Rückschein zuzusenden, um sicherzustellen, dass sie ihm zugegangen ist.

Die Kündigung des Vermieters kann folgendermaßen aussehen:

1. Adresse des Vermieters,
2. Datum des Briefs,
3. Adresse des Mieters/der Mieter,
4. Betreff,
5. Anrede,
6. Kündigung mit Nennung des Kündigungstermins,
7. Angabe des Grundes für die ordentliche Kündigung,
8. eventuell Vorschlag für einen Besichtigungstermin, um nachzusehen, was an der Wohnung noch getan werden muss,
9. falls der Mieter eine Kaution gestellt hat, ein paar Worte dazu,
10. Grußformel,
11. eigenhändige Unterschrift.

Für eine außerordentliche Kündigung braucht ein Vermieter einen noch wichtigeren Grund, z. B. muss der Mieter mit seiner Miete bereits längere Zeit im Verzug sein und sie trotz wiederholter Mahnung nicht beglichen haben.

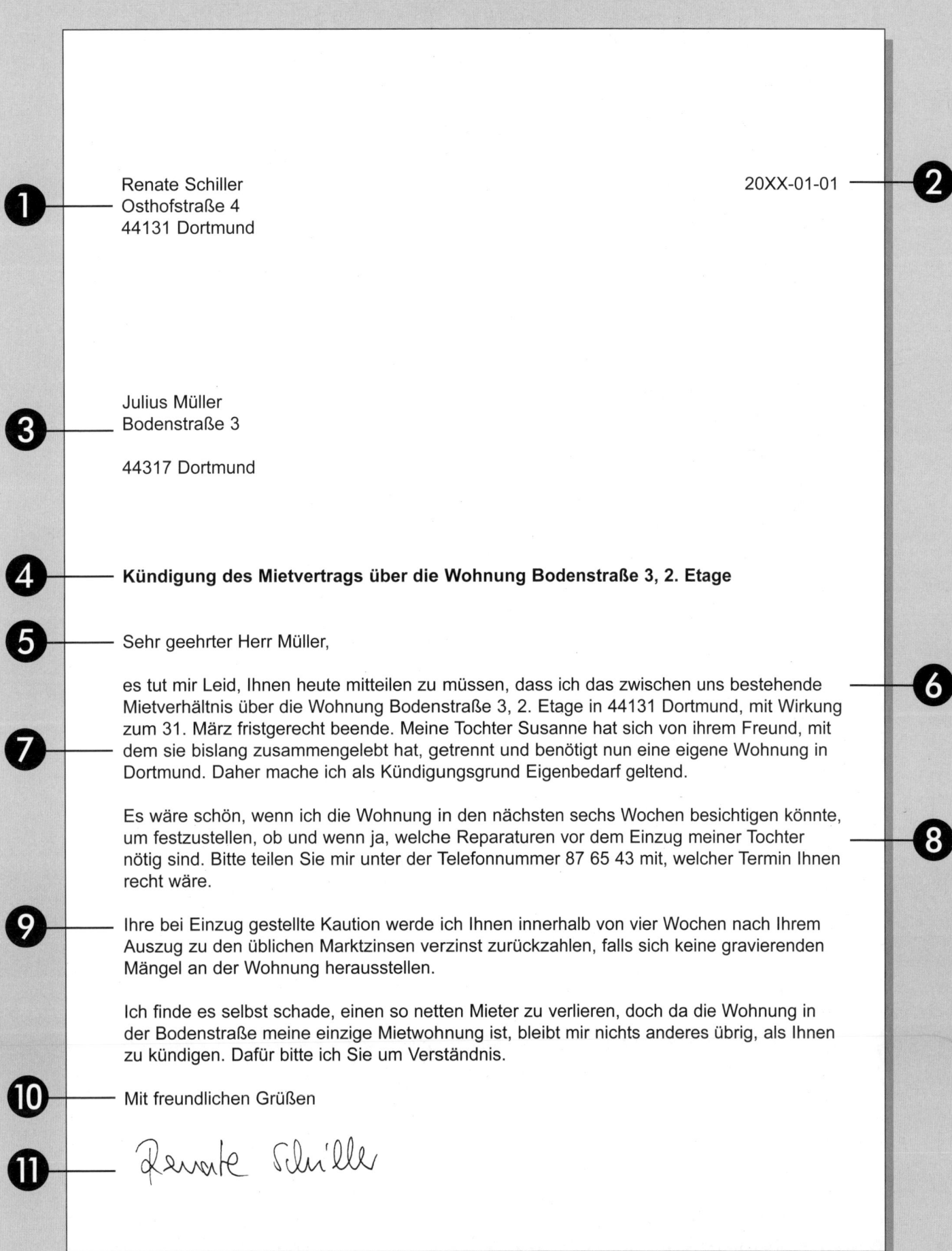

1 Renate Schiller
Osthofstraße 4
44131 Dortmund

2 20XX-01-01

3 Julius Müller
Bodenstraße 3

44317 Dortmund

4 **Kündigung des Mietvertrags über die Wohnung Bodenstraße 3, 2. Etage**

5 Sehr geehrter Herr Müller,

6 es tut mir Leid, Ihnen heute mitteilen zu müssen, dass ich das zwischen uns bestehende
Mietverhältnis über die Wohnung Bodenstraße 3, 2. Etage in 44131 Dortmund, mit Wirkung
zum 31. März fristgerecht beende. **7** Meine Tochter Susanne hat sich von ihrem Freund, mit
dem sie bislang zusammengelebt hat, getrennt und benötigt nun eine eigene Wohnung in
Dortmund. Daher mache ich als Kündigungsgrund Eigenbedarf geltend.

8 Es wäre schön, wenn ich die Wohnung in den nächsten sechs Wochen besichtigen könnte,
um festzustellen, ob und wenn ja, welche Reparaturen vor dem Einzug meiner Tochter
nötig sind. Bitte teilen Sie mir unter der Telefonnummer 87 65 43 mit, welcher Termin Ihnen
recht wäre.

9 Ihre bei Einzug gestellte Kaution werde ich Ihnen innerhalb von vier Wochen nach Ihrem
Auszug zu den üblichen Marktzinsen verzinst zurückzahlen, falls sich keine gravierenden
Mängel an der Wohnung herausstellen.

Ich finde es selbst schade, einen so netten Mieter zu verlieren, doch da die Wohnung in
der Bodenstraße meine einzige Mietwohnung ist, bleibt mir nichts anderes übrig, als Ihnen
zu kündigen. Dafür bitte ich Sie um Verständnis.

10 Mit freundlichen Grüßen

11 *Renate Schiller*

Kündigung eines Zeitschriften-/ Zeitungsabonnements

Für Zeitschriften- und Zeitungsabonnements gibt es vertraglich festgelegte Kündigungsfristen, die man bei einer Kündigung einhalten muss. Diese finden sich im Abonnementvertrag, den man jedoch nicht immer greifbar hat. Wer sich über seine Kündigungsfrist informieren will, kann z. B. beim Verlag anrufen und nachfragen. Da eine Kündigung eines Abonnements jedoch immer schriftlich erfolgen muss, kann man in seinem Brief auch einfach zum nächstmöglichen Termin kündigen. In der Regel erhält man kurze Zeit später eine Bestätigung der Kündigung, in der auch der Kündigungstermin genannt wird.

Viele Verlage sind mittlerweile dazu übergegangen, ihre Kündigungsfristen zu verkürzen. In einigen Fällen ist eine Kündigung sogar jederzeit möglich. Damit wollen die Verlage natürlich neue Abonnenten werben, denn wenn man weiß, dass man jederzeit kündigen kann, ist man eher gewillt, ein Abonnement einzugehen. Daneben gibt es vielfach auch Abonnements auf Zeit, z. B. Geschenk-Abos für ein Jahr. Bei diesen versuchen die Verlage jedoch häufig einen Trick: Sie stellen die Zeitungs- oder Zeitschriftenzusendung nicht etwa mit Ablauf des Abonnements ein, sondern schicken auch weiterhin ihre Druckerzeugnisse mit der Post zu und senden kurz darauf eine neue Rechnung. Diese muss man natürlich nicht begleichen, denn das Abonnement galt ja nur auf Zeit. Auch bereits zugesandte, aber nicht bezahlte Zeitschriften oder Zeitungen müssen nicht zurückgeschickt werden. Ärgerlich ist eine solche Masche der Verlage jedoch trotzdem, denn man muss sich nun beim Verlag melden, dass man das Abo nicht verlängern möchte und nicht gewillt ist, die Rechnung zu begleichen. Und das kostet Zeit (und auch Geld). Mit einem Anruf ist es nämlich oft nicht getan, eine schriftliche Mitteilung, die per Einschreiben an den Verlag geschickt wird, ist immer sicherer.

Die Kündigung eines Zeitschriften- oder Zeitungsabos kann wie folgt gegliedert sein:

❶ Adresse des Absenders,

❷ Datum des Schreibens,

❸ Adresse des Empfängers,

❹ Betreffzeile, in der die Kündigung der Zeitung/Zeitschrift erwähnt wird sowie die Abonnements- oder Kundennummer genannt wird,

❺ Anrede,

❻ Kündigung mit Kündigungstermin oder – falls nicht bekannt – mit der Formel „zum nächstmöglichen Termin",

❼ eventuell Angabe eines Grundes für die Kündigung, ist jedoch nicht unbedingt notwendig,

❽ Bitte, auf weitere Werbung für diese oder andere Druckerzeugnisse per Post zu verzichten,

❾ Bitte um schriftliche Bestätigung der Kündigung,

❿ Grußformel,

⓫ eigenhändige Unterschrift.

Wer einen Abonnementsvertrag abschließt und kurz darauf feststellt, dass er das Druckerzeugnis doch nicht benötigt, kann den Vertrag nach der Unterzeichnung im Allgemeinen bis zu 14 Tage später ohne Angabe von Gründen schriftlich widerrufen.

1 Renate Schiller
Osthofstraße 4
44131 Dortmund

2 20XX-05-22

3 Verlag Julius Müller
Bodenstraße 3

44317 Dortmund

4 **Kündigung des Abonnements der Zeitschrift „Geschichten aus dem Leben"**
Kundennummer 980/98

5 Sehr geehrte Damen und Herren,

6 zum nächstmöglichen Termin kündige ich hiermit mein Abonnement der Zeitschrift
„Geschichten aus dem Leben". Gleichzeitig ziehe ich ab diesem Zeitpunkt auch die
Einzugsermächtigung für mein Konto, Nummer 4598 76 68, bei der XY-Bank Dortmund
zurück.

7 Bis vor kurzem war ich mit Ihrer Zeitschrift eigentlich noch sehr zufrieden, doch nach dem
Wechsel der Chefredaktion hat sich die politische Tendenz Ihres Blattes so stark geändert,
dass ich mit den Inhalten Ihres Druckerzeugnisses einfach nicht mehr übereinstimme. Da
ich mich beim Lesen nicht ständig ärgern möchte, habe ich mich entschlossen, Ihr Blatt
8 abzubestellen. Ich möchte Sie bitten, von weiterer Werbung für diese Zeitschrift oder andere Druckerzeugnisse aus Ihrem Verlag in Zukunft abzusehen.

9 Bitte senden Sie mir eine schriftliche Bestätigung meiner Kündigung, in der Sie auch den
Kündigungstermin nennen.

10 Mit freundlichen Grüßen

11 *Renate Schiller*

Reklamation eines Kaufs

Beim Neukauf von Gegenständen garantiert der Verkäufer, dass die Ware frei von irgendwelchen Mängeln ist – man spricht auch von der Gewährleistungspflicht des Verkäufers. Stellt sich nach dem Auspacken der Ware zu Hause heraus, dass diese mit Mängeln behaftet ist, kann der Käufer sie aufgrund dieser Gewährleistungspflicht ins Geschäft zurückbringen.

Der Käufer hat in diesem Fall verschiedene Möglichkeiten: Er kann vom Verkäufer die Rückgängigmachung des Kaufs und die Rückgabe seines Geldes verlangen. In diesem Fall spricht das Gesetz von einer Wandelung des Kaufs. Genauso gut kann er sich mit einer Preisminderung zufrieden geben (z. B. bei kleinen Mängeln an Kleidungsstücken). Falls es sich um ein Serienprodukt handelt, kann er den mängelbehafteten Artikel gegen ein baugleiches, fehlerfreies Produkt umtauschen. Oder er kann eine unentgeltliche Nachbesserung (bei Elektrogeräten z. B. eine Reparatur) verlangen. In manchen Fällen kann der Käufer sogar auf Schadenersatz pochen, beispielsweise wenn der Verkäufer ihm Mängel arglistig verschwiegen hat. Doch dem Verkäufer Vorsatz nachzuweisen, dürfte in den meisten Fällen wahrscheinlich schwierig werden.

In vielen Fällen wird man die gekaufte, mit Mängeln behaftete Ware eigenhändig in den Laden zurückbringen, in dem man sie gekauft hat. In der Regel werden die Verkäufer sofort bereit sein, die Waren umzutauschen oder das Geld zurückzugeben. Auch auf eine Nachbesserung werden sich die meisten Geschäfte einlassen. Manchmal kann es allerdings sinnvoll sein, eine solche Reklamation schriftlich niederzulegen, z. B. um für mögliche spätere gerichtliche Auseinandersetzungen ein Schriftstück in der Hand zu haben.

Die schriftliche Reklamation eines Kaufs sollte folgende Punkte beinhalten:

❶ Adresse des Absenders,

❷ Datum des Briefs,

❸ Adresse des Empfängers,

❹ Betreff,

❺ Anrede,

❻ Nennung der Ware, mit der man unzufrieden ist, und des Zeitpunkts des Kaufs,

❼ Nennung des Mangels, mit dem die Ware behaftet ist,

❽ eventuell Mitteilung über bisherige Lösungsvorschläge,

❾ Bitte um anderweitige Regelung,

❿ Bitte um Stellungnahme,

⓫ Grußformel,

⓬ eigenhändige Unterschrift.

So ärgerlich und zeitaufwändig eine Reklamation auch sein mag: der Ton des Briefs sollte freundlich, gleichzeitig aber bestimmt sein. Mit Freundlichkeit erreicht man im Allgemeinen viel mehr als mit Schuldzuweisungen und Unhöflichkeit.

Eine Nachbesserung sollte der Käufer im Übrigen höchstens zweimal akzeptieren. Funktioniert ein Gerät auch nach zweimaliger Reparatur nicht einwandfrei, kann er sich auf sein Recht berufen und die Rückerstattung des Kaufpreises verlangen. Er muss sich nicht auf einen Umtausch einlassen, denn oft ist das Vertrauen in die Ware dann bereits zerstört.

① Renate Schiller
Osthofstraße 4
44131 Dortmund

② 20XX-06-17

③ Julius Müller GmbH
Bodenstraße 3

44317 Dortmund

④ **Reklamation des bei Ihnen am 2. Juni 20XX gekauften Kühlschranks**

⑤ Sehr geehrte Damen und Herren,

⑥ am 2. Juni dieses Jahres habe ich bei Ihnen einen Kühlschrank der Marke XY für den Preis
⑦ von 399 Euro erstanden. Dieser versagte jedoch nach der kurzen Laufzeit von zwei Tagen
seinen Dienst.

⑧ Ich rief daher bei Ihrem Kundendienst an, um zu fragen, was denn nun zu tun sei. Ihr Mitarbeiter schlug eine kostenfreie Reparatur vor und holte daraufhin den Kühlschrank bei mir
ab. Zwei Tage später stand das Gerät wieder in meiner Küche und funktionierte gerade einmal acht Tage lang einwandfrei. Dann fiel anscheinend – wie bereits beim ersten Mal – das
Kühlaggregat erneut aus.

⑨ Jetzt möchte ich das Gerät zurückgeben und Sie bitten, mir das Geld für den Kauf zurückzuerstatten. Ihr Mitarbeiter, dem ich meinen Wunsch telefonisch bereits mitgeteilt habe,
meinte, dass dies nicht mehr möglich sei. Ich berufe mich hiermit jedoch auf Ihre Gewährleistungspflicht beim Neukauf von Waren. Sollten Sie nicht auf meinen Wunsch eingehen,
werde ich zusätzlich Schadenersatz für meine bisher entstandenen Aufwendungen verlangen und allen Bekannten abraten, bei Ihrer Firma etwas zu kaufen. Bitte teilen Sie mir mit, **⑩**
wie Sie nun weiter verfahren wollen.

⑪ Mit freundlichen Grüßen

⑫ *Renate Schiller*

PG_Reklamation_Kauf.doc

Reklamation einer Bestellung im Internet

Für Bestellungen im Internet gilt die gleiche Gewährleistungspflicht des Verkäufers wie beim Kauf im „realen" Laden. Auch die dort erworbenen Neuwaren können bei Mängeln gegen ein baugleiches Produkt umgetauscht werden, es gibt zudem das Recht auf Wandelung, das heißt auf Erstattung des Kaufpreises bei gleichzeitiger Rückgabe der Ware, sowie die Möglichkeit der Kaufpreisminderung oder der Nachbesserung. Hinzu kommt, dass die meisten großen Internet-Versandhäuser dem Kunden eine 14-tägige Rücknahmefrist in der Regel ohne Angabe von Gründen anbieten. Der Käufer kann in vielen Fällen die Ware auf Kosten des Versandhauses zurückschicken. Allerdings müssen die Originalverpackung sowie Liefer- und Warenschein ebenfalls zurückgesandt werden. Ein solches Rückgaberecht muss jedoch in den Vertragsbedingungen ausdrücklich genannt worden sein – ohne weiteres kann man sich nicht darauf berufen. Deshalb heißt es vor allem bei kleineren Anbietern im Netz ein wenig vorsichtig zu sein.

Problematisch ist oft noch die Bezahlung. Nicht alle Internet-Warenhäuser akzeptieren die Zahlung per Rechnung oder Bankeinzug, viele verlangen die Kreditkartennummer oder sie senden ihre Ware nur per Nachnahme heraus. Einige fordern sogar Vorkasse (in diesen Fällen ist vor allem bei teuren Waren immer Vorsicht geboten!).

Die Reklamation einer Bestellung im Internet, die übrigens praktischerweise auch per E-Mail versandt werden kann, kann folgendermaßen aussehen:

❶ Adresse des Absenders (bei einer E-Mail unter der Unterschrift),

❷ Datum des Schreibens (entfällt bei einer E-Mail),

❸ Adresse des Empfängers (entfällt bei einer E-Mail),

❹ Betreff (bei einer E-Mail gehört der Betreff in die Betreffzeile des E-Mail-Programms),

❺ Anrede,

❻ Hinweis auf den Mangel der Lieferung,

❼ Vorschlag zur Behebung des Mangels,

❽ Bitte um Stellungnahme der Internet-Firma,

❾ Grußformel,

❿ eigenhändige Unterschrift (bei E-Mail-Reklamation entfällt diese, dafür sollte man anstatt im Briefkopf unter der Computerunterschrift seine volle Adresse mit Telefonnummer und E-Mail-Adresse nennen).

Auf eine E-Mail-Reklamation antworten die meisten Internet-Versender ziemlich schnell – oft innerhalb weniger Stunden. So erhält man rasch Klarheit über das weitere Vorgehen. Im Allgemeinen verhalten sich die Internet-Versender recht kulant bei Reklamationen, allerdings gibt es natürlich auch hier schwarze Schafe, die nur auf ihren Profit aus sind und dabei das Kundenwohl außer Acht lassen.

Noch eines: Bestellen Minderjährige Waren im Netz, sind die Eltern nicht verpflichtet, diese zu bezahlen, wenn sie in den Kauf nicht eingewilligt haben. In diesem Fall können sie die Ware zurücksenden – die Rücksendung muss noch nicht einmal innerhalb der herkömmlichen Rückgabefrist geschehen.

1 Renate Schiller
Osthofstraße 4
44131 Dortmund

2 20XX-08-14

3 Julius Müller GmbH
Bodenstraße 3

89589 München

4 **Reklamation des bei Ihnen am 5. August 20XX bestellten Stubenwagens**

5 Sehr geehrte Damen und Herren,

6 über das Internet habe ich am 5. August dieses Jahres bei Ihnen einen Stubenwagen für ein Baby bestellt. Dieser wurde heute ausgeliefert. Jetzt stelle ich fest, dass Sie mir anstelle des von mir gewünschten Designs „Sonne, Mond und Sterne" das Design „Happy bear" für Bettwäsche, Betthimmel und -umrandung geschickt haben, das mir überhaupt nicht zusagt.

7 Sie werden sicher verstehen, dass ich die Bettwäschegarnitur gern in das von mir gewünschte Muster umtauschen möchte. Nun frage ich Sie: Ist es möglich, nur die Bettwäsche, Bettumrandung und den Himmel an Sie zurückzusenden? Den Stubenwagen selbst hat mein Mann nämlich bereits aufgebaut. Ich würde Ihnen die Garnitur unfrei per Post zuschicken und Sie schicken die von mir gewünschte Garnitur zurück?

8 Bitte melden Sie sich rasch, damit wir das Problem schnell lösen können.

9 Mit freundlichen Grüßen

10 *Renate Schiller*

Reklamation der Telefonrechnung

Immer wieder hört man in den Medien von überhöhten Telefonrechnungen oder zumindest davon, dass viele Telefonrechnungen schlicht und ergreifend falsch sind. Zu überprüfen ist das heute vergleichsweise einfach, denn man kann – zumindest bei der Telekom – den kostenlosen Einzelnachweis über alle geführten Gespräche erhalten. Anhand dessen kann man leicht feststellen, ob bei der Abrechnung ein Fehler unterlaufen ist.

Wer noch keinen Einzelverbindungsnachweis beantragt hat, aber dennoch meint, dass seine Telefonrechnung überhöht sei, kann der Telefonrechnung zumindest widersprechen, auch wenn er vor Gericht mit einer Klage gegen den Telefonanbieter nur in seltenen Fällen Aussicht auf Erfolg haben wird. Viele Telefonanbieter zeigen sich jedoch mittlerweile kulant und erstatten zumindest einen Teil der Rechnung zurück.

Schwierig wird es im Übrigen darzulegen, ob die Verbindungen ins Internet ordnungsgemäß abgerechnet wurden. Für Online-Verbindungen gibt es keinen Einzelnachweis über die Einwahlnummer – und falls sich ein Dialer-Programm, ein automatisches Einwählprogramm ins Internet, das die herkömmliche Zugangsnummer ersetzt und die Online-Verbindung verteuert, in den Computer „eingeschlichen" hat, kann das Surfen im Netz teuer werden. Allerdings hat der Gesetzgeber Mitte 2003 beschlossen, dass die Telefonkosten, die solche Dialer verursachen, nur noch bis zu einer Dauer von maximal einer Stunde abgerechnet werden dürfen.

Die schriftliche Reklamation der Telefonrechnung kann sich inhaltlich beispielsweise wie folgt gliedern:

❶ Adresse des Absenders,

❷ Datum des Briefs,

❸ Adresse des Empfängers,

❹ Betreff,

❺ Anrede,

❻ Widerspruch gegen die Telefonrechnung,

❼ Nennung des Grundes, aus dem die Telefonrechnung reklamiert wird,

❽ Bitte um Rücküberweisung des Betrags, der fälschlicherweise abgebucht wurde,

❾ eventuell Drohung mit dem Entzug der Einzugsermächtigung und dem Wechsel zu einem anderen Anbieter,

❿ Grußformel,

⓫ eigenhändige Unterschrift.

Die Telefonrechnung, auch wenn sie falsch erscheint, muss der Kunde übrigens zunächst in voller Höhe überweisen, sonst kann ihm der Telefonanbieter nach einiger Zeit den Anschluss sperren. Allerdings hat der Kunde nach der Öffnung des Telefonmarktes nach langjähriger Monopolstellung der Telekom heute die Möglichkeit, zu einem anderen Telefonanbieter zu wechseln. Die Ankündigung eines potenziellen Wechsels in der Reklamation kann unter Umständen dazu beitragen, dass der Telefonanbieter sich bei der Überprüfung der Rechnung kulanter zeigt, als es in früheren Jahren möglich gewesen wäre. Natürlich sollte man auch bei dieser Reklamation höflich im Ton bleiben, selbst wenn man sich über die anscheinend falsche Rechnung sehr ärgert.

1 Renate Schiller
Osthofstraße 4
44131 Dortmund

2 20XX-08-03

3 Telefongesellschaft Müller
Bodenstraße 3

89589 München

4 **Telefonrechnung vom 31. Juli 20XX; Kundennummer: 1876 987,
Rechnungsnummer: 098 765 778, Buchungskonto: 987 878 098**

5 Sehr geehrte Damen und Herren,

6 die Höhe meiner Telefonrechnung vom 31. Juli 20XX kann nicht stimmen. Daher lege ich
Widerspruch gegen diese Abrechnung mit der Rechnungsnummer 098 765 778 ein.

7 Sie berechnen mir 238,98 Euro Telefongebühren für den Zeitraum vom 25. Juni bis zum
25. Juli. Doch in dieser Zeit hielt ich mich gar nicht in meiner Wohnung auf; ich befand
mich vom 24. Juni bis zum 27. Juli im Australien-Urlaub, wie ich auch problemlos nachweisen kann. Da ich während dieser Zeit niemandem meine Wohnung zur Verfügung
gestellt habe und auch keiner einen Schlüssel hatte, konnten von meinem Telefon keine
Gespräche geführt werden. Eingebrochen wurde bei mir ebenfalls nicht. Ich vermute deshalb, dass hier ein Abrechnungsfehler vorliegen muss.

8 Daher möchte ich Sie bitten, mir den zu Unrecht von meinem Konto abgebuchten Betrag
zurückzuüberweisen. Sollte dies aus irgendwelchen Gründen nicht möglich sein, bitte ich
Sie um Nachricht. Dann behalte ich mir jedoch vor, meine Einzugsermächtigung zu
kündigen und eventuell zu einem anderen Telefonanbieter zu wechseln. **9**

10 Mit freundlichen Grüßen

11 *Renate Schiller*

Reklamation einer falschen Lastschrift

Wer feststellt, dass von seinem Girokonto fälschlicherweise Geld oder ein zu hoher Betrag abgebucht wurde, sollte gegen diese falsche Lastschrift sofort Widerspruch bei der Bank einlegen. Das Geld muss dann zurückgebucht werden. Ein solcher Widerspruch muss unbedingt schriftlich erfolgen und am besten persönlich bei der Bank abgegeben oder ihr per Einschreiben zugeschickt werden. Sinnvollerweise lässt man sich den Empfang auch noch quittieren, um nachweisen zu können, dass man den Widerspruch eingereicht hat. Dafür eignet sich z. B. auch ein Einschreiben mit Rückschein.

Die Reklamation einer falschen Lastschrift kann folgende inhaltliche Stichpunkte enthalten:

❶ Adresse des Absenders,

❷ Datum des Briefs,

❸ Adresse des Empfängers,

❹ Betreff,

❺ Anrede,

❻ Nennung der falschen Abbuchung mit Kontoauszugsnummer, Buchungstag und genauer Bezeichnung der Abbuchung sowie der Lastschriftsumme,

❼ Widerspruch gegen die Lastschrift,

❽ Aufforderung an die Bank, den abgebuchten Betrag zurückzubuchen und dem eigenen Girokonto gutzuschreiben,

❾ Grußformel,

❿ eigenhändige Unterschrift.

Bei vielen Bankgeschäften heißt es jedoch, Vorsicht walten zu lassen, denn die Rückforderung abgebuchter Beträge ist nicht immer so einfach wie bei einer falschen Lastschrift. Wer sich beispielsweise für die hauptsächliche Erledigung von Bankgeschäften per Online-Banking entschieden hat, muss bei Überweisungen sehr gut Acht geben. Wird durch Unachtsamkeit ein Betrag an einen falsche Kontonummer überwiesen, kann man es zwar zurückverlangen, kann aber Pech haben, dass es nicht zurücküberwiesen wird. Das Gleiche gilt für eine fälschlicherweise zu hohe überwiesene Summe. Werden Überweisungen bei der Bank eingereicht, besteht dieses Problem in der Regel nicht, da die Bank die Daten normalerweise nochmals überprüft. Beim Online-Banking sollte man deshalb möglichst konzentriert bei der Sache sein und alle Daten nicht nur einmal, sondern ruhig zwei- bis dreimal überprüfen.

Wer seine Scheckkarte verliert oder wem sie gestohlen wird, sollte dies sofort der Bank bzw. dem bundesweiten, 24 Stunden erreichbaren Sperrservice melden (Telefonnummer bei der Bank erhältlich oder über die Auskunft zu erfragen). Denn es besteht immer die Gefahr, dass jemand mit der Scheckkarte einkaufen geht und per Lastschrift bezahlt. Wurde die Karte gesperrt, erstattet die Bank im Allgemeinen jeglichen Schaden, der nach der Sperrung der Karte noch entstanden ist.

Keinesfalls sollte man die Scheckkarte und die Geheimzahl für die Abhebung von Geld am Automaten zusammen in der Brieftasche aufbewahren. Wird die Geldbörse nämlich gestohlen, ist der Kontoinhaber für den Schaden, der ihm durch die unrechtmäßige Abhebung von Geld entsteht, selbst verantwortlich.

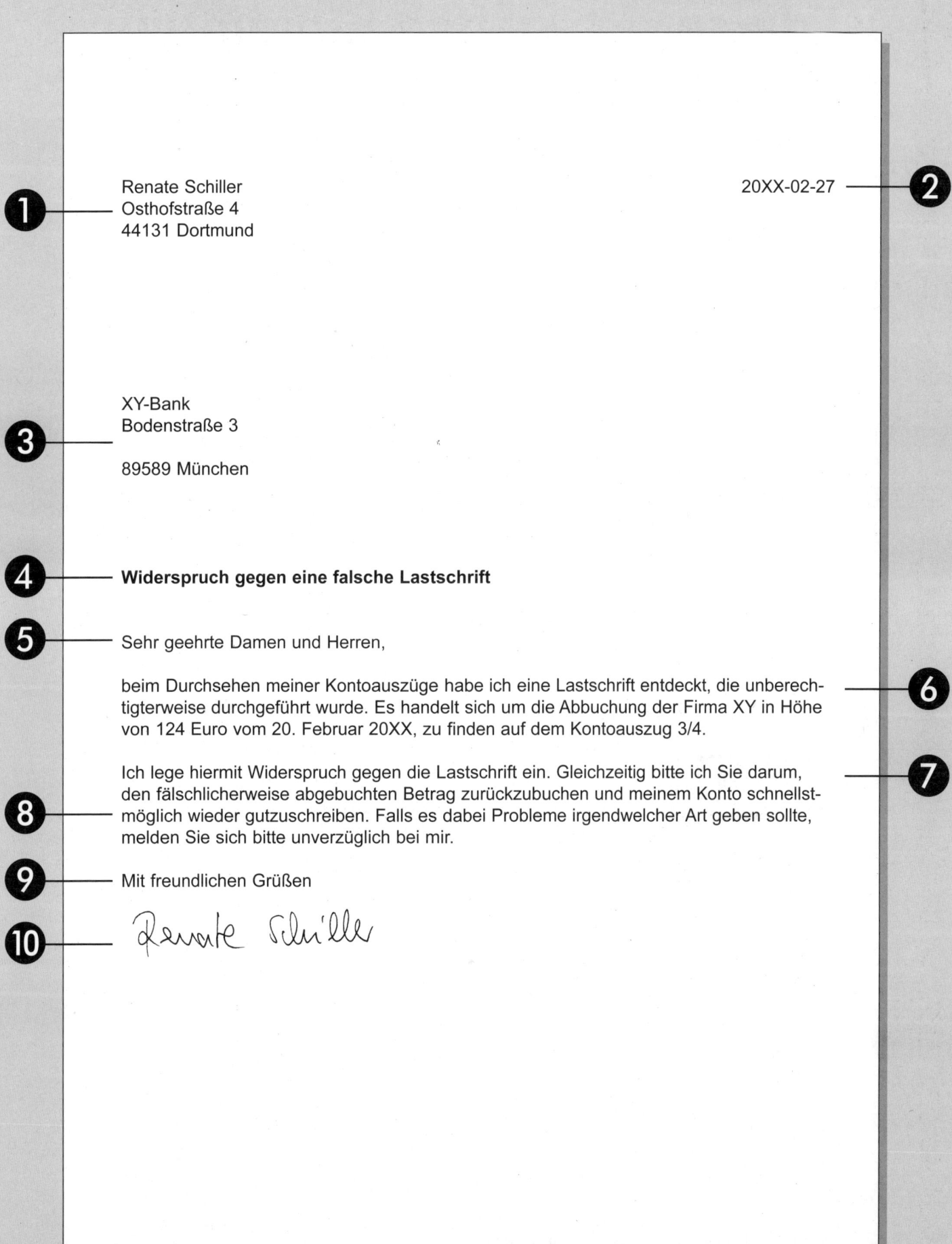

1 Renate Schiller
Osthofstraße 4
44131 Dortmund

2 20XX-02-27

3 XY-Bank
Bodenstraße 3

89589 München

4 **Widerspruch gegen eine falsche Lastschrift**

5 Sehr geehrte Damen und Herren,

6 beim Durchsehen meiner Kontoauszüge habe ich eine Lastschrift entdeckt, die unberechtigterweise durchgeführt wurde. Es handelt sich um die Abbuchung der Firma XY in Höhe von 124 Euro vom 20. Februar 20XX, zu finden auf dem Kontoauszug 3/4.

7 Ich lege hiermit Widerspruch gegen die Lastschrift ein. Gleichzeitig bitte ich Sie darum,
8 den fälschlicherweise abgebuchten Betrag zurückzubuchen und meinem Konto schnellstmöglich wieder gutzuschreiben. Falls es dabei Probleme irgendwelcher Art geben sollte, melden Sie sich bitte unverzüglich bei mir.

9 Mit freundlichen Grüßen

10 Renate Schiller

Widerspruch gegen Kündigung wegen Eigenbedarfs

Ein Vermieter kann einem Mieter nur unter ganz bestimmten Voraussetzungen die Wohnung wegen Eigenbedarfs kündigen: Sie muss an Verwandte oder im Haushalt des Vermieters lebende Personen weiter vermietet werden, er darf nicht im Besitz einer weiteren baugleichen, leer stehenden Wohnung sein und der Eigenbedarf durfte nicht bereits bei Unterzeichnung des Mietvertrags mit dem jetzigen Mieter absehbar sein. In allen anderen Fällen, z. B. wenn der Vermieter die Wohnung an Bekannte und nicht an Verwandte vermieten möchte, kann der Mieter gegen die Eigenbedarfskündigung vorgehen – zunächst mit einem Widerspruch, später zur Not sogar vor Gericht.

Allerdings sollte man nur dann wirklich auf sein Recht pochen, wenn man keine andere Möglichkeit hat. Das Verhältnis zwischen Mieter und Vermieter wird durch einen Widerspruch und vor allem durch eine Gerichtsverhandlung nämlich arg belastet. Und vor allem sensiblere Naturen unter den Mietern regt dies vermutlich sehr auf. Man sollte sich fragen, ob sich der Aufwand und Stress tatsächlich lohnen oder es vielleicht doch einfacher ist, eine neue Wohnung zu finden. Wer sich aber in einer schwierigen Lage befindet, sei es, weil die Lage auf dem Wohnungsmarkt sehr angespannt ist oder eine ähnliche Wohnung für den Mietpreis kaum zu bekommen ist, sollte selbstverständlich der Wohnungskündigung wegen Eigenbedarfs widersprechen, wenn er sich im Recht wähnt.

Der Widerspruch gegen die Eigenbedarfskündigung kann wie folgt gestaltet werden:

1. Adresse des Absenders,
2. Datum des Briefs,
3. Adresse des Empfängers,
4. Betreff,
5. Anrede,
6. Widerspruch gegen die Eigenbedarfskündigung,
7. Darlegung der Gründe, warum die Kündigung der Wohnung wegen Eigenbedarfs aus Sicht des Mieters nicht rechtmäßig ist,
8. eventuell Bezug auf die Ansicht des eigenen Anwalts nehmen, falls absehbar ist, dass der Vermieter den Widerspruch nicht gelten lassen wird,
9. Pochen auf Fortbestand des Mietverhältnisses,
10. Grußformel,
11. eigenhändige Unterschrift.

So sehr eine solche Eigenbedarfskündigung den Mieter auch wurmen mag, er sollte in seinem Brief dennoch auf eine möglichst höfliche, aber bestimmte Ausdrucksweise Wert legen. Denn mit unfreundlichem Ton oder gar persönlichen Anfeindungen erreicht man nur das Gegenteil, dessen, was man möchte. Der Vermieter wird sich über den unhöflichen Brief ärgern und mag sich vielleicht denken, dass er jetzt erst recht die Eigenbedarfskündigung ohne Rücksicht auf Verluste durchsetzen wird. Und das kann nicht im Sinne des Mieters sein. Natürlich kann sich der Mieter auch dann nicht sicher sein, dass der Vermieter auf seine Vorschläge eingeht, wenn er einen höflichen Brief verfasst, doch zumindest versperrt er sich damit nicht die Tür zu einem sachlichen, persönlichen Gespräch.

1 Renate Schiller
Osthofstraße 4
44131 Dortmund

2 20XX-07-02

3 Julius Müller
Bodenstraße 3

44317 Dortmund

4 **Widerspruch gegen Eigenbedarfskündigung vom 29. Juni 20XX**

5 Sehr geehrter Herr Müller,

6 am 29. Juni 20XX ist mir die Kündigung meiner Wohnung Osthofstraße 4, 2. Stock in 44131 Dortmund, wegen Eigenbedarfs per Einschreiben zugegangen. Dieser Kündigung widerspreche ich mit diesem Schreiben, da ich der Ansicht bin, dass die von Ihnen dargelegten Gründe für den Eigenbedarf nicht wirksam sind.

7 Sie haben mir geschrieben, dass Ihr Freund, Herr Kurt Meisel, von Münster nach Dortmund ziehen möchte und hier eine Wohnung benötigt. Sie wollen ihm gern die Wohnung, die im Moment von mir bewohnt wird, vermieten, da Sie ihn bereits seit 30 Jahren kennen. Eine Kündigung wegen Eigenbedarfs ist jedoch nur dann gerechtfertigt, wenn ein Verwandter und nicht ein Freund des Vermieters in die Wohnung einziehen soll. Das ist hier nicht der Fall. Mein Anwalt, Herr Hahn, ist übrigens der gleichen Meinung wie ich. **8**

9 So Leid es mir für Ihren Freund tut: Ich gehe daher davon aus, dass ich auch über den Kündigungstermin hinaus in der von Ihnen vermieteten Wohnung bleiben kann, weil unser Mietverhältnis bestehen bleibt.

10 Mit freundlichen Grüßen

11 Renate Schiller

Widerspruch gegen den Betriebskostenbescheid für eine Wohnung

Die Betriebskosten für eine Wohnung sind für viele Mieter ein Ärgernis, da sie mittlerweile so hoch sind, dass man von ihnen als der „zweiten Miete" spricht. Dennoch müssen sie selbstverständlich gezahlt werden. Zu den Betriebskosten werden im Allgemeinen der Strom-, Wasser- und Energieverbrauch sowie die anteiligen Kosten für die Müllabfuhr, Abwasser und eventuelle weitere Gebühren gerechnet. Unterhält der Mieter selbst einen Vertrag mit dem Strom- und dem Wasserversorger sowie dem Lieferanten für Heizöl, Gas oder einem anderweitigen Energieträger, erhält er die Abrechnung direkt vom Versorger. Die anderen Gebühren werden in der Regel jedoch über den Vermieter abgerechnet. In vielen Fällen zahlt der Mieter dem Vermieter aber auch eine monatliche Pauschale für alle Kosten und zum Ende oder Anfang des Jahres erfolgt eine detaillierte Betriebskostenabrechnung. Diese erscheint auf den ersten Blick vielfach ausgesprochen kompliziert, doch lohnt es sich, sie genau zu prüfen. Nicht selten schleichen sich in die Abrechnung nämlich Fehler ein oder die künftig zu zahlende monatliche Pauschale wird falsch berechnet.

In diesem Fall sollte man gegen den Betriebskostenbescheid unbedingt Widerspruch einlegen. Allerdings sollte man dem Vermieter bei der Berechnung der Betriebskosten keine böse Absicht unterstellen – er ist schließlich auch nur ein Mensch und kann sich schon einmal verrechnen.

Der Widerspruch kann wie folgt gegliedert sein:

❶ Adresse des Absenders,

❷ Datum des Widerspruchs,

❸ Adresse des Empfängers,

❹ Betreff,

❺ Anrede,

❻ Widerspruch gegen zu hohen Betriebskostenbescheid,

❼ Gründe für den Widerspruch nennen,

❽ Bitte um Rückzahlung des Betrags, der unrechtmäßig einbehalten wurde, bzw. Weigerung, den zu hohen Betrag zu zahlen,

❾ eventuell Bitte um Verständnis,

❿ Grußformel,

⓫ eigenhändige Unterschrift.

Falls der Mieter durch die Betriebskostenabrechnung partout nicht durchsteigt, kann er den Vermieter ruhig auch fragen, wie sich die einzelnen Kosten errechnen. Vielleicht gibt es für ein großes Mietshaus einen speziellen Verteilungsschlüssel, den der Mieter nicht kennen kann. Auch wenn aus der Nebenkostenabrechnung nicht ersichtlich ist, wie teuer die Betriebskosten im Einzelnen sind, sollte sich der Mieter an den Vermieter wenden. Eine Betriebskostenabrechnung sollte nämlich so transparent sein, dass sie auch ein Laie verstehen kann (zumindest, wenn er sich eine geraume Zeit damit beschäftigt). Schließlich muss sie überprüfbar sein.

1 Renate Schiller
Osthofstraße 4
44131 Dortmund

2 20XX-01-15

3 Julius Müller
Bodenstraße 3

44317 Dortmund

4 **Widerspruch gegen Betriebskostenabrechnung vom 2. Januar 20XX**

5 Sehr geehrter Herr Müller,

die Betriebskostenabrechnung für meine Zwei-Zimmer-Wohnung in der Osthofstraße ist mir **6**
am 2. Januar 20XX zugegangen. Da Ihnen bei der Berechnung wohl ein kleiner Fehler
unterlaufen sein muss, lege ich hiermit Widerspruch gegen diese Abrechnung ein.

Sie haben geschrieben, ich hätte während des letzten Abrechnungszeitraums 547 Kilo- **7**
wattstunden Strom verbraucht. Pro Kilowattstunde berechnete der Stromversorger 22
8 Cents. Das macht insgesamt 120,34 Euro. Sie haben jedoch fälschlicherweise 220,34 Euro
berechnet. Ich gehe davon aus, dass es sich um einen Tippfehler handelt und werde die
100 Euro Differenz nicht begleichen.

Sie werden sicher verstehen, dass ich die Abrechnung über die „zweite Miete" lieber noch **9**
einmal nachrechne, bevor ich sie überweise.

10 Mit freundlichen Grüßen

11 *Renate Schiller*

Widerspruch gegen die Abmahnung des Arbeitgebers

Abmahnungen, die in der Regel schriftlich erfolgen, sind „blaue Briefe" des Arbeitgebers, mit denen dieser Arbeitnehmern deutlich macht, dass er ihr Verhalten nicht mehr lange hinnehmen wird, sondern sie bei einer erneuten Verfehlung unter Umständen fristlos kündigen kann. Gründe für eine Abmahnung liegen im Allgemeinen im Verhalten oder in der mangelnden Leistung des Arbeitnehmers, z. B. kann der Arbeitgeber eine Abmahnung aussprechen, wenn der Arbeitnehmer wiederholt angetrunken am Arbeitsplatz erscheint oder er augenscheinlich Betriebsgeheimnisse ausgeplaudert hat.

Eine Abmahnung muss verschiedene Punkte enthalten, um wirksam zu sein. So muss sie dem Arbeitnehmer zugehen. Dann muss das Fehlverhalten des Arbeitnehmers, das zur Abmahnung geführt hat, genau dargelegt werden. Zuletzt müssen die möglichen Konsequenzen aufgeführt werden, zu denen eine wiederholte Abmahnung führen kann, das heißt der Arbeitgeber wird dem Arbeitnehmer im Regelfall die Kündigung androhen. Der Inhalt der Abmahnung wird – je nach Schwere der Verfehlung – unterschiedlich lange in der Personalakte gespeichert.

Eine Abmahnung des Arbeitgebers ist stets eine unangenehme Angelegenheit, jedoch sind längst nicht alle Abmahnungen gerechtfertigt. In manchen Fällen sucht der Arbeitgeber auch nur verzweifelt nach Gründen, einen unliebsamen Arbeitnehmer loszuwerden oder Arbeitnehmer wegzurationalisieren. Gegen eine unberechtigte Abmahnung kann der Arbeitnehmer schriftlich beim Arbeitgeber Widerspruch einlegen. Dies sollte innerhalb von drei Wochen nach der Zustellung der Abmahnung geschehen. Am besten lässt sich der Arbeitnehmer den Eingang seines Widerspruchs quittieren, um – falls nötig – vor Gericht nachweisen zu können, dass er der Abmahnung widersprochen hat.

Ein Widerspruch gegen eine Abmahnung sollte folgenden Inhalt haben:

❶ Adresse des Absenders (eventuell einschließlich der Abteilung, in der der Arbeitnehmer im Unternehmen tätig ist),

❷ Datum des Briefs,

❸ Adresse des Empfängers,

❹ Betreff,

❺ Anrede,

❻ Ansprechen der Abmahnung,

❼ Widerspruch gegen die Abmahnung,

❽ Nennung der Gründe für den Widerspruch,

❾ Bitte um Entfernung der Abmahnung aus der Personalakte,

❿ Grußformel,

⓫ eigenhändige Unterschrift.

Wer befürchtet, dass sein Widerspruch gegen die Abmahnung nicht juristisch einwandfrei sein könnte oder dessen Abmahnungsgrund nur schwer widerlegt werden kann, kann sich natürlich auch an einen Anwalt, der auf Arbeitsrecht spezialisiert sein sollte, wenden. Dieser wird dann ein Schreiben aufsetzen, das der Arbeitnehmer an den Arbeitgeber weiterleiten muss.

1 Renate Schiller
Osthofstraße 4
44131 Dortmund
Abteilung Briefe und Beschwerden

2 20XX-05-15

3 Julius Müller AG
Bodenstraße 3

44317 Dortmund

4 **Widerspruch gegen Abmahnung vom 5. Mai 20XX**

5 Sehr geehrte Damen und Herren,

6 in Ihrem Brief vom 5. Mai 20XX haben Sie mir eine Abmahnung ausgesprochen, weil ich am 3. Mai vor meiner Mittagspause angeblich meinen Schreibtisch und meinen Computer mit Marmelade und Jogurt beschmiert haben soll.

7 Dieser Abmahnung widerspreche ich ganz entschieden, denn weder habe ich Marmelade und Jogurt mit zu meiner Arbeitsstelle genommen noch habe ich sie über meinem Schreibtisch und dem Computer verteilt. Das kann meine Kollegin, Frau Regine Schmitz, **8** mit der ich das Büro teile, bezeugen. Wir sind am besagten 3. Mai zusammen in die Mittagspause gegangen und haben diese gemeinsam verbracht. Als wir wiederkamen, hatte ein Unbekannter das Chaos auf meinem Schreibtisch angerichtet.

9 Da die Abmahnung unberechtigt ist, gehe ich davon aus, dass Sie sie aus meiner Personalakte entfernen. Ich bitte um eine Bestätigung dieses Vorgangs.

10 Mit freundlichen Grüßen

11 *Renate Schiller*

Widerspruch gegen einen Gebührenbescheid

Gebührenbescheide des Kreises oder der Gemeinde sind immer unangenehm – schließlich geht es im Allgemeinen darum, dass sie Geld vom Steuerzahler haben wollen. Gebühren werden z. B. für die Müllbeseitigung erhoben, aber auch für die Abwasserbeseitigung oder – falls der Strom- bzw. Energieversorger in staatlichem Besitz ist – für Strom und Energie.

Solche Bescheide sollte man immer gut überprüfen, denn auch Gemeinden können sich verrechnen. In einem solchen Fall oder wenn man den Eindruck hat, dass die Gebühren gegenüber dem Vorjahreszeitraum um einiges zu hoch sein sollten, ist es sinnvoll, Widerspruch gegen den Gebührenbescheid einzulegen. Dann muss die Gemeinde den Bescheid zumindest noch einmal nachrechnen und ihn nötigenfalls korrigieren. Auch wenn die Gebühren der Nachbargemeinden sich in ihrer Höhe stark voneinander unterscheiden, kann ein Widerspruch gegen den Bescheid möglicherweise sinnvoll sein. Denn vielleicht erhebt die eine Gemeinde zu Unrecht zu hohe Gebühren. Stellt sich das vielleicht auch erst nach Jahren heraus, muss die Gemeinde zumindest den Personen zu viel gezahlte Gebühren erstatten, die dem Bescheid widersprochen haben.

Ein Widerspruch gegen einen Gebührenbescheid sollte folgendermaßen aufgebaut sein:

❶ Adresse des Absenders,

❷ Datum des Briefs,

❸ Adresse des Empfängers,

❹ Betreff mit Datum, Kundennummer und eventueller Nummer des Gebührenbescheids,

❺ Anrede,

❻ Ansprechen des Gebührenbescheids,

❼ Widerspruch gegen den Gebührenbescheid,

❽ Nennung der Gründe für den Widerspruch,

❾ Bitte um Überprüfung,

❿ Weigerung der Zahlung, bis die Frage geklärt ist, ob der Bescheid wirklich rechtmäßig ist,

⓫ Grußformel,

⓬ eigenhändige Unterschrift.

Wer möchte, kann vor dem Schreiben des Widerspruchs auch bei der Gemeinde anrufen und sich telefonisch erkundigen, wer für solche Widersprüche zuständig ist. Mit dem Sachbearbeiter kann man sich natürlich auch verbinden lassen, um das Problem bereits am Telefon anzusprechen. Im Allgemeinen wird der Sachbearbeiter jedoch auf einem schriftlichen Widerspruch bestehen, um etwas in der Hand zu haben. Die Sachbearbeiter sind übrigens zur Auskunft gegenüber den Bürgern verpflichtet – man muss sich also nicht als Bittsteller vorkommen, wenn man dort anruft.

Wird der Widerspruch abgelehnt und es bestehen immer noch berechtigte Zweifel daran, dass der Gebührenbescheid nicht ganz in Ordnung ist, kann man notfalls auch einen Anwalt zurate ziehen. Das sollte man sich wegen der hohen Kosten jedoch gründlich überlegen.

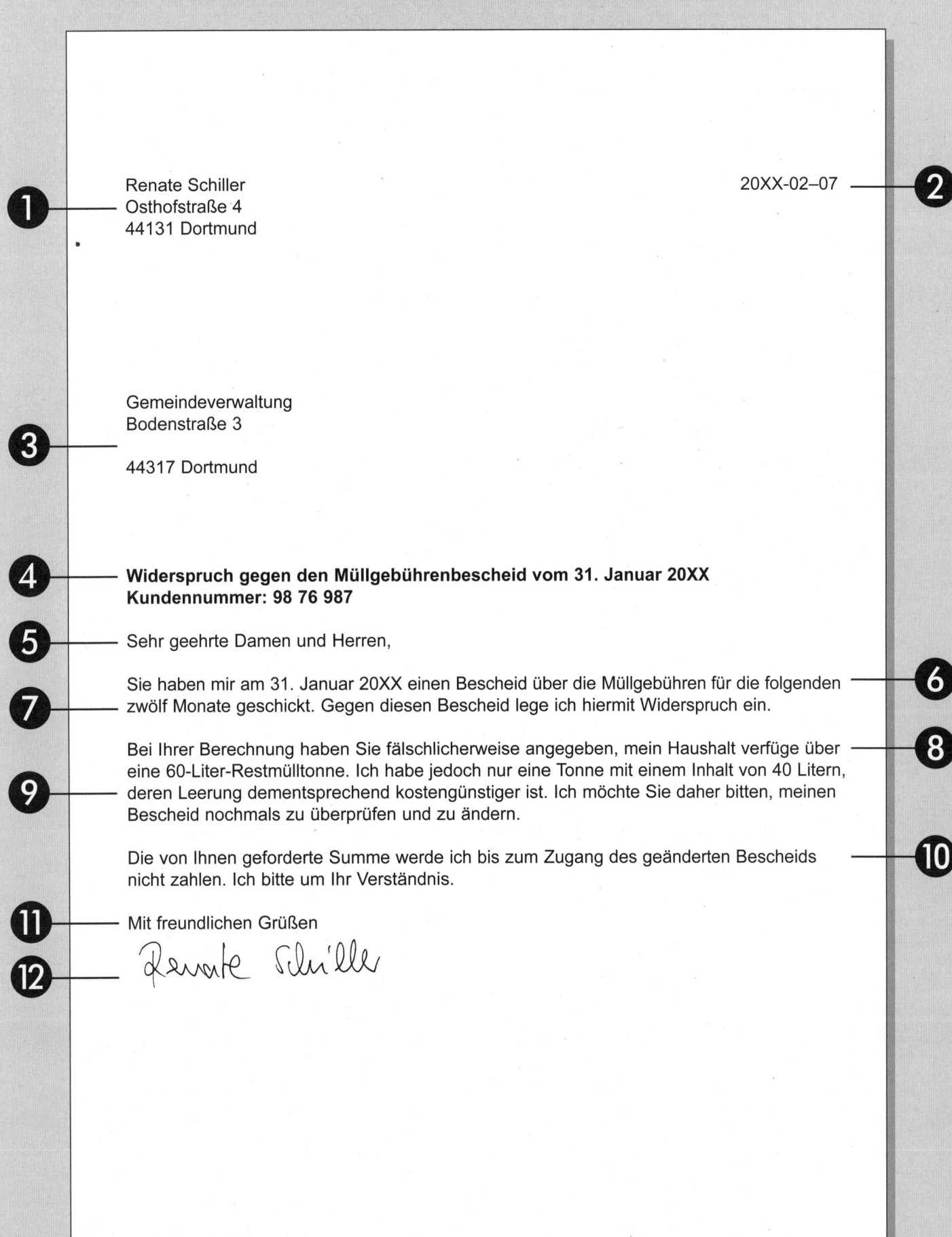

Renate Schiller
Osthofstraße 4
44131 Dortmund

20XX-02–07

Gemeindeverwaltung
Bodenstraße 3

44317 Dortmund

Widerspruch gegen den Müllgebührenbescheid vom 31. Januar 20XX
Kundennummer: 98 76 987

Sehr geehrte Damen und Herren,

Sie haben mir am 31. Januar 20XX einen Bescheid über die Müllgebühren für die folgenden
zwölf Monate geschickt. Gegen diesen Bescheid lege ich hiermit Widerspruch ein.

Bei Ihrer Berechnung haben Sie fälschlicherweise angegeben, mein Haushalt verfüge über
eine 60-Liter-Restmülltonne. Ich habe jedoch nur eine Tonne mit einem Inhalt von 40 Litern,
deren Leerung dementsprechend kostengünstiger ist. Ich möchte Sie daher bitten, meinen
Bescheid nochmals zu überprüfen und zu ändern.

Die von Ihnen geforderte Summe werde ich bis zum Zugang des geänderten Bescheids
nicht zahlen. Ich bitte um Ihr Verständnis.

Mit freundlichen Grüßen

Renate Schiller

Widerspruch gegen den Rentenbescheid

Die Berechnung der gesetzlichen Altersrente ist ausgesprochen kompliziert – selbst Fachleute haben dabei manchmal Probleme. Kein Wunder, dass auch nicht alle Rentenbescheide richtig sind. Wer das Gefühl hat, dass seine Altersrente zu gering ausfällt, sollte formlos Widerspruch beim jeweiligen Rentenversicherungsträger einlegen. Für Angestellte ist dies die Bundesversicherungsanstalt für Angestellte, für Arbeiter in der Regel das jeweilige Landesversicherungsamt. Die Adresse ist auf dem Rentenbescheid zu finden.

Ein Widerspruch gegen einen Rentenbescheid muss beim Rentenversicherungsträger innerhalb von vier Wochen nach Zugang des Bescheids erhoben werden. Dann wird der Bescheid nochmals überprüft. Wer schon in seinem Widerspruch detailliert die Unklarheiten des Bescheids aufzählen möchte, kann sich an eine Verbraucherzentrale wenden, die gemeinsam mit dem Antragsteller den Bescheid überprüfen kann. Falls es dort keinen Experten für Rentenfragen geben sollte, wird die Verbraucherzentrale sicher den Namen eines solchen Experten nennen können.

Der Widerspruch gegen den Rentenbescheid kann folgendermaßen aufgebaut sein:

❶ Adresse des Absenders,

❷ Datum des Briefs,

❸ Adresse des Empfängers (in diesem Fall die Bundesversicherungsanstalt für Angestellte oder das zuständige Landesversicherungsamt),

❹ Betreff (mit Versicherungsnummer und Datum des Rentenbescheids),

❺ Anrede,

❻ Widerspruch gegen den Rentenbescheid,

❼ Gründe für den Widerspruch nennen,

❽ Bitte um Überprüfung des Bescheids und eventuelle Neuberechnung der Rentenhöhe,

❾ Grußformel,

❿ eigenhändige Unterschrift.

Es versteht sich fast von selbst, dass ein solcher Widerspruch gegen den Rentenbescheid nur per Einschreiben versandt wird – am besten mit Rückschein, dann kann man den Eingang des Widerspruchs beim Rentenversicherungsträger nachvollziehen. Und vor allem kann man damit nachweisen, dass man Widerspruch gegen den Rentenbescheid erhoben hat und dieser beim Versicherungsträger eingegangen ist, falls dies irgendwann einmal (z. B. vor Gericht) nötig sein sollte.

Die Antwort des Versicherungsträgers auf den Widerspruch wird sicher eine Zeit lang auf sich warten lassen, denn die Mühlen der Behörden mahlen bekanntermaßen langsam. Damit der Rentner während dieser Zeit über die notwendigen Mittel zur Bestreitung seines Lebensunterhalts verfügen kann, sollte er den Versicherungsträger in seinem Schreiben in jedem Fall bereits darum bitten, die vorläufig berechnete Rente zu überweisen, selbst wenn die Rentenhöhe nicht korrekt sein sollte. Darauf wird der Versicherungsträger sicher eingehen – und außerdem hat der Rentner ein Anrecht auf die pünktliche Überweisung seiner wohl verdienten Altersrente.

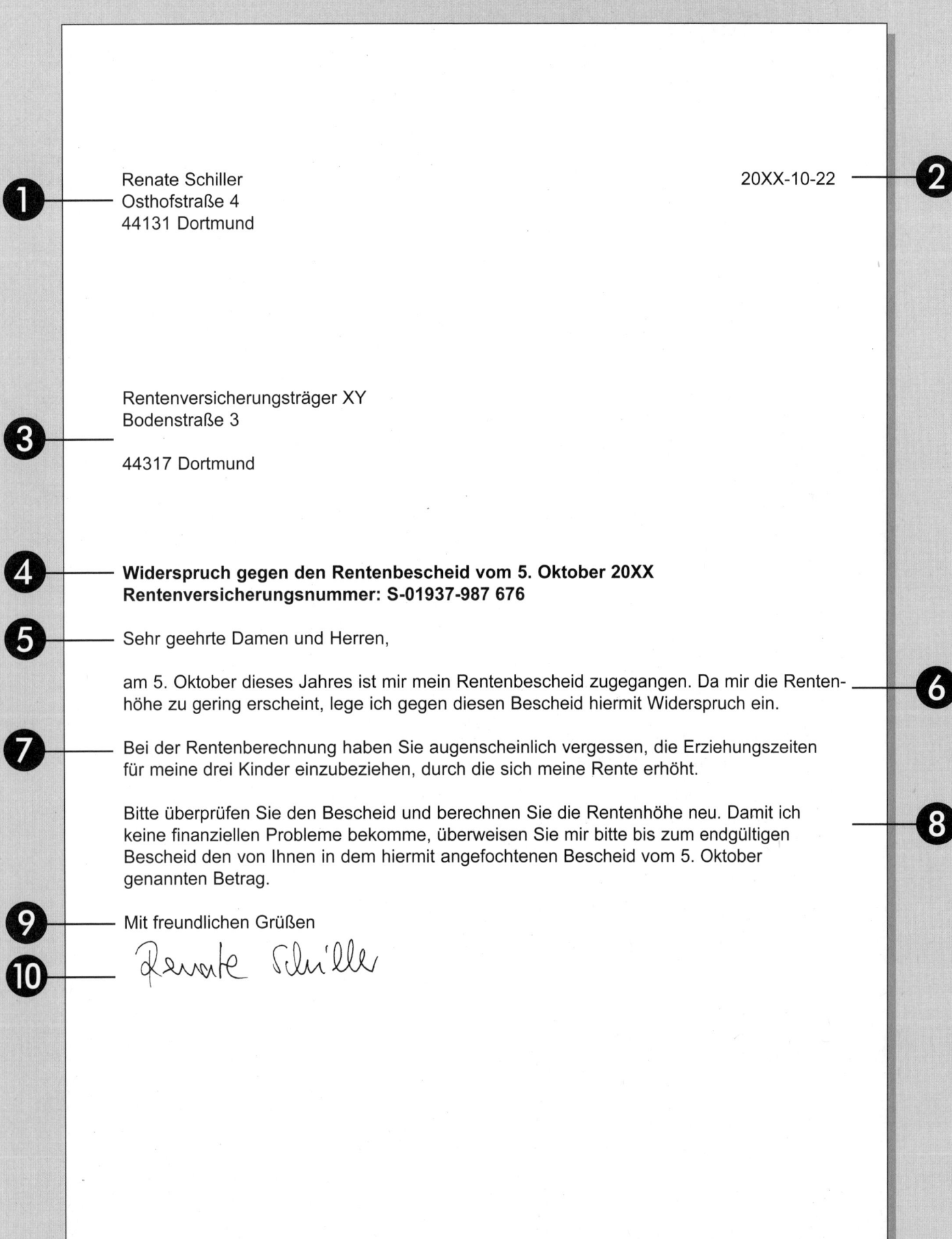

① Renate Schiller
Osthofstraße 4
44131 Dortmund

② 20XX-10-22

③ Rentenversicherungsträger XY
Bodenstraße 3

44317 Dortmund

④ **Widerspruch gegen den Rentenbescheid vom 5. Oktober 20XX**
Rentenversicherungsnummer: S-01937-987 676

⑤ Sehr geehrte Damen und Herren,

am 5. Oktober dieses Jahres ist mir mein Rentenbescheid zugegangen. Da mir die Renten-**⑥** höhe zu gering erscheint, lege ich gegen diesen Bescheid hiermit Widerspruch ein.

⑦ Bei der Rentenberechnung haben Sie augenscheinlich vergessen, die Erziehungszeiten für meine drei Kinder einzubeziehen, durch die sich meine Rente erhöht.

Bitte überprüfen Sie den Bescheid und berechnen Sie die Rentenhöhe neu. Damit ich **⑧** keine finanziellen Probleme bekomme, überweisen Sie mir bitte bis zum endgültigen Bescheid den von Ihnen in dem hiermit angefochtenen Bescheid vom 5. Oktober genannten Betrag.

⑨ Mit freundlichen Grüßen

⑩ *Renate Schiller*

Widerspruch gegen eine Mieterhöhung

Der Vermieter ist berechtigt, in regelmäßigen Abständen die Miete zu erhöhen, wenn er die Mieterhöhung begründen kann. Seit der letzten Erhöhung der Miete bzw. seit Abschluss des Mietvertrags bis zur Mieterhöhung müssen jedoch 15 Monate vergangen sein. Der Vermieter kann die Erhöhung aber bereits zwölf Monate danach ankündigen.

Eine Mieterhöhung ist u. a. dann gestattet, wenn der Mieter Modernisierungsmaßnahmen an der Wohnung durchgeführt hat, die deren Wert – und natürlich auch den Wohnwert – erhöhen. Er kann die Miete aber auch dann anheben, wenn der bisherige Mietzins unter der Miete für vergleichbare Objekte des jeweiligen Ortes liegt. Den Maßstab für die Vergleichsmiete bildet der in den meisten Städten existierende Mietspiegel. Dabei darf die Miete jedoch nicht um mehr als 20% in drei Jahren steigen, selbst wenn die Höhe der Vergleichsmiete mit der Mieterhöhung damit noch nicht erreicht sein sollte.

Als Letztes benötigt der Vermieter für eine Mieterhöhung die Zustimmung des Mieters. Dieser kann der Mieterhöhung widersprechen, wenn er triftige Gründe dafür hat, z. B. wenn die letzte Mieterhöhung vor weniger als 15 Monaten vorgenommen wurde. Er muss seinen Widerspruch gegen die Mieterhöhung dem Vermieter bis Ende des übernächsten Monats, möglichst aber innerhalb von vier Wochen zusenden. Widerspricht er der Erhöhung nicht oder überweist stillschweigend die neue Miete, gilt seine Zustimmung als erteilt.

Ein Widerspruch des Mieters gegen eine Mieterhöhung sollte in jedem Fall folgende inhaltliche Punkte enthalten:

❶ Adresse des Absenders,

❷ Datum des Briefs,

❸ Adresse des Empfängers,

❹ Betreff,

❺ Anrede,

❻ Zugangsbestätigung des Briefs des Vermieters,

❼ Widerspruch gegen die Mieterhöhung,

❽ Nennung der Gründe für den Widerspruch,

❾ Ankündigung des weiteren Vorgehens des Mieters,

❿ Grußformel,

⓫ eigenhändige Unterschrift.

Verboten ist es dem Vermieter, ohne triftigen Grund gleichzeitig mit der Miete auch die Betriebskosten anteilig zu erhöhen. Diese dürfen nur angehoben werden, wenn die Betriebskosten auch tatsächlich gestiegen sind, z. B. weil die Energie- oder die Wasserpreise erhöht wurden. Eine Mieterhöhung, die gleichzeitig auch die Anhebung der Betriebskosten vorsieht, sollte der Mieter daher stets besonders gründlich überprüfen und gegebenenfalls Widerspruch dagegen einlegen.

Zeigt sich der Vermieter im Übrigen uneinsichtig, was die unberechtigte Mieterhöhung angeht, hat der Mieter immer auch die Möglichkeit, ein Gericht anzurufen, um die Mieterhöhung überprüfen zu lassen.

① Renate Schiller
Osthofstraße 4
44131 Dortmund

② 20XX-09-15

③ Julius Müller
Bodenstraße 3

44317 Dortmund

④ **Widerspruch gegen die von Ihnen am 2. September 20XX angekündigte Mieterhöhung**

⑤ Sehr geehrter Herr Müller,

⑥ am 2. September habe ich Ihr Schreiben erhalten, in dem Sie mir die Erhöhung der Miete zum 1. Dezember dieses Jahres von 300 auf 400 Euro ankündigten. Als Begründung **⑦** gaben Sie an, dass die ortsübliche Vergleichsmiete für nahezu baugleiche Wohnungen bei eben diesen 400 Euro läge. Gegen diese Mieterhöhung lege ich mit diesem Schreiben Widerspruch ein.

⑧ Der Grund für meinen Widerspruch: Durch die Mieterhöhung würde die Miete mit rund 33% stärker steigen, als es das Gesetz erlaubt. Innerhalb von drei Jahren darf die Miete nämlich nur um 20% angehoben werden, also in diesem Fall um höchstens 60 Euro.

⑨ Bis ich wieder von Ihnen höre, werde ich demnach die Miete weiterhin in der bisherigen Höhe überweisen.

⑩ Mit freundlichen Grüßen

⑪ *Renate Schiller*

Widerspruch gegen die Ablehnung einer Kur

Alle vier Jahre ist es möglich, einen Antrag auf eine Kur zu stellen. Es gibt verschiedene Formen der Kur: stationäre, ambulante oder teilstationäre Rehabilitationsmaßnahmen (z. B. nach einer schweren Krankheit) oder Kuren, die zur Vorsorge durchgeführt werden (z. B. Mutter-Kind-Kuren bei schwerer Erschöpfung der Mutter, die zu Krankheiten führen könnte).

Der Antrag auf eine Kur wird zusammen mit dem Hausarzt gestellt, der dem Kostenträger die medizinische Notwendigkeit der Kur darlegen muss. Dieser Antrag wird in der Regel zunächst an die Krankenkasse geschickt, die daraufhin klärt, welcher Kostenträger für die Kur zuständig ist. Bei Rentnern, Kindern oder familienversicherten Hausfrauen ist das im Allgemeinen die Krankenkasse, bei Berufstätigen in den meisten Fällen der Rentenversicherungsträger. Als weiterer Kostenträger kann aber u. a. auch das Sozialamt infrage kommen.

Aufgrund des Sparzwangs im Gesundheitsbereich wird heute jedoch ein großer Teil der Kuranträge abgelehnt. Mit einem ablehnenden Bescheid sollte man sich aber nicht zufrieden geben, wenn man (und der Hausarzt) von der Notwendigkeit einer Kur überzeugt ist. Schließlich geht es hier um die eigene Gesundheit – und für die sollte man immer eintreten. Deshalb kann sich ein Widerspruch gegen die Ablehnung des Kur-Antrags lohnen. Diesen muss man innerhalb eines Monats nach dem Zugang der Ablehnung schriftlich beim Kostenträger einreichen. Daraufhin überprüft vermutlich der Vertrauensarzt des Kostenträgers nochmals den Gesundheitszustand des Kurwilligen und reicht anschließend sein Gutachten beim Kostenträger ein.

Ein Widerspruch gegen die Ablehnung einer Kur sollte wie folgt aufgebaut werden:

❶ Adresse des Absenders,

❷ Datum des Briefs,

❸ Adresse des Empfängers,

❹ Betreff,

❺ Anrede,

❻ Bestätigung, dass und wann der ablehnende Bescheid über die Kur bei Ihnen eingetroffen ist,

❼ Widerspruch gegen diesen Bescheid,

❽ Nennung der Gründe für den Widerspruch,

❾ Bitte um erneute Überprüfung des Antrags,

❿ Grußformel,

⓫ eigenhändige Unterschrift.

Selbstverständlich sollte man seinen Widerspruch gegen die Ablehnung der Kur dem zuständigen Kostenträger per Einschreiben zuschicken, um die Gewissheit zu haben, dass der Brief auch tatsächlich beim Adressaten ankommt. Wer nur über ein geringes Einkommen verfügt und den Eigenanteil, der bei einer Kur in der Regel zu zahlen ist, nur schwer oder gar nicht aufbringen kann, sollte dies in seinem Widerspruch gleich ansprechen. In Härtefällen muss die Person, die zur Kur fährt, nämlich gar nichts zahlen – der Versicherungsträger übernimmt alle anfallenden Kosten.

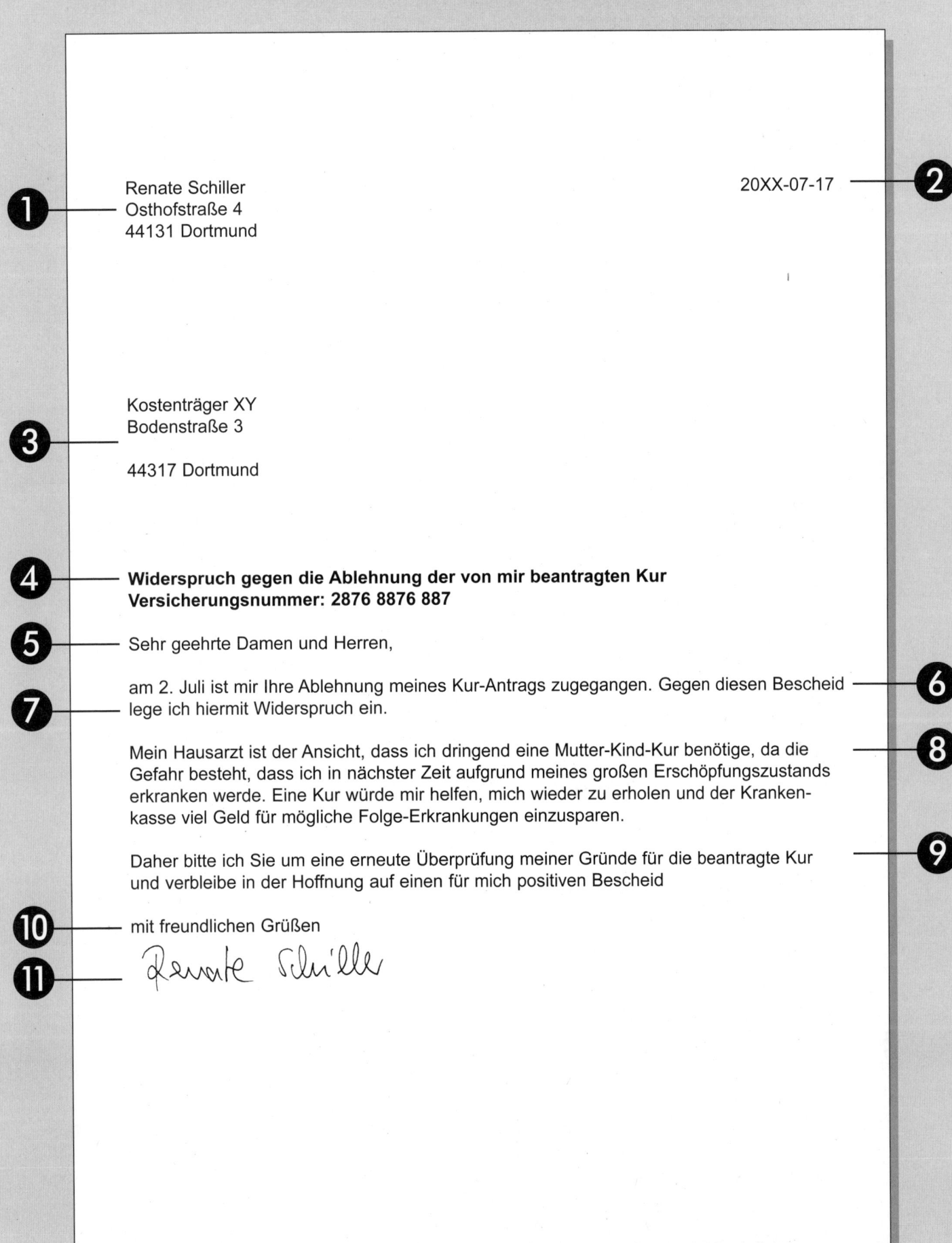

① Renate Schiller
Osthofstraße 4
44131 Dortmund

② 20XX-07-17

③ Kostenträger XY
Bodenstraße 3

44317 Dortmund

④ **Widerspruch gegen die Ablehnung der von mir beantragten Kur**
Versicherungsnummer: 2876 8876 887

⑤ Sehr geehrte Damen und Herren,

⑥ am 2. Juli ist mir Ihre Ablehnung meines Kur-Antrags zugegangen. Gegen diesen Bescheid
⑦ lege ich hiermit Widerspruch ein.

⑧ Mein Hausarzt ist der Ansicht, dass ich dringend eine Mutter-Kind-Kur benötige, da die
Gefahr besteht, dass ich in nächster Zeit aufgrund meines großen Erschöpfungszustands
erkranken werde. Eine Kur würde mir helfen, mich wieder zu erholen und der Krankenkasse viel Geld für mögliche Folge-Erkrankungen einzusparen.

⑨ Daher bitte ich Sie um eine erneute Überprüfung meiner Gründe für die beantragte Kur
und verbleibe in der Hoffnung auf einen für mich positiven Bescheid

⑩ mit freundlichen Grüßen

⑪ *Renate Schiller*

Ankündigung einer Mieterhöhung

Ein Vermieter, der die Miete für eine Wohnung erhöhen möchte, muss dem Mieter die Mieterhöhung zuvor ankündigen. Und damit nicht genug: Der Mieter muss der Mieterhöhung auch zustimmen, damit sie in Kraft treten kann. Für einen Widerspruch gegen die Mieterhöhung muss der Mieter jedoch triftige Gründe haben. Deshalb muss der Vermieter in seiner Ankündigung Acht geben, dem Mieter keine solchen Gründen zu geben.

Dem Vermieter muss klar sein, dass er die Miete nicht ohne weiteres anheben kann. Es gibt jedoch einige Gründe, die eine Mieterhöhung berechtigen, beispielsweise die Anpassung der Miete an die ortsübliche Vergleichsmiete für vergleichbare Wohnungen (abhängig von Größe, Baujahr, Ausstattung), für die der Mietspiegel der Gemeinde ausschlaggebend ist. Allerdings darf die Miete innerhalb von drei Jahren nur um maximal 20% steigen, selbst wenn die Vergleichsmiete nach der Mietanhebung immer noch höher liegt. Hinzu kommt: Die letzte Mieterhöhung muss wenigstens 15 Monate zurückliegen. Ankündigen darf der Vermieter die Erhöhung jedoch bereits nach 12 Monaten.

Auch bei einer Modernisierung der Wohnung oder kostenintensiven Umbauten kann der Vermieter eine Steigerung der Miete verlangen. Die Höhe der Mieterhöhung ist jedoch abhängig vom Aufwand der Modernisierung. Der Verein Haus und Grund hilft Vermietern dabei, eine adäquate Mieterhöhung bei Modernisierungen zu ermitteln.

Die Ankündigung der Mieterhöhung hat immer schriftlich zu erfolgen. Sie muss dem Mieter bis zum Ende des übernächsten Monats Zeit geben, um darauf zu antworten. Eine solche Ankündigung kann wie folgt aufgebaut sein:

❶ Adresse des Absenders,

❷ Datum des Briefs,

❸ Adresse des Empfängers,

❹ Betreff,

❺ Anrede,

❻ Bezifferung des alten Mietpreises,

❼ Ankündigung der Mieterhöhung mit Angabe des Termins, zu dem erstmals die neue Miete gezahlt werden soll,

❽ Darlegung der Gründe für die Mieterhöhung,

❾ Bitte um Zustimmung mit Fristsetzung,

❿ Grußformel,

⓫ eigenhändige Unterschrift.

Ein solcher Brief sollte dem Mieter immer per Einschreiben oder Einschreiben mit Rückschein zugesandt werden, damit dieser sich nicht damit herausreden kann, dass er die Mieterhöhungs-Ankündigung nicht erhalten habe. Unter Umständen kann es sinnvoll sein, als Anlage eine Kopie des aktuellen Mietspiegels beizulegen, um den Nachweis zu führen, dass die Anhebung der Miete berechtigt ist. Allerdings ist das nicht unbedingt nötig – die meisten Mieter werden eine Mieterhöhung auch ohne diese Anlage akzeptieren. Auf Wunsch kann der Vermieter sie dem Mieter auch nachreichen.

1 Renate Schiller
Osthofstraße 4
44131 Dortmund

2 20XX-03-14

3 Julius Müller
Bodenstraße 3

44317 Dortmund

4 **Mieterhöhung zum 1. Juni 20XX**

5 Sehr geehrter Herr Müller,

6 Sie zahlen für Ihre Wohnung seit dem 1. Januar des Vorjahres eine Kaltmiete ohne Nebenkosten in Höhe von 250 Euro, das macht umgerechnet auf den Quadratmeter genau fünf
Euro. Die ortsübliche Vergleichsmiete für vergleichbare Wohnungen liegt seit Anfang dieses
7 Jahres bei 6 Euro pro Quadratmeter. Sie werden sicher verstehen, dass ich angesichts dieses Unterschieds die Miete für Ihre Wohnung zum 1. Juni pro Quadratmeter auf 5,50 Euro,
8 das heißt auf insgesamt 275 Euro erhöhen möchte. Damit liegt Ihre Miete immer noch
unter der ortsüblichen Vergleichsmiete.

Sind Sie mit dieser moderaten Mieterhöhung zum 1. Juni einverstanden? Dann senden Sie
9 mir bitte Ihre schriftliche Zustimmung bis zum 31. Mai zu. Sollte ich bis dahin nichts von
Ihnen gehört haben, gehe ich ebenfalls davon aus, dass Sie die Mietanhebung akzeptieren.

10 Mit freundlichen Grüßen

11 *Renate Schiller*

PG_Sonstiges_Mieterhoehung.doc

145

Antrag auf die Befreiung von der Zuzahlung zu Medikamenten

Medikamente sind teuer, selbst wenn die Krankenkasse den Großteil der Kosten trägt: Für die kleinste Packung eines vom Arzt verordneten Medikaments muss der Patient vier Euro zuzahlen, für die mittlere Packung 4,50 Euro und für die größte Darreichungsform immerhin schon fünf Euro (liegen die Kosten des Arzneimittels darunter, muss natürlich auch nur dieser Betrag gezahlt werden; Stand: Mitte 2003). Wer häufiger Medikamente benötigt, kann da schon einiges an Geld loswerden. Es kann sich daher lohnen zu prüfen, ob man sich von der Zuzahlung zu Medikamenten befreien lassen kann.

Eine solche Befreiung kommt z. B. bei einem geringen monatlichen Bruttoeinkommen infrage. Übersteigt dieses Einkommen 902 Euro (Westdeutschland) bzw. 759 Euro (Ostdeutschland) nicht, kann der Patient bei seiner Krankenkasse einen Antrag auf die vollständige Befreiung der Zuzahlung zu Medikamenten stellen. Für ein zweites, mitversichertes Familienmitglied ohne eigenes Einkommen erhöht sich diese Grenze um 338,50 Euro (Westdeutschland) bzw. 285 Euro (Ostdeutschland), für weitere Familienmitglieder um 225,50 Euro (Westen) bzw. 190 Euro (Osten; Stand: Mitte 2003). Auch jedes Krankenkassenmitglied, das entweder Sozial- oder Arbeitslosenhilfe, Leistungen der Kriegsopferfürsorge, BaföG oder Ausbildungsförderung bezieht, wird auf Antrag vollständig von der Zuzahlungspflicht befreit. Für mitversicherte Kinder unter 18 Jahren brauchen ohnehin keine Zuzahlungen geleistet zu werden, und das auch ohne Antrag.

Ein Antrag auf die Befreiung von der Zuzahlung zu Arzneimitteln kann folgendermaßen aufgebaut werden:

❶ Adresse des Absenders,

❷ Datum des Briefs,

❸ Adresse des Empfängers (in diesem Fall der zuständigen Krankenkassenfiliale),

❹ Betreff (mit Krankenversicherungsnummer),

❺ Anrede,

❻ Antrag auf Befreiung von der Zuzahlungspflicht,

❼ Nennung des Grundes für die Befreiung,

❽ Bitte um rasche Bestätigung der Befreiung,

❾ Dank,

❿ Grußformel,

⓫ eigenhändige Unterschrift des Krankenkassenmitglieds.

Einen Antrag auf eine teilweise Befreiung von der Zuzahlungspflicht kann gestellt werden, wenn die Zuzahlung zu Medikamenten und anderen medizinischen Hilfsmitteln im Jahr 2% des Bruttoeinkommens übersteigt. Für Familienmitglieder gibt es Freibeträge, die zuvor vom Bruttoeinkommen abgezogen werden können. In diesem Fall müssen jedoch alle Apothekenquittungen gesammelt werden.

Chronisch Kranke, die ein Jahr lang mehr als 1% ihres Bruttoeinkommens für ihre Krankheit aufwenden müssen, werden auf Antrag dauerhaft von der Zuzahlungspflicht befreit.

Renate Schiller
Osthofstraße 4
44131 Dortmund

20XX-05-25

Krankenkasse XY
Bodenstraße 3

44317 Dortmund

Befreiung von der Zuzahlungspflicht für Medikamente
Versicherungsnummer: 098 765 432

Sehr geehrte Damen und Herren,

mit diesem Schreiben beantrage ich meine Befreiung von der Zuzahlungspflicht für Medika-
mente. Mein monatliches Bruttoeinkommen beträgt nur 800 Euro und liegt damit unter der
Einkommensgrenze, bis zu der keine Medikamentenzuzahlungen geleistet werden müssen
(Verdienstbescheinigung liegt bei).

Bitte bestätigen Sie mir rasch meine Befreiung von der Zuzahlungspflicht. Vielen Dank im
Voraus.

Mit freundlichen Grüßen

Renate Schiller

Anlage
Bescheinigung über monatlichen Bruttoverdienst

Bekanntgabe einer Adressenänderung

Wenn man umzieht, muss man seine neue Adresse einer Reihe von Menschen und Organisationen mitteilen. Am besten gibt man seine neue Adresse schon kurz vor dem anstehenden Umzug bekannt. Zusätzlich sollte man bei der Post selbstverständlich einen Nachsendeantrag stellen, falls man irgendjemanden bei der Bekanntgabe seiner Adressenänderung vergessen haben sollte. Ein solcher Nachsendeantrag gilt sechs Monate lang. In dieser Zeit schickt die Post automatisch an die alte Anschrift adressierte Briefe und andere Postsendungen an die neue Adresse.

Wem aber muss man denn nun seine neue Adresse kundtun? Zunächst einmal allen Freunden und Geschäftspartnern, auch wenn man keinen allzu engen Kontakt zu ihnen pflegt. Es wäre ärgerlich und macht keinen guten Eindruck, wenn sie sich schriftlich melden und ihre Post zurückgesandt wurde. Dann benötigen natürlich alle Organisationen und Institutionen, mit denen man etwas zu tun hat, die neue Anschrift. Dazu gehören z. B. der Arbeitgeber, die Krankenkasse (Versichertenkarte mit der neuen Adresse anfordern!), eventuell der Rentenversicherungsträger, der Sportverein oder andere Vereine, in denen eine Mitgliedschaft besteht, eventuell der Kindergarten oder die Schule der Kinder, falls diese nicht gewechselt werden, möglicherweise das Finanzamt, die Bank und die Telefongesellschaft. Auch Zeitungs- und Zeitschriftenverlage müssen benachrichtigt werden, falls ein Abonnement für eine Zeitung oder Zeitschrift besteht, genauso karitative Organisationen, denen man regelmäßig Spenden zukommen lässt.

Die Bekanntgabe einer Adressenänderung kann inhaltlich wie folgt gegliedert werden:

❶ Adresse des Absenders,

❷ Datum des Briefs,

❸ Adresse des Empfängers,

❹ Betreff (kann bei Briefen an Freunde und Bekannte entfallen),

❺ Anrede,

❻ Bekanntgabe des bevorstehenden Umzugs,

❼ Angabe der neuen Adresse,

❽ eventuell Anmerkungen zur neuen Telefonnummer,

❾ Bitte um Kenntnisnahme,

❿ Grußformel,

⓫ eigenhändige Unterschrift.

Der Stil des Briefes unterscheidet sich natürlich abhängig davon, ob man das Schreiben an Freunde oder an Geschäftspartner bzw. Institutionen schickt, mit denen man zu tun hat. Während der Brief an Freunde im Ton auch mal eher flapsig oder witzig sein darf, sollte der Brief an offizielle Stellen förmlich gestaltet werden.

Freunde wird es sicher auch freuen, wenn man mit der Bekanntgabe einer Adressenänderung eine Einladung zu einem Besuch verbindet. Schließlich bietet es sich nach einem Umzug an, eine Einweihungsparty zu feiern. Eine solche Party sollte man auch für seine Geschäftsfreunde veranstalten, wenn es sich nicht um einen privaten, sondern geschäftlichen Umzug handelt.

① Renate Schiller
Osthofstraße 4
44131 Dortmund

② 20XX-02-15

③ Krankenkasse XY
Bodenstraße 3

44317 Dortmund

④ **Adressenänderung/Versicherungsnummer: 098 765 432**

⑤ Sehr geehrte Damen und Herren,

⑥ zum 1. März werde ich eine neue Wohnung in Dortmund beziehen. Meine neue Adresse
ab diesem Termin lautet:

⑦ Renate Schiller
Karlmannstraße 78
44131 Dortmund

⑧ Meine Telefonnummer zieht übrigens mit mir um. Ich bitte Sie, meine alte Adresse zu
streichen und stattdessen die neue in Ihrer Kartei aufzunehmen. Außerdem benötige ich
eine neue Versichertenkarte mit dieser Adresse. Könnten Sie sie mir bitte gleich an die **⑨**
neue Anschrift senden? Vielen Dank für Ihre Mühe.

⑩ Mit freundlichen Grüßen

⑪ *Renate Schiller*

Dank an einen Arzt

Wer sich über die gute Betreuung eines niedergelassenen Arztes, eines Arztes im Krankenhaus oder über die gute Pflege durch Krankenschwestern oder Pflegepersonal im Alten- oder Pflegeheim gefreut hat, sollte sich ruhig dafür bedanken, wenn ihm danach ist. Ein solcher schriftlicher Dank spornt Mediziner und Pflegepersonal an, sich auch weiterhin so gut wie möglich um die Patienten zu kümmern und die menschliche Seite bei einer Krankheit oder einem Pflegefall nicht außer Acht zu lassen.

Einen solchen Dank muss übrigens nicht unbedingt der Patient selbst schreiben – auch die Angehörigen können ihren Dank ausdrücken. Das gilt natürlich insbesondere für die Hinterbliebenen eines Verstorbenen. Aber auch die Eltern eines kranken Kindes können sich beispielsweise bedanken, wenn das Kind dazu noch nicht in der Lage ist.

Da man einen solchen Dankesbrief nicht alle Tage verfasst, fällt es zunächst vielleicht ein wenig schwer, seinen Gefühlen Ausdruck zu verleihen. Beim Schreiben des Briefs sollte man jedoch unbedingt von einer pathetischen Ausdrucksweise Abstand nehmen. Man kann seinen Dank auch in einfache Worte fassen, die viel anrührender sind, weil sie von Herzen kommen. Beim Verfassen des Briefs darf man sich übrigens ruhig von seinen Emotionen leiten lassen, auch wenn es zunächst vielleicht ein wenig schwer fallen mag, die richtigen Worte zu finden.

Der Dank an einen Arzt oder das Pflegepersonal könnte beispielsweise folgende inhaltliche Stichpunkte enthalten:

❶ Adresse des Absenders,

❷ Datum des Briefs,

❸ Adresse des Empfängers,

❹ Anrede,

❺ Bezugnahme auf den Krankheitsfall (Nennung des Patientennamens und der Krankheit, eventuell der Dauer des Krankenhausaufenthalts), von dem im Brief die Rede sein wird,

❻ Dank für die medizinische Versorgung,

❼ Dank für die menschliche Seite der Pflege,

❽ eventuell noch Dank für die seelische Unterstützung,

❾ Grußformel,

❿ eigenhändige Unterschrift des Patienten oder des/der Angehörigen des ehemaligen Patienten.

Einem solchen Dankesbrief braucht übrigens kein Geld als Dankeschön beigefügt zu werden. Das macht keinen guten Eindruck, auch wenn es die Empfänger vielleicht freuen würde, Geld für die „Kaffeekasse" zu erhalten. Wer nach einem Krankenhausaufenthalt zum Dank ein „Trinkgeld" loswerden möchte, gibt dies persönlich beim Pflegepersonal ab. Ärzte bekommen selbstverständlich kein „Trinkgeld", sondern nur die Schwestern und Pfleger. Dabei sollte man übrigens auch nicht übertreiben – fünf bis zehn Euro für einen längeren Krankenhausaufenthalt sind in der Regel genug (auch eine geringere Summe wird meistens gern genommen). Eine Pflicht zur Gabe eines Trinkgelds besteht jedoch nicht. Es handelt sich dabei um eine freiwillige Geste, mit der man seine Zufriedenheit mit der Behandlung im Krankenhaus oder Pflegeheim zeigt.

① Renate Schiller und Martin Baum
Osthofstraße 4
44131 Dortmund

② 20XX-03-14

③ Dr. Julius Müller
Krankenhaus XY
Station XY
Bodenstraße 3

44317 Dortmund

④ Sehr geehrter Herr Dr. Müller,

⑤ in der letzten Woche durfte unser kleiner Sohn Max endlich nach Hause, nachdem er wegen seines schweren Unfalls fünf lange Wochen auf Ihrer Station verbracht hat. Wir sind so glücklich, dass er keine Folgeschäden zurückbehalten hat – und das ist vor allem Ihr Verdienst. Hätten Sie sich nicht so intensiv um Max gekümmert, wäre er vermutlich nicht wieder hundertprozentig gesund geworden. Und dafür wollen wir uns mit diesem Brief noch einmal bei Ihnen bedanken.

⑥ Sowohl die medizinische Versorgung auf Ihrer Station als auch die rührende Pflege unseres Sohnes haben uns tief beeindruckt. ⑦ Außerdem danken wir Ihnen für den Zuspruch, den Sie uns in den ersten schweren Stunden nach dem Unfall haben zukommen lassen. Sie ⑧ haben uns immer Mut gemacht, und das war es, was wir in dieser Zeit gebraucht haben. Wir werden Ihr Krankenhaus deshalb immer in guter Erinnerung behalten.

⑨ Mit freundlichen Grüßen

⑩ *Renate Schiller & Martin Baum*

Setzung der Nachfrist für eine ausgebliebene Lieferung

Wer hat es nicht schon einmal erlebt: Da kauft man einen größeren Gegenstand, z. B. einen Küchenherd, ein Sofa oder einen neuen Küchentisch mitsamt Stühlen, will ihn sich liefern lassen, erhält auch einen Liefertermin und wartet an diesem Tag sehnsüchtig auf die Ware, doch leider vergeblich. Und nicht einmal eine Entschuldigung für den verpassten Liefertermin gibt es, sondern man muss selbst noch bei dem Unternehmen anrufen, bei dem man die Ware gekauft hat, um nachzufragen, wo denn die gekaufte Ware bleibt, und erhält womöglich eine fadenscheinige Antwort.

So eine Situation ist vor allem dann ärgerlich, wenn man sich extra einen Tag Urlaub nehmen musste, um die Ware in Empfang nehmen zu können. Doch auch wer den ganzen Tag zu Hause auf den Lieferwagen gewartet hat, ist zu Recht verärgert, wenn die Ware nicht geliefert wird. In diesem Fall kann es sich lohnen, der Lieferfirma eine schriftliche Nachfrist für die ausgebliebene Lieferung zu setzen. Zumal, wenn die Firma keine Angaben über einen neuen, verbindlichen Liefertermin machen kann. In diesem Schreiben setzt man der Firma eine Frist, bis zu der man noch gewillt ist, die Ware in Empfang zu nehmen. Kann die Firma erst später liefern, hat sie Pech gehabt: Der Käufer ist dann nicht mehr verpflichtet, die Ware in Empfang zu nehmen, sondern kann stattdessen den Kaufpreis oder die Anzahlung zurückfordern bzw. muss keinen Pfennig bezahlen. Er tritt also von seinem Kauf zurück.

Ein Brief, in dem man eine Nachfrist für eine ausgebliebene Lieferung setzt, sollte folgende inhaltliche Stichpunkte beinhalten:

1. Adresse des Absenders,
2. Datum des Briefs,
3. Adresse des Empfängers,
4. Betreff,
5. Anrede,
6. Feststellung, dass der Liefertermin für eine bestimmte Ware versäumt wurde,
7. Setzung einer Nachfrist für die Lieferung,
8. Bitte um Anruf zwecks Terminfestlegung für die erneute Lieferung,
9. Drohung, vom Kauf zurückzutreten, wird nicht in der in diesem Schreiben festgelegten Nachfrist geliefert,
10. eventuell Androhung einer Schadenersatzforderung,
11. Grußformel,
12. eigenhändige Unterschrift.

So verärgert der Käufer auch über den nicht eingehaltenen Liefertermin sein sollte, in dem Brief sollte er seine Verärgerung nur indirekt, nämlich durch Setzung der Nachfrist und der Androhung einer eventuellen Schadenersatzforderung zeigen. Denn mit Höflichkeit kommt man in aller Regel weiter.

Noch etwas: Ein Brief, in dem der Käufer eine Nachfrist setzt, sollte möglichst per Einschreiben zur Lieferfirma gesandt werden. Dann hat der Käufer die Gewissheit, dass sein Schreiben den Empfänger auch tatsächlich erreicht hat.

①

Renate Schiller
Osthofstraße 4
44131 Dortmund

② 20XX-08-01

③

Möbel-Müller
Bodenstraße 3

44317 Dortmund

④ **Nachfrist für die Lieferung der Couchgarnitur „Malle"**

⑤ Sehr geehrte Damen und Herren,

⑥ am 20. Juli 20XX habe ich bei Ihnen die Couchgarnitur „Malle" zum Preis von 1250 Euro gekauft. Sie haben mir schriftlich zugesichert, dass sie am 31. Juli geliefert würde. Doch die Lieferung ist zu diesem Termin ausgeblieben.

⑦ **⑧** Daher setze ich Ihnen hiermit nun eine Nachfrist für die Lieferung der Couchgarnitur bis zum 10. August. Bitte melden Sie sich tagsüber unter der Telefonnummer 0 231/65 14 79 bei mir, um mit mir einen neuen Liefertermin auszumachen. Sollte ich von Ihnen in dieser Zeit nichts hören oder sollte die Lieferung bis zum 10. August nicht möglich sein, trete ich **⑨** vom Kauf zurück und bitte Sie, mir meine Anzahlung zu erstatten.

⑩ Sollte Ihre Firma einen weiteren vereinbarten Liefertermin versäumen, werde ich weitere rechtliche Schritte einleiten und Schadenersatz für den Verdienstausfall fordern, der mir entsteht, wenn ich erneut einen Tag Urlaub nehmen muss.

⑪ Mit freundlichen Grüßen

⑫ *Renate Schiller*

Schadenersatzforderung bei Nichterscheinen eines Handwerkers

Nicht immer halten Handwerker ihre Termine ein. Verzögert sich die Ankunft eines Handwerkers nur um ein oder zwei Stunden, nimmt man das ja noch klaglos hin, erscheint ein Handwerker zum vereinbarten Termin jedoch gar nicht, ist das ausgesprochen ärgerlich – vor allem, wenn man sich seinetwegen Urlaub genommen hat.

Besonders ärgerlich ist es, wenn sich der Auftraggeber selbst bei der Handwerksfirma melden muss, um nachzufragen, warum der Handwerker nicht erschienen ist. In diesem Fall kommt man sich – gelinde gesagt – ein wenig verkohlt vor. Wenn die Handwerksfirma dann einen neuen Termin in einigen Tagen ausmachen will, muss der Auftraggeber in den meisten Fällen nicht darauf eingehen. Er kann vom Werkvertrag zurücktreten.

Vor allem bei größeren Handwerksarbeiten wird in aller Regel ein fester Termin festgelegt, zu dem die Arbeiten beendet sein sollen (zumindest sollte man bei Vertragsabschluss auf einem solchen festen Endtermin beharren). Droht sich dieser als Folge der Versäumnisse des Handwerksbetriebs zu verzögern, kann man dem Betrieb androhen, Schadenersatz zu verlangen, sollten die Arbeiten (nach Einräumung einer Nachfrist) nicht pünktlich beendet werden.

Eine solche Schadenersatzdrohung kann folgendermaßen aussehen:

❶ Adresse des Absenders,

❷ Datum des Briefs,

❸ Adresse des Empfängers,

❹ Betreff,

❺ Anrede,

❻ Ansprechen der Versäumnisse des Handwerksbetriebs,

❼ Setzung einer angemessenen Nachfrist, bis zu der die Arbeiten erledigt sein müssen,

❽ Drohung mit Schadenersatz, sollten die Arbeiten nicht bis Ende der Nachfrist durchgeführt worden sein,

❾ Aufzählung der Schadenersatzpunkte,

❿ Ausdruck der Hoffnung, dass die Arbeiten doch noch pünktlich ausgeführt werden,

⓫ Grußformel,

⓬ eigenhändige Unterschrift.

Als Schadenersatz kann der Auftraggeber z. B. seinen Verdienstausfall geltend machen, wenn er für die Zeit, in der die Handwerker kommen wollten, unbezahlten Urlaub nehmen musste. Außerdem kann er einen anderen Handwerksbetrieb mit den Arbeiten beauftragen und der erste Betrieb muss die Differenz zwischen seinem Angebot und den nun tatsächlich entstehenden Kosten tragen. Bei einer solchen Schadenersatzdrohung werden die meisten Handwerksbetriebe ihre Arbeiten rasch und gründlich ausführen.

① Renate Schiller
Osthofstraße 4
44131 Dortmund

② 20XX-09-25

③ Handwerksbetrieb Müller
Bodenstraße 3

44317 Dortmund

④ **Schadenersatz wegen verzögerter Auftragserledigung**

⑤ Sehr geehrte Damen und Herren,

⑥ Sie hatten mir schriftlich zugesagt, am 24. September 20XX damit zu beginnen, mein Bad und meine Küche zu fliesen. Am 30. September wollten Sie mit allen Arbeiten fertig sein. Jetzt sind Ihre Handwerker gestern und heute nicht erschienen – und das, ohne mir einen triftigen Grund zu nennen.

⑦ Hiermit setze ich Ihnen eine Nachfrist bis zum 4. Oktober. Sollten es Ihre Handwerker nicht schaffen, bis dahin alle vereinbarten Arbeiten ordnungsgemäß zu erledigen, werde ich eine **⑧** weitere Ausführung der Arbeiten durch Ihren Handwerksbetrieb ablehnen und den Ersatz folgender Schäden fordern:

⑨ a) Verdienstausfall für die Tage, an denen ich wegen der Arbeiten unbezahlten Urlaub genommen habe und Ihre Handwerker nicht erschienen sind,
b) die höheren Kosten für die Durchführung der Arbeiten durch einen anderen Handwerksbetrieb.

Ich hoffe, dass ich den Schadenersatz nicht geltend machen muss, sondern dass Ihre **⑩** Mitarbeiter die vereinbarten Arbeiten pünktlich erledigen.

⑪ Mit freundlichen Grüßen

⑫ *Renate Schille*

PG_Sonstiges_Handwerker.doc

Rückforderung einer Maklerprovision

Immobilienmakler sind sozusagen Vermittler von Wohnungen. Als Vermieter oder potenzieller Mieter kann man sich an sie wenden: der Vermieter, damit der Makler ihm einen solventen, vertrauenswürdigen Mieter für seine Mietwohnung oder sein zu vermietendes Haus vermittelt, der Mieter, um ihm eine adäquate Wohnung zu „besorgen". Für seine Tätigkeit verlangt der Makler eine Provision, das heißt ein Erfolgshonorar. Dieses muss der Mieter zahlen, wenn der Makler ihm erfolgreich eine Wohnung bzw. ein Haus vermittelt hat. Bei Misserfolg wird keine Provision fällig. Für den Vermieter hingegen sind die Maklerdienste in aller Regel kostenlos. Die Maklerprovision darf zwei Monatsmieten nicht übersteigen, wobei alle anfallenden Nebenkosten nicht zur Monatsmiete gerechnet werden.

Makler haben im Übrigen die Pflicht, neutraler Mittler zwischen zwei Parteien – in diesem Fall Vermieter und Mieter – zu sein. Sie dürfen nicht in irgendeinem Bezug zum vermittelten Objekt stehen. Das heißt beispielsweise, dass ihnen die zu vermietende Wohnung/das zu vermietende Haus nicht gehören darf oder sie nicht mit der Verwaltung des Objekts beauftragt sind. In diesem Fall hätten sie nämlich Vorteile von der Vermietung und dürften keine Provision verlangen. Das Gleiche gilt im Übrigen für den Mieter, der bislang die Wohnung bewohnt hat. Er darf die Wohnung zwar vermitteln, ist aber nicht befugt, dafür ein Erfolgshonorar einzufordern. Auch Sozialwohnungen dürfen nicht über Makler angeboten werden.

In all den eben genannten Fällen ist es dem Mieter möglich, eine bereits gezahlte Provision zurückzufordern. Eine solche Rückforderung kann folgendermaßen gegliedert sein:

❶ Adresse des Absenders,

❷ Datum des Briefs,

❸ Adresse des Empfängers,

❹ Betreff,

❺ Anrede,

❻ Vermittlung der Wohnung sowie Höhe der gezahlten Kaution ansprechen,

❼ Rückforderung der Maklerprovision und Nennung der Gründe für die Rückforderung,

❽ Fristsetzung für die Rückforderung,

❾ Androhung rechtlicher Konsequenzen,

❿ Grußformel,

⓫ eigenhändige Unterschrift.

Wem die Rückforderung einer Maklerprovision unangenehm ist, sollte sich klarmachen, dass er nur auf seinem guten Recht besteht. Am sinnvollsten ist es, sich bei der Wohnungssuche an einen Makler zu wenden, der einer anerkannten Maklerorganisation wie dem „Ring deutscher Makler" (RDM) angehört. Diese Makler haben sich zu Qualitätsstandards bei der Durchführung ihrer Tätigkeit verpflichtet. Im Übrigen können auch Makler Schadenersatz fordern, z. B. wenn der Kontakt zwischen Mieter und Vermieter über den Makler hergestellt wird, der Mietvertrag jedoch zustande kommt, ohne dass der Makler zunächst davon erfährt. Er kann später jedoch vom Mieter noch Geld einfordern.

1 Renate Schiller
Osthofstraße 4
44131 Dortmund

2 20XX-07-15

3 Maklerbüro Julius Müller
Bodenstraße 3

44317 Dortmund

4 **Rückforderung der Ihrem Büro gezahlten Provision**

5 Sehr geehrter Herr Müller,

6 Sie haben mir zum Juli dieses Jahres die Wohnung in dem Zehn-Parteien-Mietshaus in der Osthofstraße 4 vermittelt, die ich jetzt bewohne. Ich habe Ihnen für die Vermittlung 500 Euro (entspricht zwei Monatskaltmieten) Provision gezahlt (Rechnungsnummer: 2587).

7 Diese Provision fordere ich hiermit zurück, da ich vor einer Woche erfahren habe, dass Sie dieses Mietshaus auch verwalten. Und Hausverwalter dürfen laut Gesetzeslage nicht gleichzeitig als Makler tätig sein.

8 Ich bitte Sie daher, mir die Maklerprovision in Höhe von 500 Euro innerhalb der nächsten zwei Wochen zurückzuzahlen. Sollte das nicht geschehen, wird das für Sie rechtliche Konsequenzen haben. **9**

10 Mit freundlichen Grüßen

11 Renate Schiller

Widerruf eines Haustürgeschäfts

Immer wieder kommt es vor, dass sich jemand an der Haustür ein Abonnement für eine Zeitung oder Zeitschrift aufschwatzen lässt, ohne dass er es wirklich wollte. Auch im Auftrag von Staubsaugerfirmen und anderen Unternehmen sind ständig Vertreter unterwegs, die potenziellen Kunden sozusagen zwischen Tür und Angel einen Gegenstand aufdrängen, den sie eigentlich nicht benötigen. Hinzu kommen die Drückerkolonnen, die im Auftrag von dubiosen „Wohltätigkeitsorganisationen" Spender werben, die monatlich einen festen Betrag als Spende an die Organisation abführen. All diese Vertreter sind im Allgemeinen ausgesprochen gut geschult oder sie drücken als vermeintlicher Ex-Häftling, der wieder Fuß zu fassen versucht, so stark auf die Tränendrüse, dass es vielen Angesprochenen schwer fällt, ihre Angebote abzulehnen.

Doch zum Glück hat der Gesetzgeber für diese Haustürgeschäfte ein so genanntes Widerrufsrecht eingeführt, mit dem man auch nachträglich noch von dem abgeschlossenen Geschäft ohne Einhaltung einer Frist zurücktreten kann. Innerhalb von einer Woche nach Unterzeichnung des Vertrags muss dieser Widerruf schriftlich getätigt werden. Es versteht sich von selbst, dass man gerade dubiosen Firmen einen solchen Widerruf stets per Einschreiben mit Rückschein zukommen lassen sollte, auch wenn dies etwas teurer ist als ein normaler Brief. Auf diese Weise kann die Firma nicht behaupten, den Widerruf nicht erhalten zu haben.

Ein solcher Widerruf sollte wie folgt aufgebaut werden:

1. Adresse des Absenders,
2. Datum des Briefs,
3. Adresse des Empfängers,
4. Betreff,
5. Anrede,
6. Nennung des abgeschlossenen Vertrags und des Vertragsdatums,
7. Widerruf des Haustürgeschäfts, ruhig mit Erläuterung der geltenden Rechtslage, damit der Firma klar wird, dass der Kunde sein Recht genau kennt,
8. der Firma noch einmal deutlich machen, dass man sich keinesfalls überreden lassen wird, nicht von dem Geschäft zurückzutreten, und dass der Vertrag nichtig ist,
9. Grußformel,
10. eigenhändige Unterschrift.

Als Haustürgeschäfte gelten übrigens auch alle Kauf- oder sonstigen Verträge, die auf einer Werbe- und Verkaufsfahrt, auch Kaffeefahrt genannten Tour, abgeschlossen werden, sowie die durch Drückerkolonnen auf der Straße vermittelten Verträge. Auch über das einwöchige Widerrufsrecht bei Haustürgeschäften muss der Vertreter den Kunden aufklären, ansonsten verlängert es sich sogar noch. Der Widerruf kann in diesem Fall auch noch einen Monat nach der ersten Zahlung des Kunden eingelegt werden, die Firma muss ihm das Geld dann zurückerstatten.

Jedoch sind nicht alle in der Privatwohnung abgeschlossenen Verträge Haustürgeschäfte: Bestellt der Kunde z. B. einen Vertreter (z. B. für Versicherungen) zu sich nach Hause und schließt mit ihm einen Vertrag, gilt dies nicht als Haustürgeschäft.

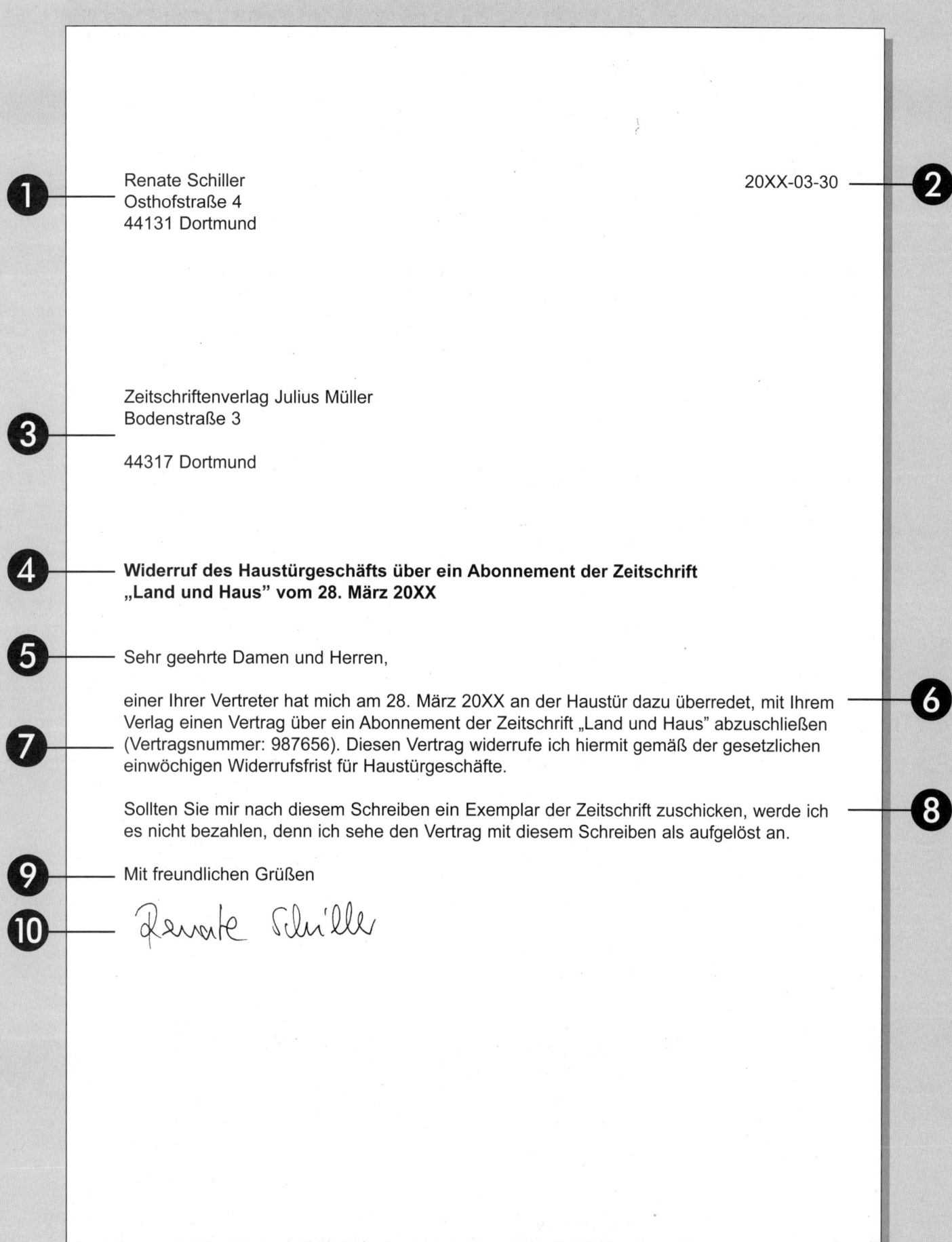

① Renate Schiller
Osthofstraße 4
44131 Dortmund

② 20XX-03-30

③ Zeitschriftenverlag Julius Müller
Bodenstraße 3

44317 Dortmund

④ **Widerruf des Haustürgeschäfts über ein Abonnement der Zeitschrift
„Land und Haus" vom 28. März 20XX**

⑤ Sehr geehrte Damen und Herren,

⑥ einer Ihrer Vertreter hat mich am 28. März 20XX an der Haustür dazu überredet, mit Ihrem
Verlag einen Vertrag über ein Abonnement der Zeitschrift „Land und Haus" abzuschließen
⑦ (Vertragsnummer: 987656). Diesen Vertrag widerrufe ich hiermit gemäß der gesetzlichen
einwöchigen Widerrufsfrist für Haustürgeschäfte.

⑧ Sollten Sie mir nach diesem Schreiben ein Exemplar der Zeitschrift zuschicken, werde ich
es nicht bezahlen, denn ich sehe den Vertrag mit diesem Schreiben als aufgelöst an.

⑨ Mit freundlichen Grüßen

⑩ *Renate Schiller*

Rücksendung von Katalogartikeln

Über den Versandhandel etwas zu kaufen, ist ausgesprochen praktisch: Man kann die Ware in Ruhe zu Hause auswählen, muss sich nicht ins Gewühl der Einkaufsstraßen und Kaufhäuser stürzen und die Ware nicht mühsam nach Hause schleppen – nein, sie wird direkt ins Haus geliefert. Kein Wunder, dass sich das Bestellen von Artikeln aus dem Katalog eines großen Zuspruchs erfreut und der Kundenkreis stetig wächst, vor allem auf dem Land, wo man bis zum nächsten größeren Warenhaus erst einmal viele Kilometer mit dem Auto oder öffentlichen Verkehrsmitteln zurücklegen muss.

Hinzu kommt ein weiterer Vorteil des Einkaufens per Katalog: Man kann die Ware bei Nichtgefallen im Allgemeinen ohne Angabe von Gründen zurückschicken – und hat dafür meistens noch 14 Tage Zeit. Ein solches Rückgaberecht ist auch notwendig, um den großen Nachteil des Versandhandels auszugleichen. Der Kunde kann per Katalog weder die Qualität der Ware überprüfen noch kann er sich bei Kleidungsstücken sicher sein, ob sie ihm auch wirklich passen, selbst wenn es sich um seine Konfektionsgröße handelt.

Die Ware wird per Post auf Kosten des Versandhauses zurückgeschickt, es sei denn, das Versandhaus hat einen Vertrag mit einem speziellen Kurierdienst und verlangt die Rücksendung über diesen. Auch in diesem Fall ist die Abholung für den Kunden kostenlos. Allerdings sollte sich der Kunde quittieren lassen, dass er ein Paket für das Versandhaus eingereicht hat, um dies bei Bedarf nachweisen zu können.

Liegt den Versandartikeln kein gesonderter Rückgabeschein bei, den der Kunde nur ausfüllen und seiner Rücksendung beilegen muss, kann er den Artikel mit einem Schreiben, das wie folgt gegliedert ist, zurücksenden.

❶ Adresse des Absenders,

❷ Datum des Briefs,

❸ Adresse des Empfängers,

❹ Betreff,

❺ Anrede,

❻ Nennung der zugesandten Artikel,

❼ Nennung der Artikel, die wieder zurückgesendet werden,

❽ eventuell Angabe des Grundes, aus dem die Rücksendung erfolgt,

❾ Dank für die Rücknahme,

❿ Grußformel,

⓫ eigenhändige Unterschrift.

Per Katalog einzukaufen ist nicht zuletzt auch deshalb so praktisch, weil die Ware oft erst zwei bis vier Wochen nach Eintreffen – und nicht wie im Laden sofort – bezahlt werden muss. Viele Versandhäuser räumen zudem großzügige Kredite ein. Doch Vorsicht: Per Ratenzahlung einzukaufen ist so verführerisch, dass man leicht versucht ist, über seine Verhältnisse zu leben. Schnell rutscht man so in die Schuldenfalle, aus der man sich aus eigener Kraft nicht mehr befreien kann.

Ein weiterer Nachteil des Versandhandels besteht hingegen darin, dass es ein wenig umständlich ist, die Ware bei Nichtgefallen wieder einzupacken und anschließend zur Post zu bringen oder einen Kurier zu informieren.

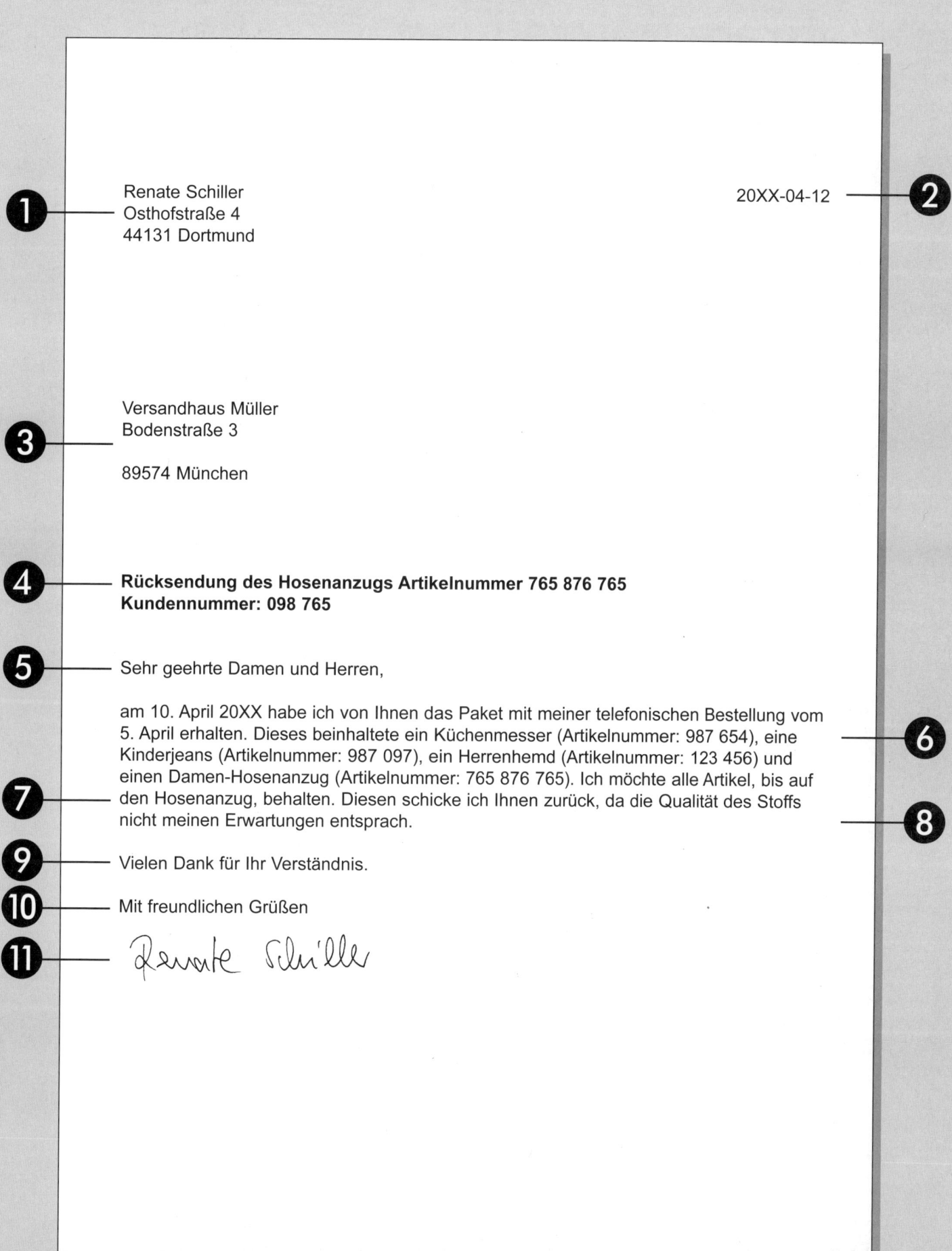

① Renate Schiller
Osthofstraße 4
44131 Dortmund

② 20XX-04-12

③ Versandhaus Müller
Bodenstraße 3

89574 München

④ **Rücksendung des Hosenanzugs Artikelnummer 765 876 765**
Kundennummer: 098 765

⑤ Sehr geehrte Damen und Herren,

⑥ am 10. April 20XX habe ich von Ihnen das Paket mit meiner telefonischen Bestellung vom
5. April erhalten. Dieses beinhaltete ein Küchenmesser (Artikelnummer: 987 654), eine
Kinderjeans (Artikelnummer: 987 097), ein Herrenhemd (Artikelnummer: 123 456) und
einen Damen-Hosenanzug (Artikelnummer: 765 876 765). Ich möchte alle Artikel, bis auf
⑦ den Hosenanzug, behalten. Diesen schicke ich Ihnen zurück, da die Qualität des Stoffs
nicht meinen Erwartungen entsprach. **⑧**

⑨ Vielen Dank für Ihr Verständnis.

⑩ Mit freundlichen Grüßen

⑪ Renate Schiller

Beitragsfreistellung einer Versicherung

Der Abschluss bestimmter Versicherungen ist für jeden Menschen sinnvoll. Beispielsweise der einer Privathaftpflichtversicherung, die Vermögens- und Personenschäden abdeckt, welche unbeabsichtigt herbeigeführt wurden. Das Gleiche gilt für die Kfz-Haftpflichtversicherung, die jeder Autobesitzer abschließen muss.

Andere Versicherungen hingegen sind nicht unbedingt notwendig und dazu gehört z. B. die Kapital-Lebensversicherung. In diese Versicherung zahlt der Kunde monatlich, vierteljährlich, halbjährlich oder jährlich einen bestimmten Betrag ein, der (abzüglich der Provision für den Versicherungsvertreter) von der Versicherung angelegt wird, um dann bei Eintritt eines bestimmten Alters (in der Regel das Rentenalter) verzinst und mit Überschussbeteiligung (sofern diese erwirtschaftet wurde) wieder ausgezahlt zu werden. Stirbt der Versicherungsnehmer vorher, erhalten die im Versicherungsschein als Bezugsberechtigte genannten Personen eine bestimmte Todesfallsumme, die unter anderem zumindest die Beerdigungskosten decken soll, aber weitaus niedriger als die so genannte Erlebensfallsumme im Rentenalter ist.

Eine solche Kapital-Lebensversicherung vor deren Ablauf zu kündigen, z. B. weil man die Beiträge nicht mehr aufbringen kann, ist häufig unrentabel. Der Grund: In den ersten Jahren nach Abschluss der Versicherung „frisst" die Provision für den Vertreter die eingezahlten Beiträge meistens auf, so dass der Kunde bei einer Kündigung weniger Geld herausbekäme als er eingezahlt hat. Und später ist bei vorzeitiger Kündigung die Rendite auf die eingezahlten Beiträge oftmals zu gering. Dennoch gibt es eine Möglichkeit, die Beiträge nicht weiterzahlen zu müssen: die so genannte Beitragsfreistellung. In diesem Fall behält man die Versicherung zwar bei, kündigt sie also nicht, lässt sich aber von der Beitragszahlung befreien. Die Versicherung ruht sozusagen.

Der Antrag auf eine solche Beitragsfreistellung muss schriftlich gestellt werden und sollte folgende inhaltliche Stichpunkte enthalten:

❶ Adresse des Absenders,

❷ Datum des Schreibens,

❸ Adresse des Empfängers,

❹ Betreffzeile,

❺ Anrede,

❻ Nennung der Versicherung mit Versicherungsnummer,

❼ Antrag auf Beitragsfreistellung der Kapital-Lebensversicherung (falls nötig, soll die Versicherung noch einen gesonderten Antrag zuschicken),

❽ eventuell Nennung des Grundes für die Beitragsfreistellung,

❾ Dank für Verständnis,

❿ Grußformel,

⓫ eigenhändige Unterschrift.

Es versteht sich von selbst, dass eine solche Beitragsfreistellung immer per Einschreiben (am besten mit Rückschein) versendet werden sollte.

①

Renate Schiller
Osthofstraße 4
44131 Dortmund

② 20XX-12-15

③

Müller-Versicherung
Bodenstraße 3

44254 Dortmund

④ **Antrag auf Beitragsfreistellung/Kapital-Lebensversicherung**
Versicherungsnummer: 09876

⑤ Sehr geehrte Damen und Herren,

⑥ seit dem 1. Januar 19XX habe ich bei Ihnen eine Kapital-Lebensversicherung mit der Versicherungsnummer 09876, für die ich jährlich 620 Euro bezahle. Für diese Versicherung
⑦ beantrage ich hiermit zum 1. Januar nächsten Jahres die Beitragsfreistellung. Sollte dieses formlose Schreiben dafür nicht ausreichen, schicken Sie mir bitte unverzüglich einen Antrag auf Beitragsfreistellung zu.

Der Grund für meinen Antrag: Ich mache mich gerade selbstständig und verfüge über keine finanziellen Reserven, die mir die Fortführung der Versicherung im Moment erlauben.
⑧ Sobald ich genug verdiene, möchte ich die Versicherung wieder aufleben lassen.

⑨ Vielen Dank für Ihr Verständnis.

⑩ Mit freundlichen Grüßen

⑪ *Renate Schiller*

Brief an eine Versicherung mit Bitte um Schadensregulierung

Wer gegen einen Schaden – egal, ob Personen-, Sach- oder Vermögensschaden – versichert ist, muss diesen sofort nach dessen Eintritt der Versicherung melden, und zwar schriftlich. Es kann sich lohnen, sich vor Abschicken des Schreibens telefonisch bei der Versicherungsgesellschaft zu informieren, welche Unterlagen mitgeschickt werden müssen, z. B. ob bei einem Schaden durch Einbruch die Bestätigung der Polizei mitgesandt werden muss, dass eine Anzeige erfolgt ist. In jedem Fall gilt, dass der Versicherte wahrheitsgemäß berichten muss, wie es zu dem Schaden gekommen ist. Doch im ersten Schreiben sollte man den Schaden und seine Entstehung nur kurz beschreiben, da die Versicherung dem Versicherten in aller Regel noch ein Formular zusenden wird, in dem der Schadenshergang minutiös geschildert werden muss.

Beschädigte Gegenstände, die die Versicherung ersetzen soll, müssen zudem aufbewahrt werden. Eventuell verlangt die Versicherung, dass sie eingereicht werden, um den entstandenen Schaden schätzen zu können. Bei einem Unfall sollten, wenn möglich, Fotos gemacht werden. Zudem sollte man auch bei kleineren Schäden die Polizei rufen, um der Versicherung den Unfallhergang im Nachhinein belegen zu können. Auch bei Versicherungsschäden durch Raub und Einbruch ist natürlich die Polizei zu benachrichtigen. Was viele nicht wissen: Das Gleiche gilt für Schäden, die durch das Einschlagen eines Blitzes, durch einen Brand oder eine Explosion verursacht wurden. Denn die Polizei muss beispielsweise untersuchen, ob es sich um Brandstiftung handelt und somit der Brandstifter bzw. dessen Versicherung für den Schaden aufkommen müsste.

Wichtig ist weiterhin, bei einem Autounfall oder bei einem Schaden, den die Privathaftpflichtversicherung abdeckt, nicht sofort ein Schuldanerkenntnis abzulegen bzw. zu unterzeichnen. Die Versicherung könnte sich sonst im Einzelfall weigern, den Schaden zu begleichen.

Eine Bitte an eine Versicherung um Schadensregulierung könnte inhaltlich folgendermaßen aufgebaut werden:

❶ Adresse des Absenders,

❷ Datum des Briefs,

❸ Adresse des Empfängers,

❹ Betreff (mit Versicherungsnummer),

❺ Anrede,

❻ Nennung des Schadens, den die Versicherung begleichen soll,

❼ kurze Schilderung des Schadenshergangs (nicht zu sehr ins Detail gehen),

❽ Bitte um Zusendung weiterer Formulare, die zur Schadensbegleichung ausgefüllt werden müssen,

❾ Nennung der eigenen Telefonnummer (tagsüber und abends) zwecks Terminabsprache, falls ein Sachverständiger zur Begutachtung des Schadens herangezogen wird,

❿ Bitte um schnellstmögliche Schadensregulierung,

⓫ Grußformel,

⓬ eigenhändige Unterschrift des Versicherten.

1 Renate Schiller
Osthofstraße 4
44131 Dortmund

2 20XX-02-14

3 Müller-Versicherung
Bodenstraße 3

44254 Dortmund

4 **Antrag auf Schadensregulierung**
Privathaftpflichtversicherung/Versicherungsnummer: 09876

5 Sehr geehrte Damen und Herren,

6 **7** gestern habe ich im Haus von Frau Ursel Meier einen Schaden verursacht, der durch die
bei Ihnen abgeschlossene Privathaftpflichtversicherung abgedeckt sein müsste. Ich bin aus
Versehen mit meinem Arm gegen eine Kunstskulptur (Wert: 2000 Euro) gestoßen, die daraufhin vom Tisch gefallen und in mehrere Einzelteile zerbrochen ist.

8 **9** **10** Nun möchte ich Sie bitten, mir unverzüglich die Formulare zuzusenden, die ausgefüllt werden müssen, damit Ihre Versicherung den Schaden begleicht. Falls ein Sachverständiger
den Schaden begutachten möchte, kann er sich zwecks Terminabsprache mit mir unter der
Telefonnummer 02 31/15 24 15 (tagsüber) bzw. 02 31/52 89 47 (ab 17 Uhr) in Verbindung
setzen. Ich bitte Sie, alle notwendigen Schritte möglichst rasch in die Wege zu leiten, damit
der Schaden schnell beglichen werden kann.

11 Mit freundlichen Grüßen

12 *Renate Schiller*

Entschuldigung nach Verursachen eines Schadens

Jeder Mensch verursacht in seinem Leben irgendwann einmal einen Schaden, von dem ein anderer betroffen ist. Glücklicherweise handelt es sich bei den meisten Schäden um Sach- oder Vermögens- und nicht um Personenschäden. Doch ganz egal, was für ein Schaden entstanden ist – unangenehm ist so eine Situation immer. Deshalb sollte man sich für den entstandenen Schaden am besten nicht nur mündlich, sondern auch schriftlich entschuldigen und eine Regulierung des Schadens zusagen. Was man jedoch nicht machen sollte: in diesem Schreiben seine Schuld direkt einzugestehen – falls eine Versicherung den Schaden regulieren soll, könnte sie sonst Probleme machen.

Besonders wichtig ist so eine Entschuldigung im Übrigen nach einem Auto- oder anderweitigen Unfall, bei dem eine Person zu Schaden gekommen ist. Viele Unfallverursacher scheuen sich davor, mit dem Unfallopfer nochmals in direkten Kontakt zu treten, weil es ihnen ausgesprochen peinlich oder unangenehm ist bzw. weil sie Angst davor haben. Doch gerade in so einem Fall wartet das Opfer vermutlich auf eine förmliche Entschuldigung – und warum sollte der Unfallverursacher diese nicht in einem Brief aussprechen? Auch wenn er den Unfall und seine Folgen nicht ungeschehen machen kann, es gebietet schon die Achtung vor dem anderen, sich zumindest schriftlich zu entschuldigen.

Eine Entschuldigung nach Verursachen eines Schadens könnte folgende inhaltliche Stichpunkte beinhalten:

❶ Adresse des Absenders,

❷ Datum des Briefs,

❸ Adresse des Empfängers,

❹ Betreff (kann aber auch entfallen),

❺ Anrede,

❻ Entschuldigung für den entstandenen Schaden,

❼ Zusage der Schadensregulierung,

❽ bei einem Personenschaden: Ansprechen des Wissens darum, den Schaden nicht ungeschehen machen zu können,

❾ eventuell Aussprechen der Hoffnung, trotz des Schadens weiterhin ein normales Verhältnis zueinander zu haben,

❿ nochmalige Entschuldigung,

⓫ Grußformel,

⓬ eigenhändige Unterschrift.

Die Entschuldigung sollte übrigens in möglichst einfache Worte gefasst sein und von Herzen kommen. Es ist nicht schlimm, wenn der Brief dadurch nicht ganz geschliffen klingt, Hauptsache, die Entschuldigung wirkt glaubwürdig. Klischees (z. B. „Ich bin untröstlich") machen das Gesagte für den Empfänger hingegen unglaubwürdig.

Wer eine Schadensregulierung verspricht, sollte diese im Übrigen so rasch wie möglich in die Wege leiten. Schließlich wartet niemand gern lange auf die Einlösung eines solchen Versprechens.

1 Renate Schiller
Osthofstraße 4
44131 Dortmund

2 20XX-04-16

3 Julius Müller
Bodenstraße 3

44254 Dortmund

4 **Entschuldigung für den Ihnen beim Unfall vom 12. April entstandenen Schaden**

5 Sehr geehrter Herr Müller,

6 mit diesem Brief möchte ich Sie noch einmal schriftlich um Verzeihung für den Autounfall vom 12. April bitten. Ich habe Sie leider nicht in Ihren Wagen einsteigen sehen, weil mich die Sonne zu diesem Zeitpunkt geblendet hat. Es tut mir sehr Leid, dass Sie wegen des Zusammenstoßes mit meinem Wagen starke Prellungen am Oberkörper erlitten haben.

Ich habe bereits meine Versicherung benachrichtigt, damit diese die Kosten für den anschließenden Arztbesuch und Krankenhausaufenthalt übernimmt. Möglicherweise setzt sie sich auch mit Ihnen in den nächsten Tagen kurz in Verbindung. **7**

8 Natürlich weiß ich, dass ich den Schaden nicht ungeschehen machen kann, und das tut mir ebenfalls Leid. Hätte ich es gekonnt, hätte ich die Schmerzen, die Sie durchlitten haben, gern auf mich genommen. Ich hoffe, dass es uns dennoch möglich sein wird, weiterhin „normal" miteinander umzugehen. **9**

10 Noch einmal mit der Bitte um Entschuldigung und
mit freundlichen Grüßen **11**

12 Renate Schiller

Einspruch beim Finanzamt gegen Einkommensteuerbescheid

Kein Arbeitnehmer oder Selbstständiger liebt es, seine Steuererklärung zu machen. Die meisten sind jedoch dazu verpflichtet, die Einkommensteuererklärung für das Vorjahr bis zum 31. Mai des Folgejahres abzugeben. Auch die Personen, die aufgrund ihres geringen Einkommens keine Einkommensteuererklärung abgeben müssen, können von einer freiwilligen Erklärung profitieren, da sie im Allgemeinen Geld vom Finanzamt zurückbekommen, wenn sie eine Einkommensteuererklärung einreichen.

Einige Wochen nach der Abgabe der Einkommensteuererklärung flattert dann meistens der Einkommensteuerbescheid ins Haus, in dem das Finanzamt die endgültige Steuerschuld für das Vorjahr festlegt. Die meisten Haushalte können sich freuen: Sie erhalten Geld zurück. Es gibt jedoch auch Arbeitnehmer, die Steuern nachzahlen müssen. Diese sind über den Einkommensteuerbescheid in der Regel nicht so erfreut. Ganz egal jedoch, ob Steuern erstattet oder nachgezahlt werden müssen: Das Finanzamt kann sich bei der Berechnung der Steuerschuld irren. Angeblich soll fast jeder dritte Steuerbescheid falsch sein. Da kann es sich also lohnen nachzurechnen oder vom Lohnsteuerhilfeverein bzw. einem Steuerberater nachrechnen zu lassen. Scheint der Steuerbescheid Fehler aufzuweisen, kann man gegen den Bescheid innerhalb eines Monats nach dessen Zustellung Widerspruch beim Finanzamt einlegen. Das Gleiche sollte man übrigens bei offenen Rechtsfragen tun, z. B. wenn das Bundesverfassungsgericht wieder einmal darüber entscheiden muss, ob Familien gegenüber Einzelpersonen steuerlich benachteiligt werden. Ergibt das Urteil eine steuerliche Benachteiligung und hat ein Steuerpflichtiger mit dieser Begründung Widerspruch gegen den Einkommensteuerbescheid eingelegt, kann es gut sein, dass der Fiskus ihm nachträglich einige Euro zurückerstattet – und wer schenkt dem Staat schon freiwillig Geld.

Der Widerspruch gegen einen Einkommensteuerbescheid kann wie folgt aufgebaut werden:

1. Adresse des Absenders,
2. Datum des Schreibens,
3. Adresse des Empfängers (in diesem Fall das zuständige Finanzamt),
4. Betreff (mit Angabe der Steuernummer),
5. Anrede,
6. Widerspruch gegen den Steuerbescheid,
7. Nennung der Gründe für den Widerspruch,
8. Bitte um Überprüfung,
9. Grußformel,
10. eigenhändige Unterschrift des Steuerpflichtigen.

Das Finanzamt verlangt übrigens von Steuerpflichtigen, die Steuern nachzahlen müssen, dass sie dies in der dafür vorgesehenen Frist tun, auch wenn sie gegen den Bescheid Widerspruch eingelegt haben. Das kann man umgehen, indem man das Finanzamt darum bittet, die Vollziehung des Bescheids so lange außer Kraft zu setzen, bis die Überprüfung durchgeführt wurde. Allerdings braucht man die Zustimmung des Finanzamts dazu – ohne diese sollte man den fälligen Betrag nicht zurückhalten, sondern das Finanzamt darum bitten, zu viel gezahlte Steuern verzinst zurückzuerstatten, wenn der Einkommensteuerbescheid schließlich Rechtskraft erlangt.

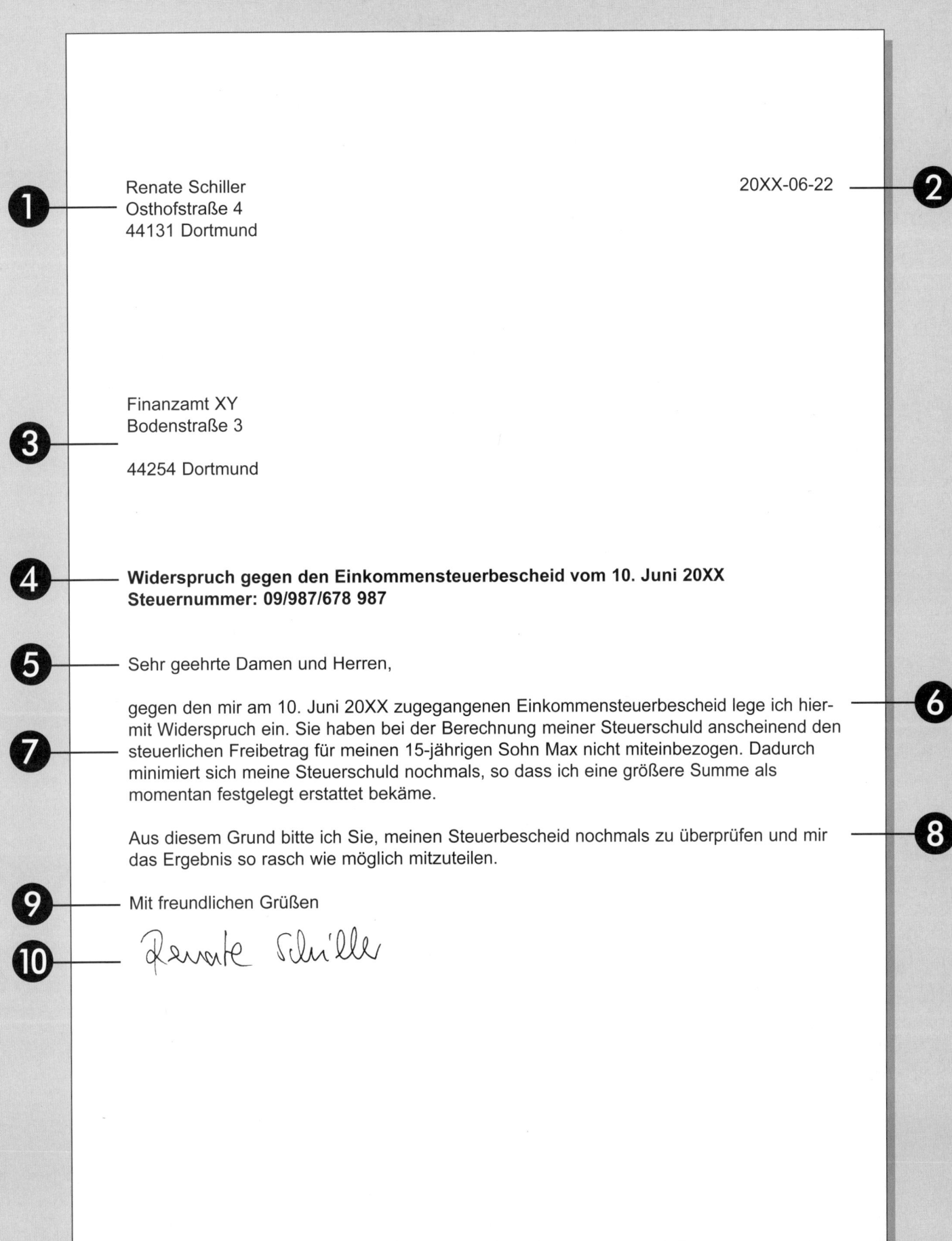

Renate Schiller
Osthofstraße 4
44131 Dortmund

20XX-06-22

Finanzamt XY
Bodenstraße 3

44254 Dortmund

Widerspruch gegen den Einkommensteuerbescheid vom 10. Juni 20XX
Steuernummer: 09/987/678 987

Sehr geehrte Damen und Herren,

gegen den mir am 10. Juni 20XX zugegangenen Einkommensteuerbescheid lege ich hiermit Widerspruch ein. Sie haben bei der Berechnung meiner Steuerschuld anscheinend den steuerlichen Freibetrag für meinen 15-jährigen Sohn Max nicht miteinbezogen. Dadurch minimiert sich meine Steuerschuld nochmals, so dass ich eine größere Summe als momentan festgelegt erstattet bekäme.

Aus diesem Grund bitte ich Sie, meinen Steuerbescheid nochmals zu überprüfen und mir das Ergebnis so rasch wie möglich mitzuteilen.

Mit freundlichen Grüßen

Renate Schiller

PG_Sonstiges_EinspruchESt.doc

Brief ans Finanzamt wegen Änderung der Einkommensteuervorauszahlung

Selbstständige müssen in aller Regel eine Einkommensteuervorauszahlung an das Finanzamt leisten, die bei der endgültigen Berechnung der Einkommensteuer mit der Steuerschuld verrechnet wird. Diese Einkommensteuervorauszahlung wird in aller Regel alle drei Monate fällig. Sie berechnet sich anhand der zuletzt gezahlten Einkommensteuer – anteilig muss alle drei Monate ein Viertel der letzten Steuerschuld an das Finanzamt gezahlt werden. Die Höhe der jeweils fälligen Einkommensteuervorauszahlung ist aus dem zuletzt zugegangenen Steuerbescheid ersichtlich.

Kann ein Selbstständiger nun jedoch absehen, dass er im Folgejahr um einiges weniger verdienen wird, belastet ihn die vom Finanzamt berechnete Einkommensteuervorauszahlung finanziell möglicherweise zu stark. In diesem Fall kann er seine Einkommensvorausschätzung dem Finanzamt mitteilen und es bitten, die Einkommensteuervorauszahlung nach unten anzupassen. Allerdings muss er dem Finanzamt triftige Gründe dafür vorlegen, warum er geringere Einnahmen erwartet.

Gründe für sinkende Einnahmen gibt es selbstverständlich viele: erhebliche Investitionen ins Geschäft, die Insolvenz des besten bisherigen Kunden oder auch – bei „Ein-Frau-Betrieben" – die Geburt eines Kindes. Begründet der Unternehmer seinen Antrag gut, geht das Finanzamt im Allgemeinen auf seine Wünsche ein und senkt die Einkommensteuervorauszahlung. Ein solcher Antrag kann sich also durchaus lohnen.

Er sollte in etwa folgendermaßen aufgebaut werden:

1. Adresse des Absenders,
2. Datum des Briefs,
3. Adresse des Empfängers,
4. Betreff (mit Steuernummer),
5. Anrede,
6. Nennung des Steuerbescheids und der Summe, die als Einkommensteuervorauszahlung festgesetzt ist,
7. Antrag auf Verringerung der Einkommensteuervorauszahlung aufgrund zu erwartenden niedrigeren Einkommens für das Folgejahr,
8. Gründe für den Einkommensrückgang nennen,
9. Bitte um rasche Mitteilung, ob dem Antrag entsprochen wird,
10. Grußformel,
11. eigenhändige Unterschrift.

Weder Arbeitnehmer noch Selbstständige sollten das Finanzamt übrigens als ihren „persönlichen Feind" betrachten. Die Finanzbeamten sind im Allgemeinen sehr kooperativ und zugänglich, wenn man ihnen freundlich gegenübertritt. Zudem sind sie laut Gesetz zur Hilfe in Steuerfragen verpflichtet. Wer also steuerliche Fragen hat, kann sich problemlos auch unverbindlich an den zuständigen Finanzbeamten wenden.

1 Renate Schiller
Osthofstraße 4
44131 Dortmund

2 20XX-05-12

3 Finanzamt XY
Bodenstraße 3

44254 Dortmund

4 **Antrag auf Änderung der
Einkommensteuervorauszahlung/Steuernummer: 09/987/678 987**

5 Sehr geehrte Damen und Herren,

6 in Ihrem letzten Einkommensteuerbescheid, der mir am 1. Mai 20XX zugegangen ist,
setzen Sie ab Juni dieses Jahres eine Einkommensteuervorauszahlung in Höhe von
1200 Euro für jeweils drei Monate fest. Hiermit beantrage ich eine Verringerung der Voraus-
7 zahlung, da ich in diesem Jahr voraussichtlich nur etwa die Hälfte des Vorjahresgewinns
erwirtschaften werde. Der Grund: Im Juli dieses Jahres kommt mein erstes Kind zur Welt
und ich werde wenigstens bis Ende des Jahres in Erziehungsurlaub gehen. Während der
Zeit des Erziehungsurlaubs werde ich meine unternehmerische Tätigkeit zwar nicht völlig
ruhen lassen, jedoch sehr stark einschränken. Ich habe mir vorgenommen, höchstens ein **8**
Viertel der Zeit, die ich jetzt für meine Arbeit aufwende, in mein Geschäft zu investieren.
Sie werden dafür sicher Verständnis haben.

Bitte teilen Sie mir möglichst rasch mit, ob Sie meinem Antrag entsprechen und wie
hoch die Summe ist, die Sie aufgrund meiner geänderten Einkommensverhältnisse als **9**
Einkommensteuervorauszahlung festlegen.

10 Mit freundlichen Grüßen

11 *Renate Schiller*

Einspruch gegen Zahlung eines Bußgelds

Verwarnungs- und Bußgelder – welcher Autofahrer hat damit nicht schon Bekanntschaft gemacht! In den meisten Fällen sind sie sicher berechtigt. Das wird auch der uneinsichtigste Autofahrer zugeben müssen. Doch manchmal kommt es vor, dass ein solches Verwarnungs- oder Bußgeld verhängt wird, ohne dass man sich bewusst ist, im Straßenverkehr etwas falsch gemacht zu haben. Dann kann es sich lohnen, dagegen Einspruch zu erheben.

Ein Verwarnungsgeld wird meist bei leichten Vergehen im Straßenverkehr verhängt, z. B. beim Parken ohne Parkschein oder -scheibe, leichten Geschwindigkeitsübertretungen und so weiter. Der Verwarnte muss innerhalb einer Woche die Überweisung tätigen, sonst wird ein Bußgeldverfahren gegen ihn eingeleitet – und das kommt ihn teurer zu stehen. Genauso viel Zeit bleibt ihm übrigens auch, um gegen das Verwarnungsgeld schriftlich Einspruch zu erheben – er muss sich also beeilen, meint er, dass die Strafe gegen ihn unberechtigterweise verhängt wurde.

Ein Bußgeld wird bei schwereren Vergehen im Straßenverkehr verhängt, z. B. bei höheren Geschwindigkeitsübertretungen. Da das Bußgeld nicht selten auch mit einem mehrwöchigen oder -monatigen Fahrverbot oder Punkten in Flensburg einhergeht, sollte man in jedem Fall dagegen Einspruch einlegen, wenn man sich keiner Schuld bewusst ist. Die Frist, innerhalb derer ein Autofahrer gegen ein Bußgeldverfahren Einspruch erheben muss, beträgt 14 Tage. Dann muss dieser beim Kreis, der das Bußgeld verhängt hat, eingegangen sein.

Ein Einspruch gegen die Zahlung eines Bußgelds sollte folgende inhaltliche Stichpunkte beinhalten:

1. Adresse des Absenders,
2. Datum des Briefs,
3. Adresse des Empfängers,
4. Betreff,
5. Anrede,
6. Einlegung des Einspruchs gegen das Bußgeld,
7. Begründung des Einspruchs,
8. Bitte um Überprüfung,
9. Dank,
10. Grußformel,
11. eigenhändige Unterschrift.

Selbstverständlich benötigt man für seinen Einspruch gegen das Bußgeld einen guten Grund. Zudem sollte man sich immer wahrheitsgemäß äußern. Doch auch der beste Grund für einen Einspruch hilft nicht immer: In den meisten Fällen muss der Verwarnte das Bußgeld begleichen. Wer sich dennoch weiter im Recht sieht, kann das Verfahren auch vors Gericht bringen. Allerdings muss man sich seiner Sache dann schon recht sicher sein. Denn geht der Prozess verloren, wird nicht nur das Bußgeld fällig, es kommen auch noch die Prozesskosten hinzu – und das kann im Einzelfall teuer werden. In berechtigten Fällen ist es daher besser, das Bußgeld rasch zu begleichen.

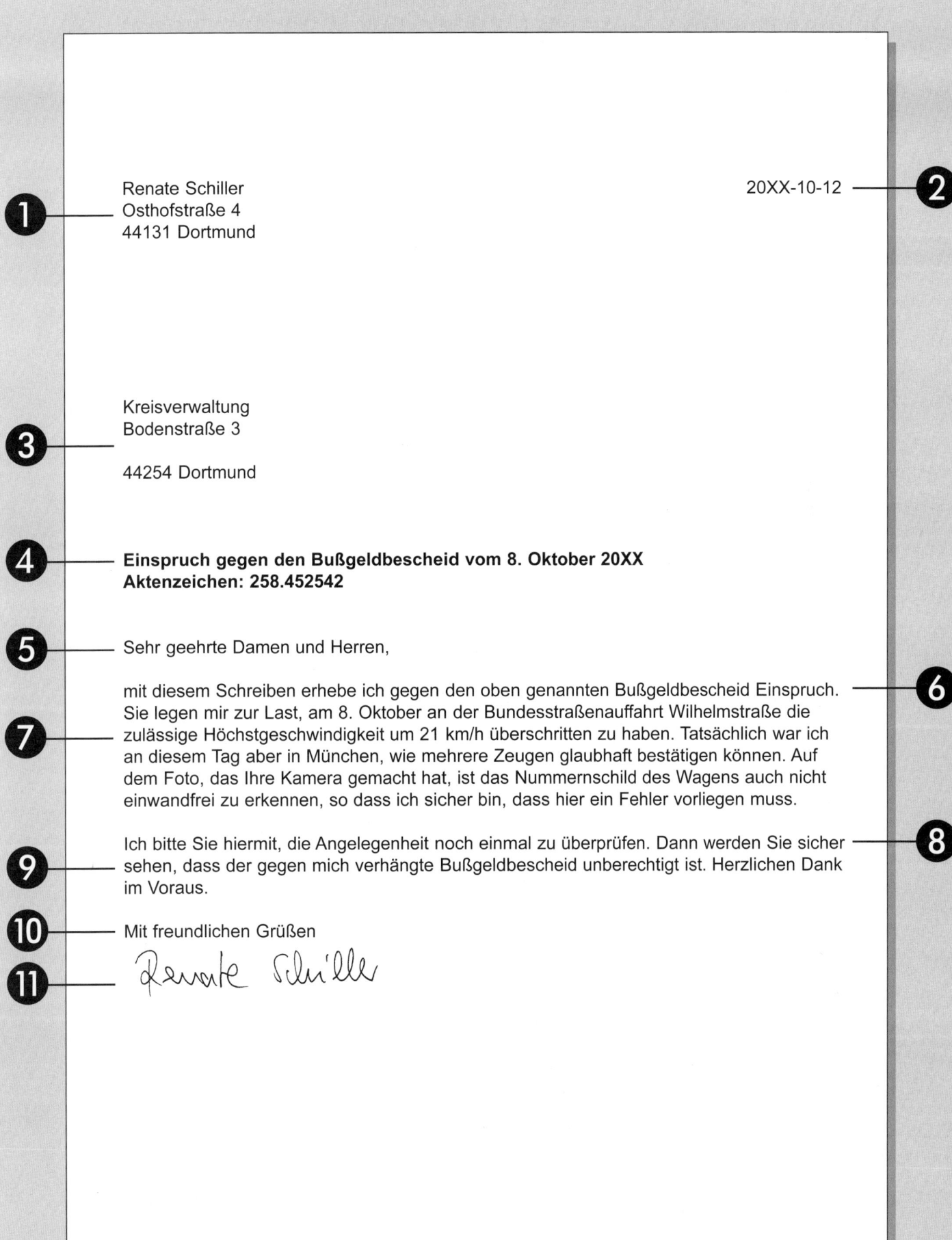

Renate Schiller
Osthofstraße 4
44131 Dortmund

20XX-10-12

Kreisverwaltung
Bodenstraße 3

44254 Dortmund

Einspruch gegen den Bußgeldbescheid vom 8. Oktober 20XX
Aktenzeichen: 258.452542

Sehr geehrte Damen und Herren,

mit diesem Schreiben erhebe ich gegen den oben genannten Bußgeldbescheid Einspruch.
Sie legen mir zur Last, am 8. Oktober an der Bundesstraßenauffahrt Wilhelmstraße die
zulässige Höchstgeschwindigkeit um 21 km/h überschritten zu haben. Tatsächlich war ich
an diesem Tag aber in München, wie mehrere Zeugen glaubhaft bestätigen können. Auf
dem Foto, das Ihre Kamera gemacht hat, ist das Nummernschild des Wagens auch nicht
einwandfrei zu erkennen, so dass ich sicher bin, dass hier ein Fehler vorliegen muss.

Ich bitte Sie hiermit, die Angelegenheit noch einmal zu überprüfen. Dann werden Sie sicher
sehen, dass der gegen mich verhängte Bußgeldbescheid unberechtigt ist. Herzlichen Dank
im Voraus.

Mit freundlichen Grüßen

Renate Schiller

PG_Sonstiges_EinspruchBussgeld.doc

Wechsel der Krankenkasse

Gerade in Zeiten förmlich explodierender Gesundheitskosten kann es sinnvoll sein, die Krankenkasse zu wechseln. Denn das spart dem Versicherten nicht selten bares Geld. Es ist auch überhaupt kein Problem, die Krankenkasse erneut zu wechseln, wenn man hinterher feststellt, dass man mit ihr doch nicht so zufrieden war, wie man zuvor glaubte (wobei die Kernleistungen aller gesetzlichen Kassen, also rund 96% aller Leistungen, in etwa gleich sind). Allerdings ist ein solcher Wechsel problemlos nur zwischen den gesetzlichen Kassen möglich – und das auch nur zu bestimmten Zeitpunkten. Von einer privaten Krankenkasse in eine gesetzliche Kasse zurückzukehren, ist hingegen nicht möglich. Deshalb sollte der Wechsel in die private Krankenversicherung immer gut überdacht werden, selbst wenn die Zugangsvoraussetzungen vorliegen sollten.

Seit dem 1. Januar 2002 kann man seine Krankenkasse zu jedem Zeitpunkt mit einer Kündigungsfrist von zwei Monaten kündigen. Voraussetzung: Man legt der alten Kasse innerhalb der Kündigungsfrist die Mitgliedschaftsbescheinigung der neuen Kasse vor. Allerdings ist der Versicherte dann 18 Monate (vorher zwölf Monate) an die neue Kasse gebunden. Erst dann ist ein weiterer Wechsel möglich.

Allerdings gewähren alle Krankenkassen ein Sonderkündigungsrecht bei einer Beitragserhöhung. In diesem Fall muss man der Kasse seine Kündigung möglichst rasch mitteilen – die Frist für den Wechsel beträgt ebenfalls zwei Monate. Ein Arbeitgeber- oder Beschäftigungswechsel hingegen berechtigt nicht zur vorzeitigen Kündigung der Krankenkasse.

Ein Schreiben, das der alten Kasse den Wechsel zu einer neuen Krankenkasse mitteilt, kann folgendermaßen aufgebaut sein:

1. Adresse des Absenders,
2. Datum des Briefs,
3. Adresse des Empfängers,
4. Betreff (mit Mitgliedsnummer der Krankenkasse),
5. Anrede,
6. Kündigung (mit Angabe, ob es sich um eine fristgemäße oder eine Kündigung nach dem Sonderkündigungsrecht handelt),
7. bei Sonderkündigung Grund angeben,
8. Ankündigung der Vorlage der Mitgliedsbescheinigung der neuen Krankenkasse,
9. Beauftragung der alten Krankenkasse, alle notwendigen Schritte für den Wechsel in die Wege zu leiten,
10. Grußformel,
11. eigenhändige Unterschrift.

Bei der eigentlichen Kündigung muss der Versicherte übrigens noch nicht wissen, welcher neuen Kasse er beitreten will. Es reicht vollkommen aus, der alten Kasse innerhalb der zweimonatigen Kündigungsfrist die Bescheinigung einer neuen Kasse vorzulegen. Allerdings ist es natürlich sinnvoll, sich bereits vorher über Beiträge und Leistungen der anderen Kassen kundig zu machen und bei einer anderen Kasse einen Beitrittsantrag zu stellen. Oft ist die neue Kasse auch bei der Kündigung der alten Mitgliedschaft behilflich.

① Renate Schiller
Osthofstraße 4
44131 Dortmund

② 20XX-02-28

③ Krankenkasse XY
Bodenstraße 3

44254 Dortmund

④ **Kündigung der Mitgliedschaft zum 30. April 20XX/Mitgliedsnummer: 5458 7841 25**

⑤ Sehr geehrte Damen und Herren,

⑥ mit diesem Schreiben kündige ich meine Mitgliedschaft in Ihrer Krankenkasse zum
30. April 20XX. Ich nehme damit mein Sonderkündigungsrecht bei einer Beitrags
⑦ erhöhung in Anspruch.

⑧ Innerhalb der nächsten zwei Monate werde ich Ihnen die Mitgliedsbescheinigung meiner
neuen Krankenkasse, der XY-Krankenversicherung, einreichen. Ich bitte Sie, alle not-
⑨ wendigen Unterlagen fertig zu stellen, damit der Wechsel reibungslos erfolgen kann.
Herzlichen Dank!

⑩ Mit freundlichen Grüßen

⑪ *Renate Schiller*

Wechsel des Stromversorgers

Der Wechsel des Stromversorgers ist seit der Liberalisierung des Strommarktes so einfach wie nie. Der Kunde hat die Möglichkeit, sich unter vielen Anbietern den preisgünstigsten oder passendsten auszusuchen, wobei der passendste nicht notwendigerweise der günstigste sein muss. Schließlich gibt es mittlerweile viel Stromkunden, die Wert darauf legen, dass der von ihnen verbrauchte Strom umweltfreundlich (z. B. mit Hilfe von Solar- oder Windkraftanlagen) erzeugt wird.

Im Allgemeinen muss man sich heute nur an den ausgewählten neuen Anbieter wenden und ihm mitteilen, dass man zu ihm wechseln möchte. Der neue Anbieter erledigt dann alle Formalitäten mit dem alten Stromversorger. Es ist natürlich auch weiterhin möglich, seinem Stromversorger selbst mitzuteilen, dass man den Vertrag kündigt und zu einem anderen Anbieter wechselt. Das ist z. B. sinnvoll, wenn man dem alten Anbieter eine Begründung für seine Kündigung liefern will, beispielsweise eine Beschwerde loswerden möchte.

Beim Wechsel zu einem neuen Anbieter sollte man unter anderem auf die Vertragsdauer achten. Kundenfreundliche Verträge haben eine Laufzeit von nur wenigen (in der Regel drei) Monaten. Dann können sie mit einer Frist von einem Monat wieder gekündigt werden. Schließlich kann es passieren, dass man mit dem neuen Anbieter doch nicht so zufrieden ist oder ein anderer Stromversorger dessen Preise wieder unterbietet. In jedem Fall sollte man sich vor einem Wechsel vom neuen Anbieter zusichern lassen, dass er tatsächlich auch in die Region liefern kann, in der man wohnt.

Die schriftliche Ankündigung des Wechsels zu einem anderen Stromversorger kann wie folgt aussehen:

❶ Adresse des Absenders,

❷ Datum des Briefs,

❸ Adresse des Empfängers,

❹ Betreff (mit Kundennummer),

❺ Anrede,

❻ Kündigung des Stromversorgungsvertrags,

❼ eventuell Nennung des Grundes für die Kündigung,

❽ Ankündigung des Wechsels zu einem anderen Anbieter,

❾ Bitte um Zusammenarbeit mit dem neuen Anbieter,

❿ Grußformel,

⓫ eigenhändige Unterschrift.

Da es manchmal schwierig sein kann, eigenhändig den Dschungel der Stromtarife in Deutschland zu durchforsten, gibt die Stiftung Warentest in regelmäßigen Abständen Informationen über die günstigsten Stromversorger heraus. Diese können im Internet auf der Website der Stiftung Warentest oder per Faxabruf angefordert werden. Sie sind zwar kostenpflichtig, können aber dabei helfen, eine Menge Geld zu sparen. Auch wer sich über die Umweltverträglichkeit des von ihm georderten Stroms informieren möchte, wird bei der Stiftung Warentest fündig. Aber auch auf den Websites größerer Umweltorganisationen wie Greenpeace finden sich Informationen zu umweltfreundlichen Angeboten der Stromversorger; einige Umweltverbände sind mittlerweile sogar selbst unter die Stromlieferanten gegangen.

① Renate Schiller
Osthofstraße 4
44131 Dortmund

② 20XX-05-22

③ Stromversorger XY
Bodenstraße 3

44254 Dortmund

④ **Kündigung des Stromliefervertrags zum 31. Juli 20XX/Kundennummer: 98 7665 776**

⑤ Sehr geehrte Damen und Herren,

⑥ mit diesem Schreiben kündige ich den Stromliefervertrag mit Ihrer Firma fristgerecht zum
31. Juli dieses Jahres. Der Grund für meine Kündigung: Die Unfreundlichkeit Ihrer Mitarbeiter, als ich vor rund einem Jahr um die Überprüfung meiner Stromrechnung bat. Ihre
⑦ Mitarbeiter zweifelten damals mit harschen Worten an, dass die Stromrechnung Fehler aufweisen könne. Im Nachhinein stellte sich aber tatsächlich heraus, dass Sie mir einen zu
hohen Betrag abgebucht hatten. Keiner Ihrer Mitarbeiter hielt es jedoch für nötig, sich bei
mir für die Unfreundlichkeit zu entschuldigen.

⑧ Daher wechsele ich nun zu dem Anbieter YZ, der zudem noch günstigere Tarife anbietet.
⑨ Ich bitte Sie, dem Anbieter YZ alle notwendigen Unterlagen zur Verfügung zu stellen.

⑩ Mit freundlichen Grüßen

⑪ Renate Schiller

Schadenersatz wegen Mängeln am Urlaubsort

Mängel am Urlaubsort können unter Umständen zu Schadenersatzansprüchen führen. Voraussetzung: Sie müssen den Urlaub und damit die Erholung maßgeblich beeinträchtigt haben. In diesem Fall gibt es die Möglichkeit, nachträglich von der Reisegesellschaft Schadenersatz z. B. in Form der Minderung des Reisepreises zu fordern.

Wichtig ist dabei jedoch, dass die Mängel dem Tourismusunternehmen bereits vor Ort (also während des Urlaubs) gemeldet wurden. Denn das Reiseunternehmen muss die Möglichkeit erhalten, Abhilfe zu schaffen. Am besten ist es, der gestresste Urlauber verfasst eine Mängelanzeige, die er an den Reiseleiter weitergibt und deren Empfang er sich bestätigen lässt. Ist kein Reiseleiter vor Ort, kann auch eine Niederlassung der Firma in dem Urlaubsland oder notfalls auch in Deutschland über die Mängel informiert werden. Sinnvoll ist es, die Mängel z. B. durch Foto- oder Filmaufnahmen zu belegen, um zur Not Beweise vorlegen zu können. Das trübt natürlich das Urlaubsvergnügen ein wenig, denn wer – außer notorischen Querulanten – mag sich in den „schönsten Wochen des Jahres" schon mit so unangenehmen Dingen herumschlagen?

Konnte die Reiseleitung die Mängel nicht beheben, sollte der gestörte Urlauber zu Hause ein Schreiben aufsetzen, in dem er Schadenersatz für entgangene Urlaubsfreuden verlangt. Bei der Bezifferung des Schadenersatzes können z. B. die Verbraucherzentralen Hilfestellung leisten, denn schließlich weiß man als „Otto Normalverbraucher" nicht, wie hoch bei welchen Mängeln der Schadenersatz ausfallen kann.

Ein Brief, mit dem ein Urlauber vom Reiseunternehmen Schadenersatz fordert, könnte folgendermaßen aufgebaut sein:

1. Adresse des Absenders,
2. Datum des Briefs,
3. Adresse des Empfängers,
4. Betreff,
5. Anrede,
6. Nennung der Mängel am Urlaubsort,
7. Nennung der Maßnahmen, die der Urlauber bereits am Urlaubsort ergriffen hat, um die Mängel abzustellen,
8. Auflistung der Schadenersatzforderungen,
9. Bitte um Begleichung der Forderungen,
10. eventuell Androhung von rechtlichen Schritten,
11. Grußformel,
12. eigenhändige Unterschrift.

Nicht jeder kleine Mangel rechtfertigt jedoch eine Schadenersatzforderung. Schon vor der Reise sollte sich daher jeder Urlauber darüber informieren, ob ihm die landestypischen Sitten und Gebräuche (z. B. das Essen) behagen könnten oder ob er seinen Urlaub lieber in Breiten verbringt, in denen er sich eher zu Hause fühlen kann. Besonders pingelige Menschen werden überall etwas finden, das ihnen nicht gefällt.

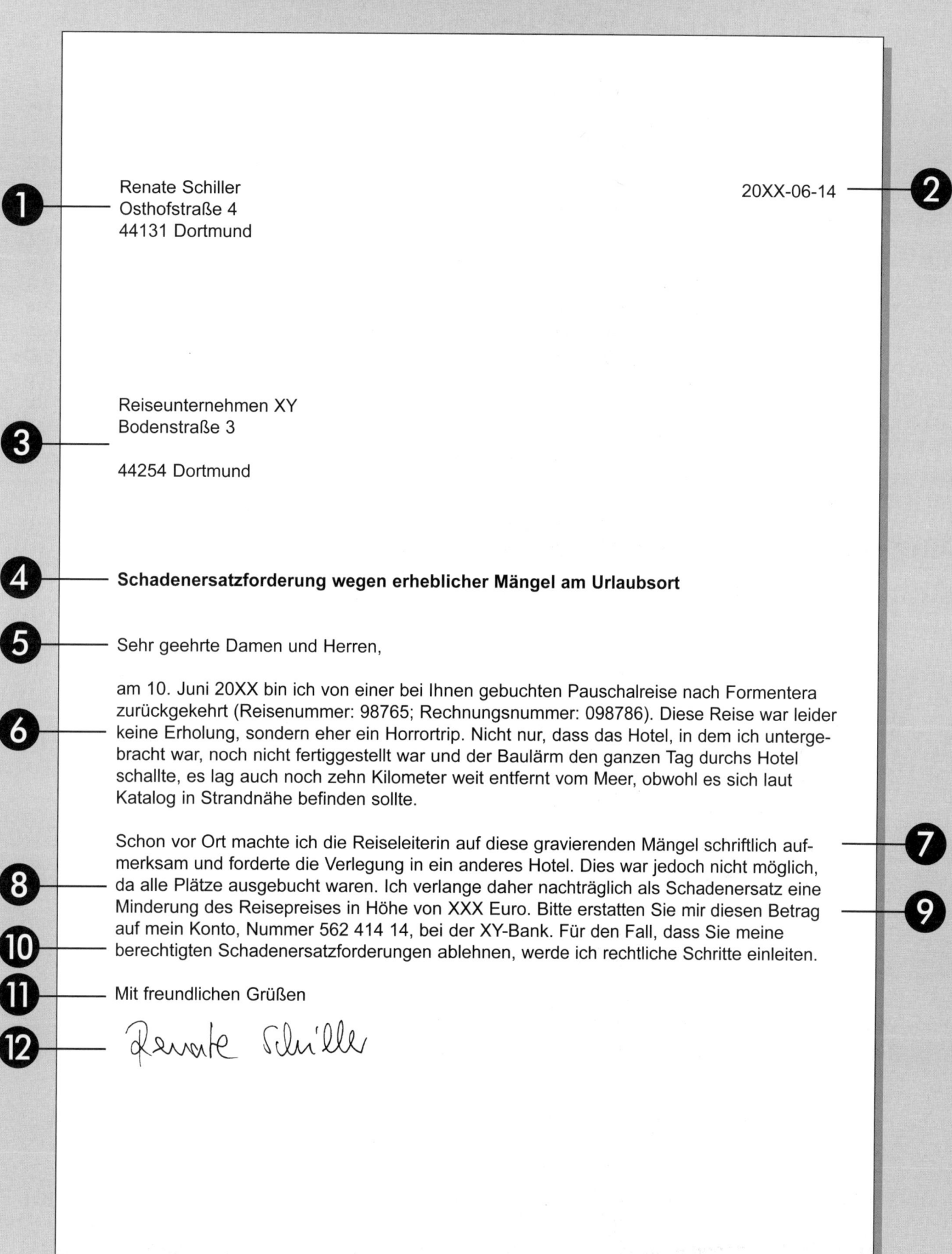

① Renate Schiller
Osthofstraße 4
44131 Dortmund

② 20XX-06-14

③ Reiseunternehmen XY
Bodenstraße 3

44254 Dortmund

④ **Schadenersatzforderung wegen erheblicher Mängel am Urlaubsort**

⑤ Sehr geehrte Damen und Herren,

⑥ am 10. Juni 20XX bin ich von einer bei Ihnen gebuchten Pauschalreise nach Formentera zurückgekehrt (Reisenummer: 98765; Rechnungsnummer: 098786). Diese Reise war leider keine Erholung, sondern eher ein Horrortrip. Nicht nur, dass das Hotel, in dem ich unterge-bracht war, noch nicht fertiggestellt war und der Baulärm den ganzen Tag durchs Hotel schallte, es lag auch noch zehn Kilometer weit entfernt vom Meer, obwohl es sich laut Katalog in Strandnähe befinden sollte.

⑦ Schon vor Ort machte ich die Reiseleiterin auf diese gravierenden Mängel schriftlich auf-merksam und forderte die Verlegung in ein anderes Hotel. Dies war jedoch nicht möglich,
⑧ da alle Plätze ausgebucht waren. Ich verlange daher nachträglich als Schadenersatz eine Minderung des Reisepreises in Höhe von XXX Euro. Bitte erstatten Sie mir diesen Betrag **⑨**
⑩ auf mein Konto, Nummer 562 414 14, bei der XY-Bank. Für den Fall, dass Sie meine berechtigten Schadenersatzforderungen ablehnen, werde ich rechtliche Schritte einleiten.

⑪ Mit freundlichen Grüßen

⑫ *Renate Schiller*

Entschuldigung für Fehlen in der Schule

Fehlt ein minderjähriger Schüler aus Krankheitsgründen in der Schule, muss eine Entschuldigung her. Denn ohne diese werden dem Schüler unentschuldigte Fehlstunden angelastet, die unter anderem zu Nachforschungen seitens der Schule nach der Ursache des Fehlens führen können. Das wollen Eltern doch aber sicher verhindern. Deshalb sollten sie ihrem Kind nach einer Krankheit stets eine Entschuldigung mitgeben, die dieses dann bei seinem Lehrer abgibt. Bei längeren Krankheiten sollten Eltern die Entschuldigung persönlich in die Schule bringen oder dem Rektor/der Rektorin per Post zustellen lassen.

Eine solche Entschuldigung muss nicht besonders wortreich sein. Sie sollte jedoch den Grund des Fehlens beinhalten. Während Arbeitnehmer bei ihrem Arbeitgeber nicht angeben müssen, unter welcher Krankheit sie gelitten haben, sondern nur eine Bescheinigung des Arztes einreichen müssen, sollten Eltern die Krankheit ihres Kindes ruhig benennen. Vor allem dann, wenn es sich um eine ansteckende Erkrankung handelt. Der Grund: Bei manchen Krankheiten ist die Schulleitung verpflichtet, das Gesundheitsamt zu informieren; bei einigen schweren Erkrankungen kann es sogar sein, dass die Schule vorübergehend geschlossen werden muss (z. B. bei ansteckenden, hochgefährlichen Formen der Hirnhautentzündung).

Eltern können in ihrer Entschuldigung auch darum bitten, dass ein gesundes Kind ihrem Kind die im Unterricht verteilten Unterlagen vorbei bringt und es darüber informiert, welcher Schulstoff durchgenommen wurde. Gleichzeitig können sie dem Lehrer, falls sie es wünschen, vermitteln, dass ihr Kind den verpassten Stoff nachholen wird, sobald ihm das aufgrund seines Gesundheitszustands wieder möglich ist.

Eine Entschuldigung für das Fehlen in der Schule kann folgende Punkte enthalten:

1. Adresse des Absenders,
2. Datum des Briefs,
3. Adresse des Empfängers,
4. Betreff (kann aber auch entfallen),
5. Anrede,
6. Entschuldigung für das Fehlen des Kindes,
7. Nennung des Grundes für die Fehlzeit,
8. voraussichtliche Dauer des Fernbleibens von der Schule,
9. Bitte um Vermittlung des Unterrichtsstoffs,
10. Grußformel,
11. eigenhändige Unterschrift eines Elternteils.

Schüler, die das 18. Lebensjahr vollendet haben und damit volljährig sind, können ihre Entschuldigung im Übrigen selbst schreiben und auch unterschreiben. Sie sind für ihr Handeln selbst verantwortlich. Allerdings müssen sie auch die Konsequenzen selbst tragen, falls sie sich häufiger einmal krank melden, ohne tatsächlich krank zu sein. Schlimmstenfalls kann mit einem Schulverweis gedroht werden. Manchmal verlangen die Lehrer bei zu häufigem Fehlen eines volljährigen Schülers auch eine Bescheinigung des Arztes – genau wie diese auch für Arbeitnehmer vorgeschrieben ist.

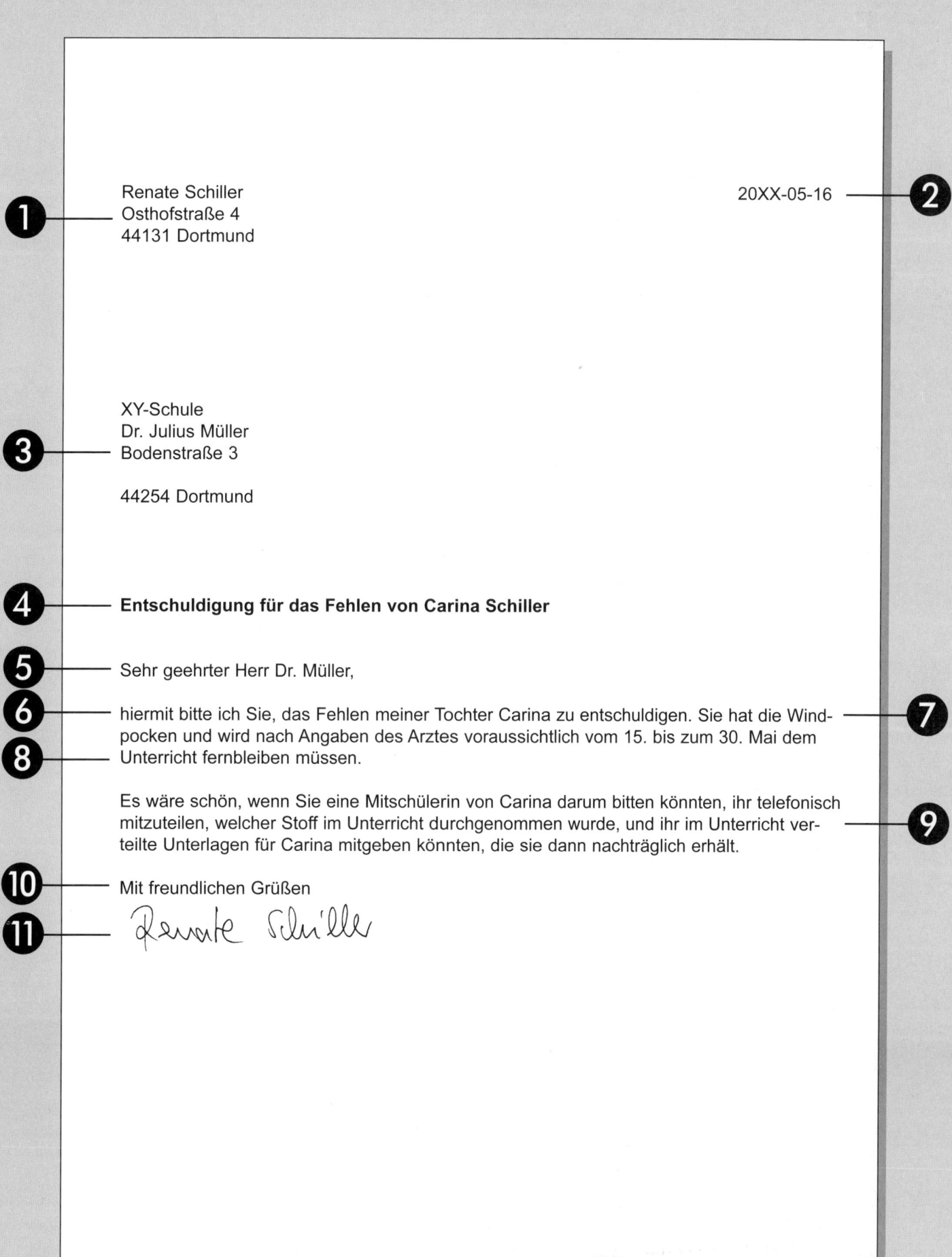

Renate Schiller
Osthofstraße 4
44131 Dortmund

20XX-05-16

XY-Schule
Dr. Julius Müller
Bodenstraße 3

44254 Dortmund

Entschuldigung für das Fehlen von Carina Schiller

Sehr geehrter Herr Dr. Müller,

hiermit bitte ich Sie, das Fehlen meiner Tochter Carina zu entschuldigen. Sie hat die Windpocken und wird nach Angaben des Arztes voraussichtlich vom 15. bis zum 30. Mai dem Unterricht fernbleiben müssen.

Es wäre schön, wenn Sie eine Mitschülerin von Carina darum bitten könnten, ihr telefonisch mitzuteilen, welcher Stoff im Unterricht durchgenommen wurde, und ihr im Unterricht verteilte Unterlagen für Carina mitgeben könnten, die sie dann nachträglich erhält.

Mit freundlichen Grüßen

Renate Schiller

Voranfrage

Jedes Unternehmen ist bis zu einem bestimmten Grad auf die Waren oder Dienstleistungen anderer Anbieter angewiesen. Da ist es nur verständlich, wenn man beim Einkauf von Waren den günstigsten Anbieter herausfinden möchte bzw. den, der das beste Preis-Leistungs-Verhältnis bieten kann.

Da nicht alle auf dem Markt befindlichen Unternehmen tatsächlich auch die geforderte Ware oder Dienstleistung liefern können, ist es häufig sinnvoll, vor einer eigentlichen Anfrage nach einem Angebot eine so genannte Voranfrage zu stellen, mit der man zwar deutlich macht, was man braucht, ohne jedoch zu sehr ins Detail zu gehen. Durch ein solches Schreiben, das an eine Reihe von Unternehmen verschickt wird, sucht man also zunächst die Firmen aus, die als Anbieter für bestimmte Waren oder Dienstleistungen überhaupt infrage kommen und bereit wären, ein Angebot dafür abzugeben.

Geschäftliche Schreiben besitzen übrigens – im Gegensatz zu privaten Briefen aller Art – in der Regel eine Bezugszeile (zusätzlich zur Betreffzeile). Mit dieser Zeile kann das Unternehmen problemlos Bezug auf ein vorhergehendes Schreiben nehmen. Die Bezugszeile enthält zudem das Datum des Schreibens und den Ansprechpartner (mit Telefondurchwahl) zum im folgenden Brief beschriebenen Thema.

Eine Voranfrage könnte wie folgt aufgebaut sein:

1. Adresse des Absenders,
2. Adresse des Empfängers,
3. Bezugszeichenzeile,
4. Betreff,
5. Anrede,
6. kurze Vorstellung des eigenen Unternehmens,
7. Angaben über die benötigten Waren und Dienstleistungen, einschließlich des erwarteten Liefertermins,
8. Informationen, wie das Unternehmen auf den potenziellen Anbieter aufmerksam wurde,
9. Anfrage, ob es dem Unternehmen möglich wäre, ein Angebot die Voranfrage betreffend abzugeben,
10. Termin, bis zu dem die Voranfrage beantwortet werden sollte,
11. Grußformel und eigenhändige Unterschrift des zuständigen Mitarbeiters, darunter der gedruckte Name des Mitarbeiters, falls die Unterschrift unleserlich sein sollte,
12. falls notwendig: Anlagenvermerk.

Die Setzung von Fristen (erwarteter Liefertermin, Termin, bis zu dem die Voranfrage beantwortet werden sollte) ist deshalb so wichtig, weil ein Unternehmen nicht unbegrenzt Zeit hat, um auf Antworten zu warten. Schließlich soll die Arbeit ja irgendwann einmal losgehen. Eine Firma, der es nicht gelingt, die Voranfrage bis zu dem verlangten Termin zu beantworten, sollte daher erst gar nicht in die Planungen des Unternehmens einbezogen werden, selbst wenn sich herausstellen sollte, dass sie das günstigste Angebot machen würde. Es zeugt jedoch nicht gerade von Verlässlichkeit, wenn Termine schon zu Beginn einer potenziellen Geschäftsbeziehung überschritten werden.

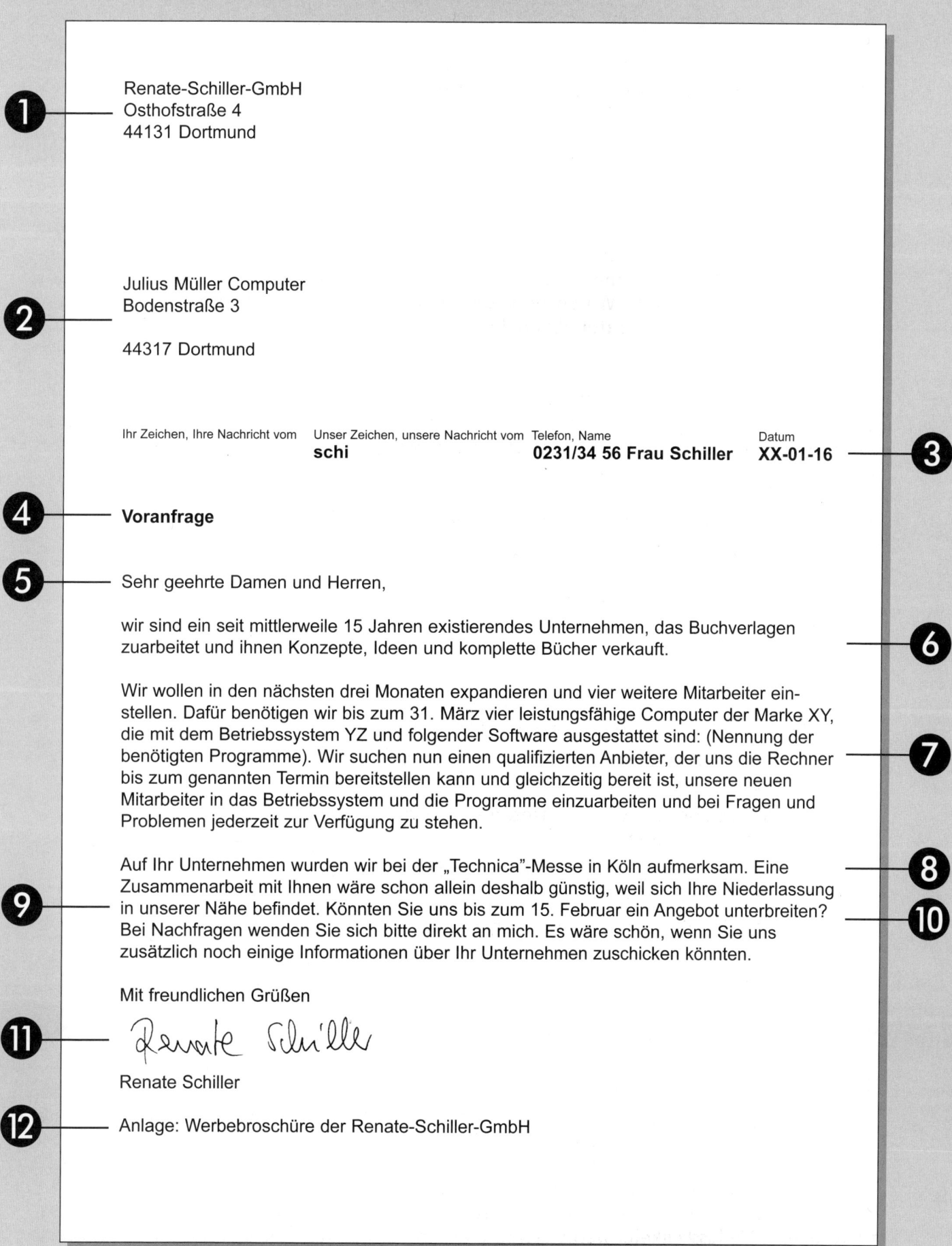

1 Renate-Schiller-GmbH
Osthofstraße 4
44131 Dortmund

2 Julius Müller Computer
Bodenstraße 3

44317 Dortmund

Ihr Zeichen, Ihre Nachricht vom	Unser Zeichen, unsere Nachricht vom	Telefon, Name	Datum
	schi	**0231/34 56 Frau Schiller**	**XX-01-16**

3

4 **Voranfrage**

5 Sehr geehrte Damen und Herren,

wir sind ein seit mittlerweile 15 Jahren existierendes Unternehmen, das Buchverlagen zuarbeitet und ihnen Konzepte, Ideen und komplette Bücher verkauft. **6**

Wir wollen in den nächsten drei Monaten expandieren und vier weitere Mitarbeiter ein-stellen. Dafür benötigen wir bis zum 31. März vier leistungsfähige Computer der Marke XY, die mit dem Betriebssystem YZ und folgender Software ausgestattet sind: (Nennung der benötigten Programme). Wir suchen nun einen qualifizierten Anbieter, der uns die Rechner bis zum genannten Termin bereitstellen kann und gleichzeitig bereit ist, unsere neuen Mitarbeiter in das Betriebssystem und die Programme einzuarbeiten und bei Fragen und Problemen jederzeit zur Verfügung zu stehen. **7**

Auf Ihr Unternehmen wurden wir bei der „Technica"-Messe in Köln aufmerksam. Eine **8** Zusammenarbeit mit Ihnen wäre schon allein deshalb günstig, weil sich Ihre Niederlassung **9** in unserer Nähe befindet. Könnten Sie uns bis zum 15. Februar ein Angebot unterbreiten? **10** Bei Nachfragen wenden Sie sich bitte direkt an mich. Es wäre schön, wenn Sie uns zusätzlich noch einige Informationen über Ihr Unternehmen zuschicken könnten.

Mit freundlichen Grüßen

11 *Renate Schiller*

Renate Schiller

12 Anlage: Werbebroschüre der Renate-Schiller-GmbH

Anfrage

Eine Anfrage nach bestimmten Waren oder Dienstleistungen stellt ein Unternehmen in der Regel nach einer Voranfrage, mit der bereits infrage kommende Anbieter ausfindig gemacht wurden. Diese Anfrage ist im Allgemeinen präziser als die Voranfrage; das anfragende Unternehmen listet detailliert auf, welche Waren und Dienstleistungen es benötigt, und bittet um ein verbindliches Angebot dafür.

Außerdem wird in der Anfrage ein genauer Liefertermin festgelegt und der Anbieter um Zusendung seiner Liefer- und Zahlungsbedingungen gebeten, wobei diese – zumindest bei größeren Aufträgen – in der Regel auch nach Absprache beider Firmen geändert werden können. Die meisten Anbieter gehen jedenfalls auf veränderte Liefer- und Zahlungsbedingungen ein, um sich einen Auftrag nicht entgehen zu lassen. Doch eine solche Anfrage hat in einem Angebot noch nichts zu suchen. Erst wenn die Verhandlungen wegen des Auftrags beginnen, wird darüber gesprochen.

Ein Anfrage wird meistens an mehrere Anbieter geschickt, um den günstigsten ausfindig zu machen. Jedoch ist es letztlich nicht immer der günstigste Anbieter, der den Auftrag erhält. Auch die räumliche Nähe oder besondere Servicekonditionen können den Ausschlag bei der Auftragsvergabe geben. Für den Auftraggeber ist jedoch – vor allem bei einer schlechten allgemeinen Wirtschaftslage – der Preis zunächst von Interesse.

Eine Anfrage enthält im Allgemeinen folgende Punkte:

1. Adresse des Absenders,
2. Adresse des Empfängers,
3. Bezugszeichenzeile,
4. Betreff,
5. Anrede,
6. Bitte um die Abgabe eines Angebots,
7. detaillierte Beschreibung der gewünschten Waren/Dienstleistungen, für die das Unternehmen ein Angebot machen soll, einschließlich Umfang der Bestellung und gewünschter Liefertermin,
8. Termin, bis zu dem die Firma das Angebot abgeben muss,
9. Bitte um die Angabe des Preises,
10. Bitte um die Liefer- und Zahlungsbedingungen des Anbieters,
11. Grußformel und eigenhändige Unterschrift des zuständigen Mitarbeiters, darunter der gedruckte Name des Mitarbeiters, falls die Unterschrift unleserlich sein sollte,
12. wenn nötig: Anlagenvermerk.

Falls das anfragende Unternehmen auch in Zukunft ähnliche Waren oder Dienstleistungen benötigt, sollte es dies in seiner Anfrage gleich in Aussicht stellen. Auf diese Weise kann es vielleicht die Preise der Anbieter noch ein bisschen drücken, denn oft geht ein Anbieter mit dem Preis ein wenig herunter, wenn eine weitere Zusammenarbeit wahrscheinlich ist.

Hat das anfragende Unternehmen übrigens keine Voranfrage gestellt, sollte es sich in seiner Anfrage selbst kurz vorstellen und sagen, wodurch es auf den jeweiligen Anbieter aufmerksam geworden ist.

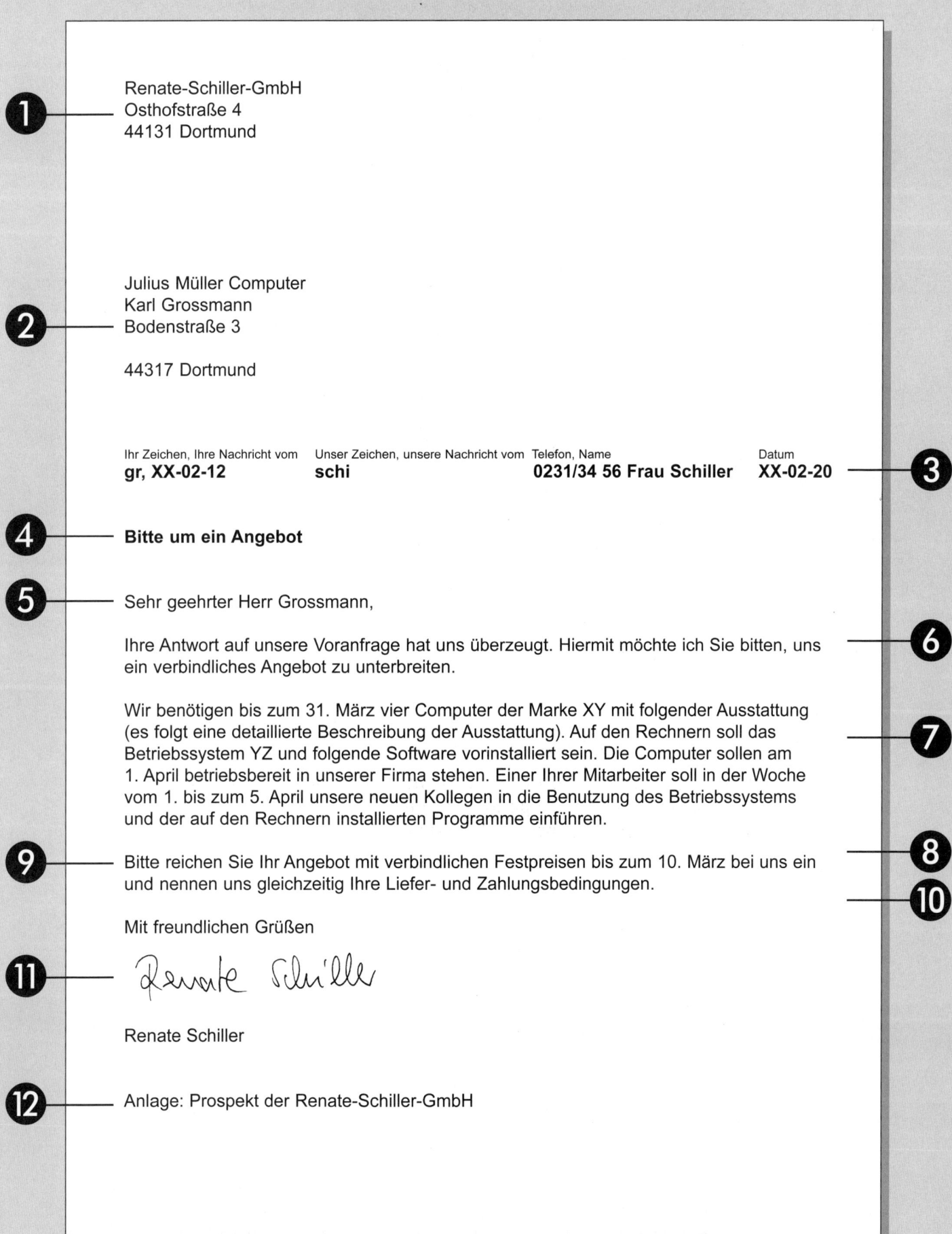

1 — Renate-Schiller-GmbH
Osthofstraße 4
44131 Dortmund

2 — Julius Müller Computer
Karl Grossmann
Bodenstraße 3

44317 Dortmund

Ihr Zeichen, Ihre Nachricht vom	Unser Zeichen, unsere Nachricht vom	Telefon, Name	Datum
gr, XX-02-12	**schi**	**0231/34 56 Frau Schiller**	**XX-02-20** — 3

4 — **Bitte um ein Angebot**

5 — Sehr geehrter Herr Grossmann,

Ihre Antwort auf unsere Voranfrage hat uns überzeugt. Hiermit möchte ich Sie bitten, uns — 6
ein verbindliches Angebot zu unterbreiten.

Wir benötigen bis zum 31. März vier Computer der Marke XY mit folgender Ausstattung
(es folgt eine detaillierte Beschreibung der Ausstattung). Auf den Rechnern soll das — 7
Betriebssystem YZ und folgende Software vorinstalliert sein. Die Computer sollen am
1. April betriebsbereit in unserer Firma stehen. Einer Ihrer Mitarbeiter soll in der Woche
vom 1. bis zum 5. April unsere neuen Kollegen in die Benutzung des Betriebssystems
und der auf den Rechnern installierten Programme einführen.

9 — Bitte reichen Sie Ihr Angebot mit verbindlichen Festpreisen bis zum 10. März bei uns ein — 8
und nennen uns gleichzeitig Ihre Liefer- und Zahlungsbedingungen. — 10

Mit freundlichen Grüßen

11 — Renate Schiller

Renate Schiller

12 — Anlage: Prospekt der Renate-Schiller-GmbH

Angebot

Ein schriftliches Angebot für eine Bestellung, das ein Unternehmen abgibt, muss besonders sorgfältig ausgearbeitet werden. In den meisten Fällen werden Angebote auf Anfragen hin abgefasst, weshalb sie sich genau auf die in der Anfrage genannten Anforderungen beziehen sollten. Außerdem muss im Angebot die Ware oder Dienstleistung mitsamt des Preises exakt beschrieben werden, damit sich sowohl Anbieter und nachfragendes Unternehmen später auf das Angebot beziehen können, falls Probleme auftauchen sollten. Schon allein, weil ein solches Angebot rechtlich bindend ist, sollte es mit besonderer Sorgfalt abgefasst werden – auf Druckfehler kann man sich im Nachhinein im Normalfall nicht beziehen.

Die genaue Beschreibung umfasst einerseits die Qualität des Produkts (Art, Beschaffenheit) und die Menge, andererseits aber auch die Lieferung und die Lieferfristen. Auch sollte zum Beispiel im Angebot gesondert erwähnt werden, wenn es sich um befristete Sonderpreise handelt. Können die in der Anfrage geforderten Anforderungen nicht genau erfüllt werden, sollte dies im Angebot dargelegt und vielleicht auch der Grund genannt werden, warum dies der Fall ist. Ein Hinweis auf die allgemeinen Geschäftsbedingungen der jeweiligen Firma sollten ebenfalls nicht fehlen, genauso wenig die Nennung von Erfüllungsort und Gerichtsstand, falls es im Nachhinein zu Streitigkeiten zwischen Lieferfirma und nachfragendem Unternehmen kommen sollte, die vor Gericht geklärt werden müssen.

Ein Angebot kann wie folgt aufgebaut sein:

❶ Adresse des Absenders,

❷ Adresse des Empfängers,

❸ Bezugszeichenzeile,

❹ Betreff,

❺ Anrede,

❻ Dank für die Anfrage, falls das Angebot auf eine Anfrage hin abgegeben wird,

❼ Angebot mit genauen Angaben zu den Waren/Dienstleistungen, ihrer Qualität, Menge und zu ihrem Preis (In der Regel werden Nettopreise ohne Mehrwertsteuer angegeben),

❽ Lieferfrist und Angaben zur Lieferung, eventuell mit Auflistung von Transportkosten,

❾ Verweis auf allgemeine Geschäftsbedingungen, Erfüllungsort und Gerichtsstand,

❿ möglicherweise Befristung der Dauer des Angebots,

⓫ Ausdruck der Freude über eine mögliche Zusammenarbeit,

⓬ Grußformel und eigenhändige Unterschrift des zuständigen Mitarbeiters, darunter der gedruckte Name des Mitarbeiters, falls die Unterschrift unleserlich sein sollte.

Angebote werden nicht immer auf Anfragen unterbreitet. Sie können bisherigen Kunden auch ungefragt zugeschickt werden. Dies geschieht vor allem, wenn der Anbieter auf Sonderangebote, Sonderkonditionen oder Besonderheiten in seinem Sortiment aufmerksam machen und weitere Aufträge „an Land ziehen" will. Ungefragte Angebote unterscheiden sich daher häufig nicht sonderlich von Werbebriefen, werden aber meistens etwas gezielter verschickt.

(1) Obst-Importe Renate-Schiller-GmbH
Osthofstraße 4
44131 Dortmund

(2) Warenhaus Julius Müller
Karl Grossmann
Bodenstraße 3

44317 Dortmund

Ihr Zeichen, Ihre Nachricht vom	Unser Zeichen, unsere Nachricht vom	Telefon, Name	Datum
gr XX-04-10	**schi**	**0231/34 56 Frau Schiller**	**XX-04-15**	**(3)**

(4) **Angebot**

(5) Sehr geehrter Herr Grossmann,

vielen Dank für Ihre Anfrage. Wir freuen uns, Ihnen heute folgendes Angebot unterbreiten **(6)**
zu können:

Ware	Gesamtpreis
50 kg Erdbeeren,	198,50 €
abgepackt in 200 Schalen à 250 g	
100 kg Äpfel „Pink Lady", Handelsklasse I,	122,00 €
Import aus Frankreich	
50 kg Birnen „Abate Fetel", Handelsklasse I,	78,75 €
, Import aus Südafrika	
Gesamt (netto ohne MwSt)	399,25 €

(7)

(8) Wir garantieren, Ihnen die Ware innerhalb von 24 Stunden frei Haus liefern zu können.
Es gelten unsere allgemeinen Geschäftsbedingungen. Erfüllungsort und Gerichtsstand ist **(9)**
(10) Dortmund. Dieses Angebot ist bis zum 25. April gültig.
Wir freuen uns auf eine Zusammenarbeit mit Ihnen. **(11)**

Mit freundlichen Grüßen

(12) *Renate Schiller*

Renate Schiller

Bestellung

Mit einer Bestellung schließt man mit dem Anbieter einer Ware oder Dienstleistung einen rechtlich bindenden Vertrag ab. Man verpflichtet sich, die Ware oder Dienstleistung zu den bereits im Angebot oder Werbeprospekt genannten Konditionen abzunehmen. Hat der Anbieter keine Konditionen genannt und das nachfragende Unternehmen bezieht sich auf ein früheres Angebot, ist die Bestellung so lange nicht rechtskräftig, bis der Anbieter dem Unternehmen eine Bestätigung über die in der Bestellung genannten Konditionen abgegeben hat.

Solche Verträge sind bindend, egal ob sie schriftlich oder nur mit Handschlag vereinbart wurden. Um jedoch Missverständnissen aus dem Weg zu gehen und für den Fall von Reklamationen etwas in der Hand zu haben, werden Bestellungen immer schriftlich abgegeben. Auf dieses Schriftstück können sich sowohl der Anbieter als auch das bestellende Unternehmen später im Notfall berufen.

Auch wenn der Anbieter bereits ein Angebot auf eine Anfrage hin abgegeben hat, sollte das nachfragende Unternehmen in seiner Bestellung noch einmal konkretisieren, was es nun genau vom Anbieter erwerben möchte. Vielleicht handelt es sich ja nur um einen Teil des Angebots oder das Unternehmen braucht plötzlich von einer Ware doch eine größere Menge (obwohl es im letzteren Fall die Bedingungen noch einmal aushandeln sollte – bei Bestellung größerer Mengen wird die Ware meistens günstiger). Den Einzel- und den Gesamtpreis für die Waren sollte das nachfragende Unternehmen ebenfalls noch einmal erwähnen, genauso sollte es die Liefer- und Zahlungsbedingungen wiederholen und schriftlich darauf pochen, bei Zahlung innerhalb von 30 Tagen zwei Prozent Skonto (das heißt Ermäßigung) auf den Gesamtpreis zu erhalten.

Folgende Stichpunkte sollten in der Bestellung nicht fehlen:

1. Adresse des Absenders,
2. Adresse des Empfängers,
3. Bezugszeichenzeile,
4. Betreff,
5. Anrede,
6. Dank für das Angebot, falls eines gemacht wurde,
7. detaillierte Bestellung (Menge der bestellten Waren, Einzel- und Gesamtpreis, eventuell Beschreibung von Qualitätsmerkmalen oder Verweis auf das Angebot),
8. Wiederholung der Lieferbedingungen,
9. Angaben zur Zahlung,
10. eventuell Angabe, bei wem der Anbieter bei Unklarheiten mit der Bestellung telefonisch nachfragen kann,
11. möglicherweise Vorfreude auf weitere Zusammenarbeit kundtun,
12. Grußformel und eigenhändige Unterschrift des zuständigen Mitarbeiters, darunter der gedruckte Name des Mitarbeiters, falls die Unterschrift unleserlich sein sollte.

Falls Anbieter und Käufer besondere Bedingungen (z. B. lange Umtauschfristen) vereinbart haben, sollten diese selbstverständlich in der Bestellung genannt werden.

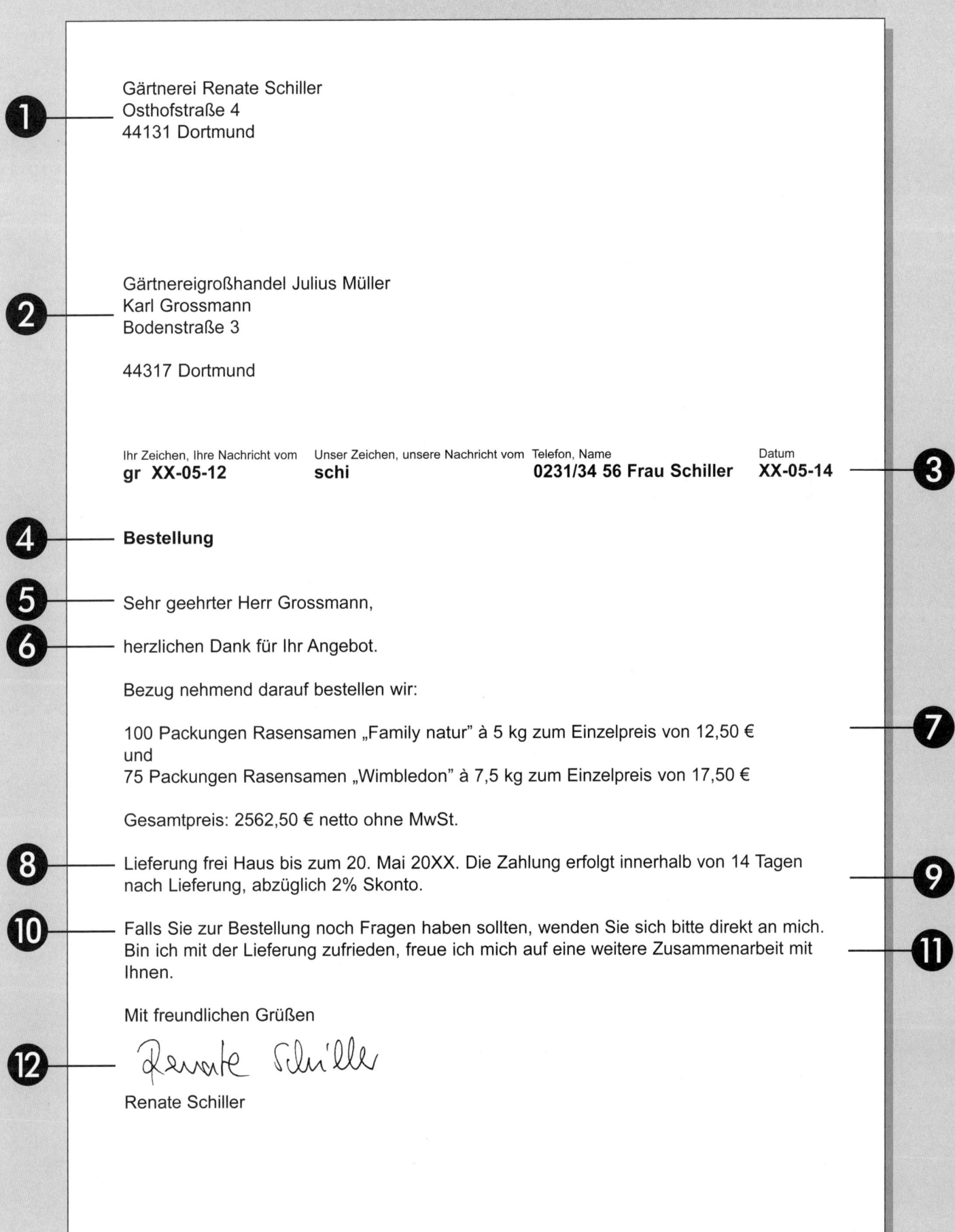

1 Gärtnerei Renate Schiller
Osthofstraße 4
44131 Dortmund

2 Gärtnereigroßhandel Julius Müller
Karl Grossmann
Bodenstraße 3

44317 Dortmund

Ihr Zeichen, Ihre Nachricht vom	Unser Zeichen, unsere Nachricht vom	Telefon, Name	Datum
gr XX-05-12	**schi**	**0231/34 56 Frau Schiller**	**XX-05-14**

3

4 **Bestellung**

5 Sehr geehrter Herr Grossmann,

6 herzlichen Dank für Ihr Angebot.

Bezug nehmend darauf bestellen wir:

7 100 Packungen Rasensamen „Family natur" à 5 kg zum Einzelpreis von 12,50 €
und
75 Packungen Rasensamen „Wimbledon" à 7,5 kg zum Einzelpreis von 17,50 €

Gesamtpreis: 2562,50 € netto ohne MwSt.

8 Lieferung frei Haus bis zum 20. Mai 20XX. Die Zahlung erfolgt innerhalb von 14 Tagen
nach Lieferung, abzüglich 2% Skonto. **9**

10 Falls Sie zur Bestellung noch Fragen haben sollten, wenden Sie sich bitte direkt an mich.
Bin ich mit der Lieferung zufrieden, freue ich mich auf eine weitere Zusammenarbeit mit **11**
Ihnen.

Mit freundlichen Grüßen

12 Renate Schiller

GB_Bestellung.doc

Auftragsbestätigung

Die Bestätigung eines Auftrags ist häufig sinnvoll, damit der Kunde weiß, dass seine Bestellung eingegangen ist. Sie kann ruhig per Fax erfolgen, dann hat der Kunde sie rasch in der Hand. Aber unbedingt sollte die Bestellung schriftlich und nicht nur mündlich bestätigt werden.

Notwendig ist eine Auftragsbestätigung im Allgemeinen nicht, wenn Angebot und Bestellung nicht voneinander abweichen. In anderen Fällen ist sie jedoch unerlässlich: Sind Angebot und Bestellung nicht identisch, muss die Bestellung bestätigt werden – vor allem dann, wenn etwaige Sonderkonditionen (beispielsweise Rabatte) genau auf das Angebot zugeschnitten waren. Auch wenn der Lieferant dem Kunden kein Angebot gemacht hat, dieser aber dennoch eine Bestellung aufgibt, ist die Bestätigung notwendig. Wichtig ist sie zudem in Fällen, in denen die Lieferung, z. B. wegen Lieferengpässen oder Sonderwünschen des Kunden, noch ein wenig auf sich warten lässt. Das Gleiche gilt bei der Bestellung von Sonderanfertigungen; in diesem Fall kann der Kunde nochmals überprüfen, ob der Lieferant seine Wünsche richtig verstanden hat. Eine Bestätigung ist auch dann selbstverständlich, wenn der Kunde diese gerne haben möchte.

In einer Bestätigung muss auch vermerkt werden, wenn bestimmte Teile der Bestellung nicht oder nicht wie gewünscht ausgeführt werden können. Bei größeren Abweichungen sollte der Kunde natürlich gefragt werden, ob er seine Bestellung dennoch beibehalten möchte – vor allem, wenn in einem vorhergehenden Angebot von Abweichungen nicht die Rede war.

Folgende Aspekte gehören in eine Auftragsbestätigung:

❶ Adresse des Absenders,

❷ Adresse des Empfängers,

❸ Bezugszeichenzeile,

❹ Betreff,

❺ Anrede,

❻ Dank für den Auftrag,

❼ Wiederholung der Bestellung des Kunden, um diese damit gleichzeitig zu bestätigen,

❽ Angabe möglicher Abweichungen von der Bestellung,

❾ Angabe des Liefertermins und der Form der Lieferung,

❿ nochmalige Nennung der Zahlungsbedingungen,

⓫ Ausdruck der Hoffnung auf eine weitere, gute Geschäftsbeziehung,

⓬ Grußformel und eigenhändige Unterschrift des zuständigen Mitarbeiters, darunter der gedruckte Name des Mitarbeiters, falls die Unterschrift unleserlich sein sollte.

In einer Auftragsbestätigung ist es natürlich besonders wichtig, höflich zu bleiben, denn schließlich möchte der Lieferant die Geschäftsbeziehung nach diesem Auftrag weiterführen. Dennoch können augenscheinlich unverschämte Forderungen des Kunden problemlos abgelehnt werden – der Lieferant muss nicht auf alle Wünsche des Kunden eingehen, auch wenn es immer so schön heißt, dass der Kunde König ist. Dafür ist noch nicht einmal eine besondere Entschuldigung notwendig.

① Kleiderwaren Renate Schiller
Osthofstraße 4
44131 Dortmund

② Warenhaus Julius Müller
Karl Grossmann
Bodenstraße 3

44317 Dortmund

Ihr Zeichen, Ihre Nachricht vom	Unser Zeichen, unsere Nachricht vom	Telefon, Name	Datum
gr XX-03-20	**schi**	**0231/34 56 Frau Schiller**	**XX-03-21** **③**

④ **Bestätigung Ihres Auftrags**

⑤ Sehr geehrter Herr Grossmann,

vielen Dank für Ihren Auftrag. Wir freuen uns, Ihnen folgende Ware zu liefern: **⑥**

⑦ 300 Herrenslips, Baumwolle gerippt, Form: Boxershorts, Stückpreis: 2,50 €
200 Damenstrings, Baumwolle, Stückpreis: 2,30 €
250 Mädchenslips, Baumwolle, herkömmliche Form, Stückpreis: 1,50 €
Gesamtpreis: 1585 € netto ohne MwSt.

Leider gibt es eine kleine Abweichung von unserem bisherigen Angebot: Der Hersteller **⑧**
der Ihnen als Muster zugesandten Herrenslips ist leider in Konkurs gegangen, weshalb wir
Ihnen nur Slips vom Hersteller XY liefern können, die in Form, Qualität, Muster und auch
vom Preis nicht von denen des anderen Herstellers abweichen. Wenn Sie mit dieser
kleinen Änderung nicht einverstanden sein sollten, rufen Sie mich doch bitte kurz an.

⑨ Ansonsten liefern wir Ihnen die bestellte Ware wie gewünscht am 31. März frei Haus.
Die Zahlung der Rechnung erfolgt 14 Tage nach Anlieferung abzüglich 2% Skonto. **⑩**

⑪ Wir freuen uns auf weitere Aufträge von Ihnen.

Mit freundlichen Grüßen

⑫ Renate Schiller

Renate Schiller

GB_Auftragsbestaetigung.doc

Reklamation

Reklamationen oder Mängelrügen sind sowohl für den Kunden als auch für den Lieferanten stets unangenehm: für den Kunden, weil sie ihm zusätzliche Arbeit machen, für den Lieferanten vor allem, weil sein Ruf darunter leidet (von der zusätzlichen Arbeit gar nicht zu reden). Mängel sind jedoch nicht immer auf das Verschulden des Lieferanten zurückzuführen, sie können z. B. auch beim Transport einer Ware entstehen. Doch für den Kunden ist es unerheblich, wer die Mängel verursacht hat – der Lieferant haftet dafür.

Stellt der Kunde beim Auspacken der Ware Mängel fest, sollte er sofort die Lieferfirma informieren – und zwar am besten schriftlich, denn dann hat der Kunde einen Beleg dafür in der Hand, dass er sich die Mängel nicht bieten lässt. In diesem Schreiben sollte er dem Lieferanten die Mängel exakt aufzählen und ihm dann einen Vorschlag machen, was nun zu tun ist. Bei Mängeln gibt es mehrere Möglichkeiten: Erstens die Wandlung, das heißt der Kunde gibt die Ware bei Zurückerstattung des vollen Preises zurück. Zweitens den Umtausch: Der Kunde tauscht die mangelhafte Ware gegen fehlerfreie gleiche Ware um. Drittens: die Minderung des Preises, die für jemanden, der die Ware weiterverkaufen möchte, sicher nur in Einzelfällen infrage kommt. Und viertens gibt es die Möglichkeit der Nachbesserung, also der Reparatur durch den Verkäufer, was vermutlich auch nur selten eine Lösung ist, da eine Firma die Ware zu einem bestimmten Termin benötigt.

Der Kunde kann sich bei Mängeln selbstverständlich die für ihn akzeptabelste Lösung aussuchen. Doch sollte er diese in seinem Brief besser nur als Vorschlag „verkaufen", denn dies wirkt höflicher und brüskiert die Lieferfirma, der die Mängel vielleicht ausgesprochen peinlich sind, nicht zu sehr. Dies bietet sich vor allem dann an, wenn der Kunde mit der Lieferfirma weiter ein Geschäftsverhältnis unterhalten möchte.

Eine schriftliche Reklamation könnte folgendermaßen aufgebaut sein:

❶ Adresse des Absenders,

❷ Adresse des Empfängers,

❸ Bezugszeichenzeile,

❹ Betreff,

❺ Anrede,

❻ Bestätigung des Empfangs der Lieferung,

❼ Nennung der Mängel,

❽ Vorschlag, wie nun weiter verfahren werden könnte,

❾ der Kunde gibt seine Hoffnung zum Ausdruck, dass der Lieferant auf den Vorschlag eingeht,

❿ Bitte um baldige Nachricht,

⓫ eventuell seiner Hoffnung auf eine Fortführung des Geschäftsverhältnisses Ausdruck verleihen,

⓬ Grußformel und eigenhändige Unterschrift des zuständigen Mitarbeiters, darunter der gedruckte Name des Mitarbeiters, falls die Unterschrift unleserlich sein sollte.

Wer eine rasche Entscheidung benötigt, sollte in seinem Brief angeben, dass die Lieferfirma sich telefonisch zu den Mängeln und wie damit zu verfahren ist, äußern soll. Im Allgemeinen wird der Kunde schnell eine Antwort bekommen.

1 Gärtnerei Renate Schiller
Osthofstraße 4
44131 Dortmund

2 Gärtnergroßhandel Julius Müller
Karl Grossmann
Bodenstraße 3

44317 Dortmund

Ihr Zeichen, Ihre Nachricht vom	Unser Zeichen, unsere Nachricht vom	Telefon, Name	Datum
gr XX-02-24	**schi**	**0231/34 56 Frau Schiller**	**XX-02-26**

3

4 **Mängelrüge – Ihre Lieferung vom 24. Februar 20XX**

5 Sehr geehrter Herr Grossmann,

6 hiermit bestätige ich den Eingang Ihrer Lieferung vom 24. Februar. Leider habe ich beim Auspacken der Warensendung feststellen müssen, dass 20 der 300 Packungen Rasen- **7** samen schadhaft waren und der Samen herausrieselte. Damit sind diese 20 Packungen selbstverständlich unverkäuflich. Ich schlage Ihnen deshalb einen Umtausch dieser **8** Packungen vor. Ich sende sie Ihnen zurück und Sie schicken mir dafür 20 unbeschädigte **9** Pakete. Es wäre schön, wenn Sie auf diesen Vorschlag eingehen könnten.

Bitte geben Sie mir schon bald telefonisch Bescheid, wie nun weiter zu verfahren ist. **10** **11** Unser Geschäftsverhältnis soll unter diesem kleinen Vorfall selbstverständlich nicht leiden.

Mit freundlichen Grüßen

12 *Renate Schiller*

Renate Schiller

GB_Reklamation.doc

Antwort auf eine Reklamation

Im Geschäftsleben sollte die Antwort auf eine Reklamation oder Mängelrüge, wie die Reklamation auch genannt wird, nie lange auf sich warten lassen. Je schneller sich die Lieferfirma bei ihrem Kunden meldet, umso dankbarer wird dieser sein, denn schließlich benötigt er die Ware oder Dienstleistung, denn sonst hätte er sie nicht bestellt. Eine erste Antwort kann daher durchaus telefonisch erfolgen, eine schriftliche Bestätigung der mündlichen Vereinbarung sollte jedoch bald danach losgeschickt werden, damit dem Kunden die getroffene Regelung schwarz auf weiß vorliegt.

Eine Antwort auf eine Reklamation sollte selbstverständlich immer ausgesprochen höflich sein, denn der Lieferant haftet für die Mängel an der Ware. Eine Entschuldigung gehört daher an erste Stelle des Briefs. Weiterhin sollte der Lieferant, falls möglich, eine Begründung dafür abgeben, warum die Ware mit Mängeln behaftet war. Eine Erklärung hilft dem Kunden, den Lieferanten besser zu verstehen und ihm – vielleicht auch – leichter zu verzeihen.

Hat der Kunde in seiner Reklamation einen Vorschlag zur Behebung des Mangels gemacht, sollte der Lieferant möglichst darauf eingehen. Es sei denn, es handelt sich um eine zu starke Minderung des Preises, die der Lieferant unmöglich akzeptieren kann. Dann sollte er aber zumindest den Vorschlag machen, die Ware zurückzunehmen und das Geld zurückzuerstatten oder die Ware umzutauschen.

Auf unberechtigte Reklamationen muss die Lieferfirma natürlich nicht eingehen. Leider versuchen manche Kunden, den Preis für eine Lieferung nachträglich zu drücken, indem sie Mängel angeben, die gar keine sind. Daher ist es immer sinnvoll, die Mängel zuerst nachzuprüfen, bevor eine einvernehmliche Regelung getroffen wird. Bei langjährigen Kunden, zu denen ein Vertrauensverhältnis besteht, ist das jedoch nicht unbedingt nötig.

Die Antwort auf eine Reklamation sollte folgende Punkte beinhalten:

1. Adresse des Absenders,
2. Adresse des Empfängers,
3. Bezugszeichenzeile,
4. Betreff,
5. Anrede,
6. Entschuldigung für nachweislich vorhandene Mängel,
7. Ergebnis der Prüfung, wodurch die Mängel entstanden sind (auf diese Weise wird dem Kunden zugleich suggeriert, dass solche Mängel nicht wieder vorkommen),
8. Eingehen auf Vorschlag des Kunden zur Behebung des Mangels oder eigener Vorschlag,
9. nochmalige Entschuldigung,
10. Hoffnung, dass die Geschäftsbeziehung keinen Schaden erleidet,
11. Grußformel und eigenhändige Unterschrift des zuständigen Mitarbeiters, darunter der gedruckte Name des Mitarbeiters, falls die Unterschrift unleserlich sein sollte.

Das Wichtigste, was über die Antwort auf eine Reklamation gesagt werden kann, ist, dass die Lieferfirma in ihrem Schreiben höflich bleiben sollte, egal wie unverschämt der Kunde ist.

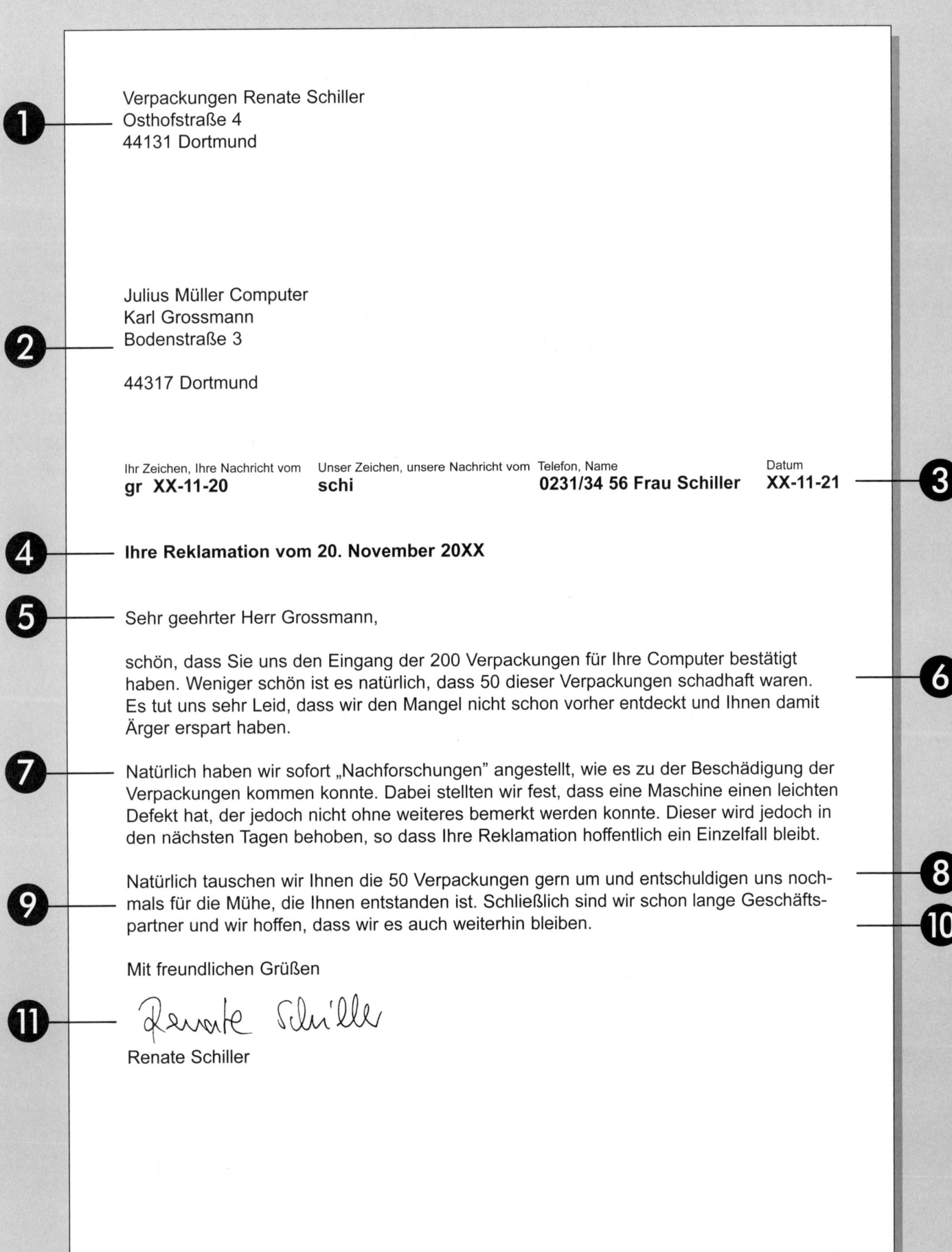

1 Verpackungen Renate Schiller
Osthofstraße 4
44131 Dortmund

2 Julius Müller Computer
Karl Grossmann
Bodenstraße 3

44317 Dortmund

Ihr Zeichen, Ihre Nachricht vom	Unser Zeichen, unsere Nachricht vom	Telefon, Name	Datum
gr XX-11-20	**schi**	**0231/34 56 Frau Schiller**	**XX-11-21**

3

4 **Ihre Reklamation vom 20. November 20XX**

5 Sehr geehrter Herr Grossmann,

schön, dass Sie uns den Eingang der 200 Verpackungen für Ihre Computer bestätigt
haben. Weniger schön ist es natürlich, dass 50 dieser Verpackungen schadhaft waren.
Es tut uns sehr Leid, dass wir den Mangel nicht schon vorher entdeckt und Ihnen damit
Ärger erspart haben. **6**

7 Natürlich haben wir sofort „Nachforschungen" angestellt, wie es zu der Beschädigung der
Verpackungen kommen konnte. Dabei stellten wir fest, dass eine Maschine einen leichten
Defekt hat, der jedoch nicht ohne weiteres bemerkt werden konnte. Dieser wird jedoch in
den nächsten Tagen behoben, so dass Ihre Reklamation hoffentlich ein Einzelfall bleibt.

Natürlich tauschen wir Ihnen die 50 Verpackungen gern um und entschuldigen uns noch- **8**
9 mals für die Mühe, die Ihnen entstanden ist. Schließlich sind wir schon lange Geschäftspartner und wir hoffen, dass wir es auch weiterhin bleiben. **10**

Mit freundlichen Grüßen

11 *Renate Schiller*
Renate Schiller

GB_Reklamation_Antwort.doc

Lieferverzug

Es ist für ein Unternehmen immer ärgerlich, wenn eine Lieferung nicht pünktlich ankommt. Schließlich wartet man darauf und braucht die bestellte Ware vielleicht sogar dringend, z. B. um die Produktion aufrechtzuerhalten oder die Wünsche von Kunden befriedigen zu können. Gerät ein Lieferant daher in Lieferverzug, sollte man ihm deshalb möglichst bald eine schriftliche Mahnung zukommen lassen. Die Schriftform sollte gewählt werden, um später eventuell vor Gericht nachweisen zu können, dass der Lieferant tatsächlich gemahnt wurde.

Wann tritt jedoch ein Lieferverzug ein? Ganz einfach: Wenn der Lieferant einen bestimmten Tag der Lieferung zugesichert hat und die Lieferung zu diesem Zeitpunkt nicht eingetroffen ist. Dazu muss in der Auftragsbestätigung jedoch ein Liefertermin genannt worden sein. Auch die mündliche Absprache eines Liefertermins gilt als vertraglich bindend, doch kann sie in der Regel nicht nachgewiesen werden. Schon aus diesem Grund sollten Kunden stets darauf bestehen, den Liefertermin schriftlich zu fixieren.

In der ersten Mahnung bei Lieferverzug sollte der Kunde dem Lieferanten eine angemessene Nachfrist setzen. Diese muss jedoch nicht nur für den Lieferanten, sondern auch für den Kunden akzeptabel sein. Kann ein Kunde z. B. ohne die Lieferung nicht mehr lange weiterarbeiten, so darf die Nachfrist ruhig ein wenig kürzer ausfallen als in anderen Fällen.

Schafft es der Lieferant nicht, auch diese Nachfrist einzuhalten, kann der Kunde von seinem Auftrag zurücktreten, ohne dass dies rechtliche Folgen für ihn hätte. Diese mögliche Folge sollte der Kunde dem Lieferanten in seinem Brief bereits ankündigen. Dies setzt den Lieferanten ein wenig unter Druck, so dass der Kunde vielleicht Glück hat und seine Ware früher ankommt als gedacht.

Eine Mahnung wegen Lieferverzugs sollte folgende Punkte beinhalten:

❶ Adresse des Absenders,

❷ Adresse des Empfängers,

❸ Bezugszeichenzeile,

❹ Betreff,

❺ Anrede,

❻ Nennung der Bestellung und des vereinbarten Liefertermins für die Ware,

❼ Hinweis auf Überschreiten des Liefertermins,

❽ Festlegung einer angemessenen Nachfrist,

❾ Ankündigung weiterer rechtlicher Folgen, sollte auch die Nachfrist nicht eingehalten werden,

❿ Hinweis auf die Geschäftsbeziehung (setzt den Lieferanten vielleicht noch ein wenig stärker unter Druck),

⓫ Grußformel und eigenhändige Unterschrift des zuständigen Mitarbeiters, darunter der gedruckte Name des Mitarbeiters, falls die Unterschrift unleserlich sein sollte.

Zwar sollte auch die Mahnung wegen Lieferverzugs in möglichst höflichem Ton erfolgen, doch darf der Kunde natürlich in seinem Brief ruhig ein wenig bestimmter auftreten, denn es ist sein gutes Recht, einen Lieferverzug zu monieren. Wer nicht bestimmt genug auftritt, gilt zudem leicht als zu weich oder als Geschäftspartner, der sich alles gefallen lässt. Und das muss ja wirklich nicht sein.

1 Gärtnerei Renate Schiller
Osthofstraße 4
44131 Dortmund

2 Gärtnereigroßhandel Julius Müller
Karl Grossmann
Bodenstraße 3

44317 Dortmund

Ihr Zeichen, Ihre Nachricht vom	Unser Zeichen, unsere Nachricht vom	Telefon, Name	Datum
	schi	**0231/34 56 Frau Schiller**	**XX-03-14** **3**

4 **Unsere Bestellung Nummer 098 7654 vom 1. März 20XX**

5 Sehr geehrter Herr Grossmann,

wir haben am 1. März 20XX bei Ihnen 300 Töpfe verschiedener Pflanzen bei Ihnen bestellt, **6**
7 die Sie laut Auftragsbestäigung bis zum 12. März liefern wollten. Die Ware ist bislang aber
noch nicht bei uns eingetroffen.

Da nun jedoch die Pflanzzeit beginnt, sind wir darauf angewiesen, pünktlich Nachschub zu
erhalten. Bitte senden Sie uns daher die vereinbarte Ware bis spätestens zum 25. März zu. **8**
9 Sollten Sie diese Nachfrist nicht einhalten können, treten wir von unserem Auftrag zurück
und sehen uns gezwungen, einen anderen Lieferanten zu suchen. Das wäre doch sicher
auch für Sie schade, denn bislang hatten wir ein ungetrübtes Geschäftsverhältnis. **10**

Mit freundlichen Grüßen

11 *Renate Schiller*

Renate Schiller

Erste Mahnung bei Zahlungsverzug

In Zahlungsverzug gerät der Kunde einer Ware oder Dienstleistung, wenn er den zuvor vereinbarten Zahlungstermin überschreitet. Für die Lieferfirma ist das ausgesprochen ärgerlich, denn sie muss einerseits ebenfalls ihre Verbindlichkeiten begleichen, andererseits kostet ein Mahnverfahren immer auch Zeit, die anderweitig investiert werden könnte. Dennoch: Zumindest die ersten Mahnschreiben sollten stets höflich abgefasst werden, je weiter der ursprüngliche Zahlungstermin jedoch entfernt ist, umso bestimmter sollte die Lieferfirma den Kunden zur Begleichung seiner Rechnung auffordern.

Übrigens: Wurde im Vertrag zwischen Lieferfirma und Kunde oder in den eventuell vorausgehenden Schreiben kein Zahlungstermin vereinbart, kann der Kunde auch nicht in Zahlungsverzug geraten. Die Lieferfirma, die natürlich trotzdem ein Anrecht auf ihr Geld hat, muss den Kunden somit zunächst durch ein Mahnschreiben in Zahlungsverzug setzen.

Das so genannte außergerichtliche Mahnverfahren, mit dem die Lieferfirma ihren Kunden zu bewegen versucht, seine Rechnung zu bezahlen, beginnt mit einer als Zahlungserinnerung bezeichneten schriftlichen Aufforderung zur Begleichung seiner Schulden. Diese ist in ausgesprochen freundlichem Ton verfasst (z. B. „Sie haben vermutlich vergessen, Ihre Rechnung zu bezahlen.", „Hiermit möchten wir Sie an die offen stehende Rechnung erinnern."). In der Zahlungserinnerung werden keine Mahngebühren oder Ähnliches angedroht. Die Lieferfirma hofft darauf, dass die Zahlungserinnerung dem Kunden unangenehm genug ist.

Die erste Mahnung kann schon ein wenig bestimmter ausfallen, wobei sie immer noch recht höflich ist. Die Lieferfirma ist berechtigt, Mahngebühren anzusetzen, die durch die Mahnung anfallende Kosten decken sollen. Eine erste Mahnung bei Zahlungsverzug sollte folgende Stichpunkte beinhalten:

❶ Adresse des Absenders,

❷ Adresse des Empfängers,

❸ Bezugszeichenzeile,

❹ Betreff,

❺ Anrede,

❻ Hinweis auf die fällige Rechnung sowie die Zahlungserinnerung,

❼ Nennung des Fälligkeitstages,

❽ Zahlungsaufforderung mit Setzung einer Frist,

❾ eventuell Ansetzen von Mahngebühren,

❿ Verweis auf eigene Kosten,

⓫ Hinweis, dass das Schreiben dann keine Bedeutung mehr hat, wenn der Betrag bereits beglichen wurde,

⓬ Grußformel und eigenhändige Unterschrift des zuständigen Mitarbeiters, darunter der gedruckte Name des Mitarbeiters, falls die Unterschrift unleserlich sein sollte.

Begleicht der Kunde nach der ersten Mahnung seine Rechnung immer noch nicht, wird das außergerichtliche Mahnverfahren zunächst fortgesetzt.

1

Renate-Schiller-GmbH
Osthofstraße 4
44131 Dortmund

2

Julius Müller
Bodenstraße 3

44317 Dortmund

Ihr Zeichen, Ihre Nachricht vom	Unser Zeichen, unsere Nachricht vom	Telefon, Name	Datum
	schi	**0231/34 56 Frau Schiller**	**XX-05-18**

3

4

Erste Mahnung
Rechnung Nummer: 5478 vom 25. April 20XX; Zahlungserinnerung vom 5. Mai 20XX

5

Sehr geehrter Herr Müller,

in der Zahlungserinnerung vom 5. Mai 20XX hatte ich Sie gebeten, die Rechnung vom
25. April über die Reparatur eines Laptops in Höhe von 242 Euro zu begleichen. Leider ist
dieser Betrag bis heute nicht auf unserem Konto eingegangen, obwohl er bereits am
1. Mai fällig war.

6

7

Bitte überweisen Sie diesen Betrag, zuzüglich 6 Euro Mahnungsgebühr (also insgesamt
248 Euro) umgehend. Sollten Sie Probleme haben, den Betrag in einer einzigen Rate zu
zahlen, kann ich Ihnen entgegenkommen und Ihnen die Zahlung in zwei oder drei Raten
anbieten. Rufen Sie mich einfach kurz unter der oben genannten Telefonnummer an.
Allerdings muss ich aufgrund eigener Zahlungsverpflichtungen darauf bestehen, dass
Sie zumindest die erste Rate sofort begleichen.

8

9

10

11

Sollten Sie den Betrag bereits beglichen haben, betrachten Sie dieses Schreiben bitte als
gegenstandslos.

Mit freundlichen Grüßen

12

Renate Schiller

Renate Schiller

GB_Mahnung1.doc

Zweite Mahnung

Begleicht ein Kunde seine Rechnung trotz Zahlungserinnerung und erster Mahnung noch immer nicht, geht das außergerichtliche Mahnverfahren seinen weiteren Gang. Nun folgt die zweite Mahnung, in der die Lieferfirma schon wesentlich deutlicher wird und rechtliche Schritte androht, wird die Rechnung nicht bis zum Ende einer letzten Zahlungsfrist beglichen. Diese rechtlichen Schritte können entweder die Abtretung der eigenen Forderung an ein Inkassoinstitut oder ein gerichtliches Mahnverfahren sein.

Die zweite Mahnung bei Zahlungsverzug sollte in etwa wie folgt aufgebaut werden:

❶ Adresse des Absenders,

❷ Adresse des Empfängers,

❸ Bezugszeichenzeile,

❹ Betreff,

❺ Anrede,

❻ Verweis auf Zahlungserinnerung und erste Mahnung,

❼ Einräumung einer letzten Zahlungsfrist mit neuem Fälligkeitstermin,

❽ Angabe des fälligen Betrags einschließlich Mahngebühren, eventuell Androhung von Verzugszinsen,

❾ Androhung rechtlicher Schritte,

❿ eventuell Äußerung von Unverständnis darüber, dass die Zahlung bislang nicht beglichen wurde,

⓫ Hinweis, dass das Schreiben dann keine Bedeutung mehr hat, wenn der Betrag bereits beglichen wurde,

⓬ Grußformel und eigenhändige Unterschrift des zuständigen Mitarbeiters, darunter der gedruckte Name des Mitarbeiters, falls die Unterschrift unleserlich sein sollte.

In manchen Fällen ist die Rechnung vielleicht nur deshalb bislang nicht beglichen worden, weil der Kunde es schlicht und einfach vergessen hat. Wer möchte, kann daher in seine zweite Mahnung auch einen Satz einbauen, der dem Kunden seine Entschuldigung für sein Verhalten erleichtert, z. B. „Wir sind schon so lange Geschäftspartner und wollen dies doch auch bleiben" oder Ähnliches.

Die dritte Mahnung ist vergleichsweise kurz, aber bestimmt. In ihr wird noch einmal auf die bereits erfolgten Mahnschreiben eingegangen und dann detailliert aufgelistet, welche Kosten nun anfallen. Die Lieferfirma ist berechtigt, zusätzlich zum Rechnungsbetrag pro Mahnung Mahngebühren sowie Verzugszinsen auf den Rechnungsbetrag einzufordern. In dieser dritten Mahnung gibt die Lieferfirma dem säumigen Kunden nochmals die Möglichkeit, die Rechnung zu begleichen. Geschieht dies nicht bis zu einem bestimmten Termin, sollte sie dem Kunden androhen, ein Inkassoinstitut einzuschalten beziehungsweise ein gerichtliches Mahnverfahren einzuleiten. Das muss dann aber auch geschehen, damit die Drohung nicht wirkungslos bleibt.

Manche Firmen verschicken sogar noch eine vierte Mahnung, wobei der Inhalt dem der dritten Mahnung ähnelt. In der Regel reichen jedoch eine Zahlungserinnerung und drei Mahnungen aus, um rechtliche Schritte in die Wege zu leiten. Irgendwann ist schließlich auch die Geduld der Lieferfirma einmal erschöpft.

(1) Renate-Schiller-GmbH
Osthofstraße 4
44131 Dortmund

(2) Firma Julius Müller
Karl Grossmann
Bodenstraße 3

44317 Dortmund

Ihr Zeichen, Ihre Nachricht vom	Unser Zeichen, unsere Nachricht vom	Telefon, Name	Datum
	schi XX-05-18	**0231/34 56 Frau Schiller**	**XX-05-31** **(3)**

(4) **Zweite Mahnung**
Rechnung Nummer: 5879 vom 25. April 20XX über fünf Büroschreibtische „Iglo"
Erste Mahnung vom 18. Mai 20XX

(5) Sehr geehrter Herr Grossmann,

leider haben Sie bislang nicht auf unsere Zahlungserinnerung und unser erstes Mahn- **(6)**
schreiben reagiert. Wir bitten Sie daher mit Nachdruck um die Begleichung Ihrer Rechnung
(7) und setzen Ihnen hiermit eine letzte Frist bis zum 15. Juni 20XX. Bitte überweisen Sie bis
dahin den fälligen Betrag von 2368 Euro zuzüglich 12 Euro Mahngebühr, also insgesamt **(8)**
2380 Euro.

Sollte der Betrag bis dahin nicht bei uns eingegangen sein, werden wir unsere Forderun- **(9)**
gen an ein Inkassoinstitut abtreten und außerdem Verzugszinsen erheben. Es ist schade,
dass unser bislang so gutes Geschäftsverhältnis jetzt ein wenig getrübt wird. Falls Sie
(10) momentan Zahlungsschwierigkeiten haben, sollten Sie es uns wissen lassen. Wir würden
dann sicher einvernehmlich eine Lösung finden.

(11) Sollten Sie den Betrag bereits beglichen haben, betrachten Sie dieses Schreiben bitte als
gegenstandslos.

Mit freundlichen Grüßen

(12) *Renate Schiller*
Renate Schiller

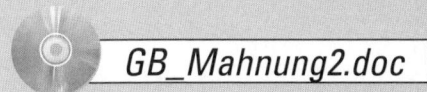

Werbebrief

Um Werbung kommt heutzutage kein Unternehmen mehr herum. In der Zeitung jedoch wird Werbung, wenn sie nicht besonders groß und auffallend ist, häufig übersehen. Daher gehen viele lokale Unternehmen dazu über, in ihrer Region Werbebriefe zu verschicken. Diese sollen entweder alle Haushalte erreichen oder aber die Kunden ansprechen, die bereits durch Aufnahme in die Kundenkartei ihr Interesse an der Firma bezeugt haben.

In einem Werbebrief macht die werbende Firma ihren potenziellen Kunden in der Regel ein besonderes Angebot, ein so genanntes Lockangebot. Ganz egal, ob es sich dabei um Sonderpreise handelt oder die Firma Werbewochen oder -tage mit ganz speziellen Aktionen für die Kunden veranstaltet – etwas Besonderes muss es schon sein, um die Kunden von ihrem Sofa in den Laden zu locken.

Ein solcher Werbebrief sollte übersichtlich gestaltet werden und nicht zu lang sein, denn bei einer Bleiwüste geht das Interesse des potenziellen Kunden rasch verloren. Es lohnt sich, das besondere Angebot auch besonders hervorzuheben, z. B. durch Fettdruck. Wenn möglich, sollte der Kunde auch direkt mit Namen angesprochen werden, denn das verstärkt den Eindruck, dass das Unternehmen ganz besonders viel Wert auf gerade diesen Kunden legt. Wichtig ist auch, dass das Schreiben eine gewisse Originalität besitzt. Ein originelles Schreiben wirkt interessanter und wird nicht so schnell beiseite gelegt.

Ein Werbebrief kann folgendermaßen aufgebaut sein:

❶ Adresse des Absenders,

❷ Datum des Briefs,

❸ Adresse des Empfängers,

❹ Betreffzeile, die möglichst auffallend sein sollte,

❺ persönliche Anrede,

❻ Originelles zum Einstieg,

❼ Ware oder Dienstleistung „anpreisen", die verkauft werden soll,

❽ eventuell Nennung einer besonderen Aktion mit persönlicher Einladung, da diese ansprechender wirkt,

❾ Grußformel,

❿ eigenhändige Unterschrift des Firmeninhabers bzw. Vordruck, der einer eigenhändigen Unterschrift ähnelt, denn das wirkt persönlicher,

⓫ eventuell ein Postskriptum, das die Aufmerksamkeit erhöht.

Es versteht sich von selbst, dass der Werbebrief in einem gut lesbaren, leicht verständlichen Stil verfasst sein sollte. Das heißt, die Sätze sollten möglichst kurz und prägnant sein. Vielleicht steht der Firma sogar noch ein leicht einprägsamer Werbeslogan zur Verfügung, den sie in diesem Schreiben wiederholen kann und der in der jeweiligen Region bekannt ist. Dieser kann in dem Brief an exponierter Stelle wiederholt werden. Oft bleiben solche Slogans nämlich im Gedächtnis und tragen dazu bei, dass der Kunde sich bei Bedarf an die Firma erinnert.

Ein Unternehmen, das zum ersten Mal einen solchen Werbebrief herausschickt, sollte vielleicht nicht das große Ziel, alle Haushalte anzusprechen, verfolgen. Es ist zunächst häufig sinnvoller, bereits bekannte Kunden anzuschreiben und die Resonanz auf dieses Werbeschreiben abzuwarten, bis eine große Mailing-Aktion gestartet wird.

1 Renate-Schiller-GmbH
Osthofstraße 4
44131 Dortmund

2 XX-06-12

3 Julius Müller
Bodenstraße 3

44317 Dortmund

4 **Manche mögens Eis**

5 Sehr geehrter Herr Müller,

6 die Schulferien stehen wieder vor der Tür und mit ihnen die Sommerzeit. Womit könnte man sich während der heißen Tage besser abkühlen als mit einem Schiller-Eis?

7 Sie als unser Kunde wollen sich bestimmt rechtzeitig mit größeren Mengen unserer Qualitätsware eindecken. Denn sicher wollen Sie auch dieses Jahr wieder die große Nachfrage nach unseren Produkten befriedigen.

8 Hiermit machen wir Ihnen ein ganz besonderes Angebot: Sie erhalten beim Kauf von zehn unserer beliebtesten Eissorten im 10-Liter-Behälter zwei weitere umsonst. Dieses Angebot gilt jedoch nur sieben Tage lang. Greifen Sie also schnell zu!

Wir freuen uns auf Ihre Bestellung!

9 Mit freundlichen Grüßen

10 Renate Schiller

Renate Schiller

11 PS: Die ersten 100 Kunden, die dieses Angebot wahrnehmen, erhalten als Hingucker für ihren Laden das zwei Meter große Schiller-Männchen zum Aufblasen!

GB_Werbebrief.doc

Geschäftseröffnung

Eine Geschäftseröffnung ist immer ein ganz besonderes Ereignis – für den frisch gebackenen Geschäftsinhaber genauso wie für seine Kunden. Denn meistens gibt es zur Eröffnung eines Unternehmens spezielle Aktionen oder besondere Angebote, die so genannten Eröffnungsangebote, mit denen man die Kunden ins Unternehmen locken möchte.

Es versteht sich von selbst, dass eine Geschäftseröffnung angekündigt werden muss: einerseits in der örtlichen Presse, andererseits auch durch schriftliche Einladungen. Diese verschickt der Geschäftsinhaber entweder nur an ausgewählte Personen (z. B. Handwerksbetriebe, die tatkräftig mitgeholfen haben, dass der Betrieb eröffnen konnte, potenzielle Geschäftspartner und Kunden sowie Persönlichkeiten aus der heimischen Wirtschaft) oder aber an alle Haushalte der Region. Im Allgemeinen reicht es aus, an einige Personen Briefe zu verschicken und die Geschäftseröffnung für die Allgemeinheit in der örtlichen Zeitung groß anzukündigen.

In dem Schreiben, mit dem zur Geschäftseröffnung eingeladen wird, sollten auf jeden Fall die Attraktionen erwähnt werden, die dieses Ereignis zu etwas Besonderem machen. Auch kann der Geschäftsinhaber Sonderpreise ankündigen, um die Eröffnung noch schmackhafter zu machen und die Lust auf seine Waren zu wecken. Möglichst sollte der Empfänger des Briefs übrigens persönlich angesprochen werden, da dies die Aufmerksamkeit beim Lesen erhöht.

Im weitesten Sinne ist die Einladung zur Geschäftseröffnung übrigens ein Werbebrief. Das neue Unternehmen möchte durch seine Mailing-Aktion sowie die Aktivitäten zur Eröffnung so bekannt werden, dass es in Zukunft möglichst viele Aufträge erhält.

Eine Einladung zur Geschäftseröffnung sollte folgende Aspekte enthalten:

1. Adresse des Absenders,
2. Datum des Briefs,
3. Adresse des Empfängers,
4. Betreff (sollte möglichst originell sein, um die Aufmerksamkeit des Lesers zu wecken),
5. wenn möglich persönliche Anrede,
6. Ankündigung der Geschäftseröffnung mit genauem Termin,
7. persönliche Einladung,
8. Äußerung der Freude, den Angeschriebenen empfangen zu dürfen,
9. Nennung der besonderen Aktivitäten zur Eröffnung des Geschäfts,
10. eventuell Ankündigung von Sonderpreisen,
11. Grußformel,
12. möglichst die eigenhändige Unterschrift des Geschäftsinhabers, sind es zu viele Einladungen, zumindest die vervielfältigte Unterschrift, da diese persönlicher wirkt.

Allzu lang sollte die Einladung zur Geschäftseröffnung übrigens nicht ausfallen. Die Aufmerksamkeitsspanne des Lesers für Werbebriefe, zu denen die Einladung gehört, ist im Allgemeinen nämlich relativ kurz. Viele Menschen sehen es auch nur als lästige Pflicht an, zu einer solchen Geschäftseröffnung zu erscheinen und wollen nur möglichst kurz mit dem ganzen „Drumherum" belästigt werden.

1 Schiller-Trendshop
Renate Schiller
Osthofstraße 4
44131 Dortmund

2 XX-03-15

3 Julius Müller
Bodenstraße 3

44317 Dortmund

4 **Neue Trends aus den Modemetropolen endlich in Dortmund: Geschäftseröffnung**

5 Sehr geehrter Herr Müller,

nein, das ist kein Aprilscherz: Am 1. April 20XX, um 9 Uhr, eröffne ich in der Osthofstraße 4 **6**
meinen Trendshop mit Mode aus Paris, Mailand, Rom, London und, und, und …

7 Ich würde mich sehr freuen, Sie zu diesem Ereignis begrüßen zu können. Auf Sie warten **8**
ein Sektempfang, eine Modenschau mit den neuesten Trends des Sommers und natürlich
9 reihenweise tolle Eröffnungsangebote. Ein paar Überraschungen dürfen selbstverständlich **10**
auch nicht fehlen.

11 Bis hoffentlich zum 1. April
mit freundlichen Grüßen

12 *Renate Schiller*
Renate Schiller

Absage an einen Stellenbewerber

Da auf eine Stellenausschreibung erfahrungsgemäß eine Vielzahl von Bewerbern kommt, erhalten die meisten eine Absage. Verständlich, dass nicht jede Absage individuell gestaltet werden kann, aber bei den qualifiziertesten Bewerbern sollte das Unternehmen möglichst schon die Gründe anführen, warum es einen anderen Bewerber vorgezogen hat. Auch die Absagen an die anderen Bewerber sollten in freundlichem, aufmunterndem Ton geschrieben sein, denn in der heutigen Zeit müssen im Allgemeinen viele Bewerbungen versandt werden, um eine Stelle zu bekommen, und es wäre für die Bewerber geradezu niederschmetternd, nun auch noch eine unhöfliche Absage zu erhalten.

Als Gründe für die Absage, die die qualifiziertesten Bewerber nicht allzu sehr schmerzen, kommen z. B. zu hohe Gehaltsvorstellungen, die größere oder einschlägige Erfahrung eines anderen Bewerbers sowie die längere berufliche Laufbahn eines Konkurrenten infrage. Standardbriefe, in denen einer dieser Gründe erwähnt wird, kann die Personalabteilung bereits aufsetzen und dann der jeweiligen Absage zuordnen. Das macht kaum mehr Arbeit als ein standardisierter Absagebrief ohne Angabe von Gründen, wirkt aber nach außen sehr viel professioneller. Und auch Absagen prägen das Bild eines Unternehmens nach außen zumindest teilweise.

Eine Absage an einen Stellenbewerber sollte folgende Aspekte beinhalten:

❶ Adresse des Absenders,

❷ Datum des Briefs,

❸ Adresse des Empfängers,

❹ Betreff,

❺ persönliche Anrede,

❻ Dank für die Bewerbung,

❼ eventuell Entschuldigung für die lange Wartezeit auf eine Antwort aufgrund der vielen Bewerber,

❽ freundliche Absage,

❾ Angabe von Gründen für die Absage (zumindest bei den qualifiziertesten Bewerbern auf die freie Stelle),

❿ Bitte um Verständnis,

⓫ beste Wünsche für die Zukunft und Hinweis, dass die Bewerbungsunterlagen mitgeschickt werden,

⓬ Grußformel mit eigenhändiger Unterschrift des Sachbearbeiters und darunter der gedruckte Name des Mitarbeiters, falls die Unterschrift unleserlich sein sollte.

Übrigens: Ein Unternehmen, das die Gründe für die Absage an einen Stellenbewerber nennt, erspart sich möglicherweise zusätzliche Arbeit. Viele Bewerber sind nämlich mittlerweile – unter anderem auf Anraten von Bewerbungsratgebern – dazu übergegangen, nach einer Absage noch einmal in der Personalabteilung anzurufen, um den Grund für die Absage zu erfahren. Schließlich wollen sie die gleichen Fehler, die zur Absage führten, bei der nächsten Bewerbung nicht wieder begehen.

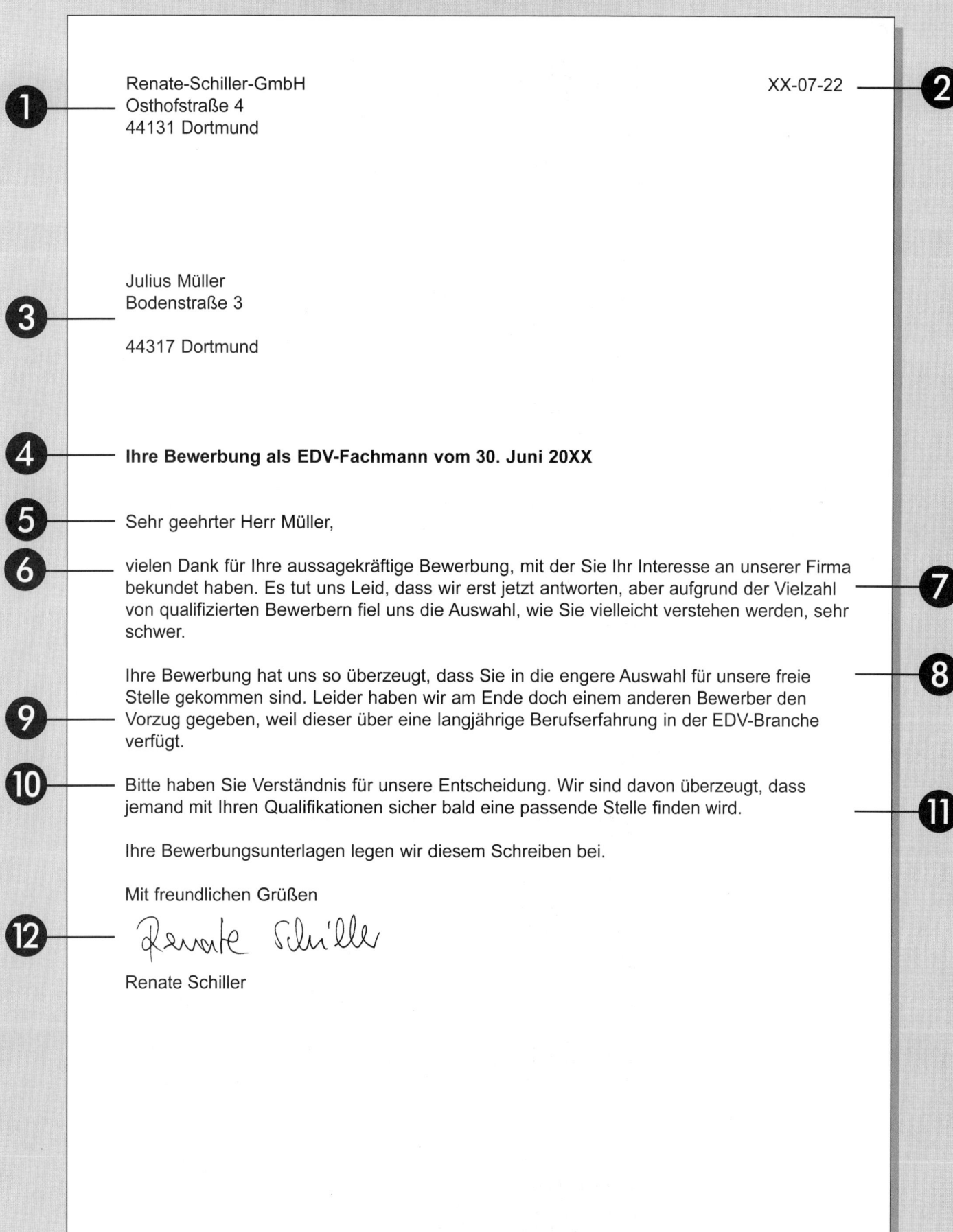

1 Renate-Schiller-GmbH
Osthofstraße 4
44131 Dortmund

2 XX-07-22

3 Julius Müller
Bodenstraße 3

44317 Dortmund

4 **Ihre Bewerbung als EDV-Fachmann vom 30. Juni 20XX**

5 Sehr geehrter Herr Müller,

6 vielen Dank für Ihre aussagekräftige Bewerbung, mit der Sie Ihr Interesse an unserer Firma
bekundet haben. Es tut uns Leid, dass wir erst jetzt antworten, aber aufgrund der Vielzahl **7**
von qualifizierten Bewerbern fiel uns die Auswahl, wie Sie vielleicht verstehen werden, sehr
schwer.

Ihre Bewerbung hat uns so überzeugt, dass Sie in die engere Auswahl für unsere freie **8**
9 Stelle gekommen sind. Leider haben wir am Ende doch einem anderen Bewerber den
Vorzug gegeben, weil dieser über eine langjährige Berufserfahrung in der EDV-Branche
verfügt.

10 Bitte haben Sie Verständnis für unsere Entscheidung. Wir sind davon überzeugt, dass
jemand mit Ihren Qualifikationen sicher bald eine passende Stelle finden wird. **11**

Ihre Bewerbungsunterlagen legen wir diesem Schreiben bei.

Mit freundlichen Grüßen

12 *Renate Schiller*

Renate Schiller

GB_Bewerberabsage.doc